中山大学大洋洲研究中心

国际社会
对太平洋岛国援助的比较研究

International Aid to The Pacific Island Countries: A Comparative Study

喻常森 · 编著

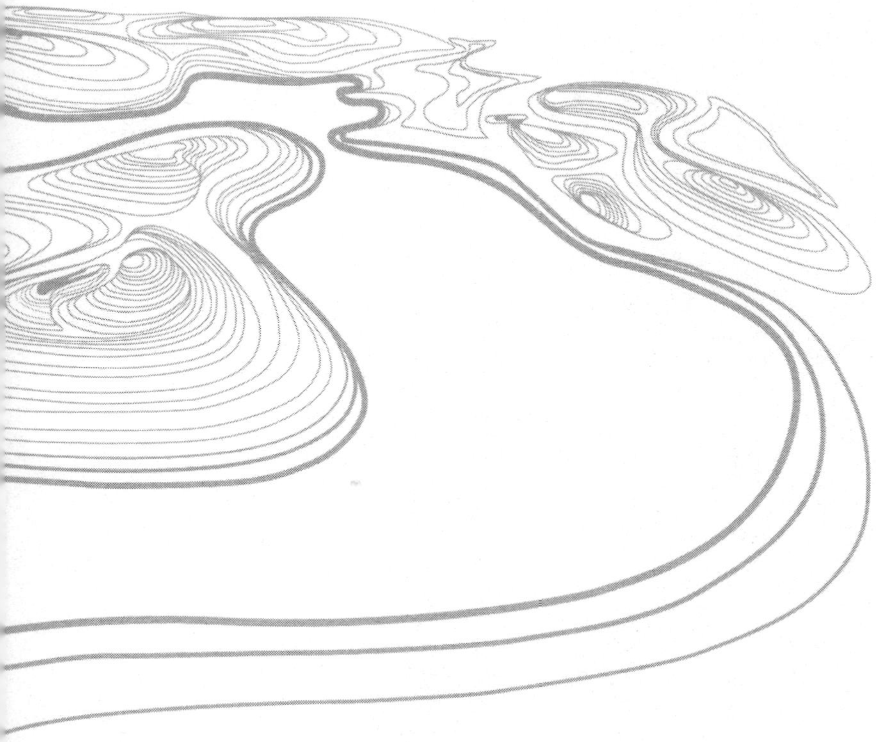

时事出版社

教育部国别和区域研究培育基地——中山大学大洋洲研究中心自主研究专项经费资助。

目录
Contents

绪　论

第一节　选题意义

国际发展援助一般被定义为“由援助国官方机构向发展中国家及多边援助机构提供援助资金，包括提供赠款或贷款，同时该种援助以促进经济发展与福利为主要目标，以及贷款应包含至少25%的赠款成分”。[①] 在国际社会，援助主体一般是发达国家，而受援国基本是发展中国家或者欠发达国家。随着时代的发展，援助主体也包括发展中国家以及大量的国际组织和机构。发展援助是一种国际主义精神的集中体现。另外，就援助形式而言，若以援款流通渠道为标准划分，有双边援助和多边援助两种形式，而按援助手段则可细分为财政援助、技术援助两种。在这些援助方式下，援助国和受援国的互动构成了当今世界的国际援助体系。现有的国际援助体系主要由经济合作与发展组织（OECD）负责协调，援助主体为西方发达工业化国家构成的发展援助国家（DAC），其中尤以美国、日本、英国、德国、意大利、澳大利亚、荷兰、新西兰为主。冷战时期苏联对社会主义阵营国家也提供了大量援助。主要的国际援助机构有联合国开发计划署（UNDP）、世界银行（WB）、亚洲开发银行（ADB）。重要的地区组织有

① 周强：《发达国家官方发展援助新趋势》，《国际经济合作》2011年第11期，第77—81页。

欧盟、阿盟等。中国一方面是发展中国家，是外来援助的主要接受方，但是出于国际义务和国家利益的考虑，近年来逐步加大了对亚洲、非洲、拉丁美洲和大洋洲等发展中国家特别是微小国家的援助，成为国际社会新兴的对外援助行为体。

在全球化快速发展的今天，国家间的相互依赖程度日益加剧，在谋求共赢的背景下，官方发展援助被运用到国家外交上的趋势日益明显。官方发展援助的实质是一种外交战略，虽然官方发展援助带有人道主义的理想色彩，束缚性援助的模式也随着时代的发展而有所减少，但援助国仍旧能以迂回、隐秘的援助方式实现国家利益，为援助设定政治性条件："发达国家外援项目的政治条件呈增强的趋势，逐步从一般性地强调'民主政治'和'市场经济'制度等意识形态内容细化为'良好治理'、'可持续发展'、'保障人权'等具体条款。"① 这种演变为官方援助增添了现实主义的色彩。同时，官方援助的新变化还包括对援助有效性的追求。2005 年《关于援助有效性的巴黎宣言》、2008 年《阿克拉行动议程》、2011 年《韩国釜山会议宣言》的签订，让援助的有效性得到了世界各国的广泛关注。援助国渐渐开始审视本国官方发展援助（ODA）的实践情况，在援助的过程中更为注重援助的有效性，官方发展援助步入计划、实践和反馈评估的新阶段。特别是 21 世纪以来，在多元化的全球治理议题下，对外援助的繁荣一方面意味着国际政治的非传统安全领域迎来了新发展，另一方面也让国际关系中的小国与大国的联系更为紧密。从某种程度上说，对外援助是一个国家国内政治的外延，因而它是国家对外推行政策的外交工具，深入探索援助国的结构模式、行为动机以及发展演变等，则显得尤为重要。与此同时，国际格局的变化也催化了官方发展援助的转向，联合国"千年发展计划"（MDGs）②

① 娄亚萍：《试论美国的有条件经济援助》，华夏网，2014 年 7 月 12 日，http：//www.hxw.org.cn/html/article/info855.html。

② 英文全称为 Millennium Development Goals。2000 年，189 个国家在联合国首脑会议上共同签署了《联合国千年宣言》，承诺未来到 2015 年之间将一致努力把全球贫困水平降低一半，该宣言标志着"千年发展目标"的正式确立。

的提出，让援助国将减贫和可持续发展纳入对外援助的重点，促进了援助国和受援国双方关系的新发展，援助方与受援助国之间则越来越倾向于建立平等的发展合作伙伴关系。

太平洋岛国在世界地理版图上属于大洋洲，分散在辽阔的太平洋中部和西南海域，历史上长期属于西方列强的殖民地、半殖民地和托管地，独立建国时间较短。直至目前，大洋洲共有 16 个独立国家，除了澳大利亚和新西兰两国属于发达国家外，国际社会一般将其余 14 国列为发展中的岛屿国家，又称之为南太平洋岛国或者太平洋岛国。这些岛屿分属美拉尼西亚、密克罗尼西亚、波利尼西亚三大群岛区。绝大部分太平洋岛国是名副其实的袖珍国，它们国小人少，陆地总面积仅 55 万平方公里，总人口为 750 多万。[①] 根据《联合国海洋法公约》的规定，这些岛国共拥有专属经济区达 1729.6 万平方公里，总和接近于地球表面积的 8% 和海洋面积的 10% 。[②] 按照独立建国的先后次序，这些国家分别是：萨摩亚（1962）[③]、瑙鲁（1968）、汤加（1970）、斐济（1970）、巴布亚新几内亚（1975）、所罗门群岛（1978）、图瓦卢（1978）、基里巴斯（1979）、马绍尔群岛（1979）、瓦努阿图（1980）、密克罗尼西亚（1986）、库克群岛（1989）、帕劳（1994）、纽埃（2006）。其中，库克群岛和纽埃为新西兰联系国，非联合国成员。与此同时，受到国土面积狭小，以及资源、气候、医疗等条件限制，这些国家人口稀少。太平洋岛国均属于发展中国家，经济发展水平相对比较落后，有的甚至被归入世界上最不发达国家行列。如联合国《2014 年最不发达国家报告》中，就有基里巴斯、所罗门群岛、图瓦卢、瓦努阿图等 4 个太平洋岛国属于最不发达国家行列。由于受到交通运输、通信、教育等基础设施不足，以及劳动力、资源、资金和技术等条件限制，部分岛国经济增长乏力。根据最新数据，2014 年 GDP 增长

---

① 2014 年的统计数据。

② 《南太岛国不想当大国博弈场，忧美只关心军事布局》，新华网，2012 年 9 月 6 日，http：//news. xinhuanet. com/2012 -09/06/c_ 123681114_ 2. htm。

③ 原名西萨摩亚，1997 年更名为“萨摩亚独立国”。

较快的国家依次是瑙鲁为 12.6%，巴新为 8.53%，帕劳为 7.95%，斐济为 6.94%。其余岛国经济处于低增长或者负增长状态。大部分太平洋岛国由于经济发展水平处于较低状态，自身财政收入不足，主要依靠外来援助以平衡财政赤字。如巴新 2014 年财政收入为 126.74 亿基那，2015 年政府预算总额为 161.99 亿基那，财政赤字为 35.25 亿基那。截至 2014 年，巴新外债为 37.20 亿基那。[①] 汤加 2015/2016 财年预计外援总额约 2.33 亿潘加（含国际现汇财政援助 6600 万潘加），约占汤加该年度财政预算的 50%，[②] 被世界银行列为“高风险”国家。

对多数太平洋岛国来说，实现自身的经济增长和可持续发展仍然是当前和今后的主要任务。而经济增长的具体目标是增加可持续的贸易（包括服务）和投资；提高基础设施发展的效率以及在公益设施的供给上进行协作；扩大私营部门的参与并使之为发展做出贡献。[③] 在经济可持续发展方面，主要任务是加强经济发展、社会发展和环境保护之间的整合和协调，逐步实现经济效益与社会效益、环境效益的统一。[④] 有鉴于此，国际社会如何有效地通过外来援助，帮助太平洋岛国实现它们的社会经济发展目标，是一项长期而艰巨的任务。本书试图以国际社会中的主要援助行为体——国家、国际机构和国际组织为线索，横向比较它们对太平洋岛国援助的政策目标、援助重点、援助效果评估等，以弥补学术界相关研究的不足。

---

① 中华人民共和国外交部网站：《国家和国际组织·巴布亚新几内亚》，http://www.fmprc.gov.cn/web/gjhdq_676201/gj_676203/dyz_681240/1206_681266/1206x0_681268/。

② 中华人民共和国外交部网站：《国家和国际组织·汤加》，http://www.fmprc.gov.cn/web/gjhdq_676201/gj_676203/dyz_681240/1206_681790/1206x0_681792/。

③ Pacific Islands Forum Secretariat, The Pacific Plan: For Strengthening Regional Cooperation and Integration, 2007, p. 3.

④ 徐秀军：《地区主义与地区秩序：以南太平洋地区为例》，社会科学文献出版社 2013 年版，第 119 页。

第二节 文献综述

二战结束后，影响最大的对外援助项目——美国“马歇尔计划”的实施，对战后欧洲的重建以及世界政治的发展都起到了关键的作用，而随后召开的国际政治经济发展会议以及77国集团的成立，使人们开始关注南北合作及对外援助这个话题。从20世纪60—70年代开始，对外援助的研究蓬勃发展，吸引了大批杰出的经济学家和国际政治学家。早期西方学术界的主要研究成果有：汉密尔顿·弗利德曼（Milton Friedman）的《国际经济援助：方式和目的》[①]、塞缪尔·亨廷顿（Samuel P. Huntington）的《为了什么和为了谁而进行对外援助》[②]、汉斯·摩根索（Hans Morgenthau）的《对外援助政策理论》[③]、大卫·鲍德温（David A. Baldwin）的《对外援助和国际政治的分析》[④] 等。

在对外援助理论上也分为现实主义、理想主义、结构主义以及社会交换理论等。现实主义的代表人物汉斯·摩根索在其所写的《对外援助政治理论》一文中，将对外援助分为六种类型，即人道主义援助、生存援助、军事援助、声誉援助、贿赂援助以及经济发展援助，并提出了对外援助的“国家利益理论”。他认为，无论是什么形式的对外援助，其本质都是政治性的，主要目的都是为了保护和促进国家利益。[⑤] 拉姆斯戴恩（David

---

① Milton Friedman, “Foreign Economic Aid: Means and Objectives”, *Yale Review*, Vol. 47, No. 4, June 1958, pp. 500 – 516.

② Samuel P. Huntington, “Foreign Aid for What and for Whom”, *Foreign Policy*, No. 1, Winter 1970, pp. 161 – 186.

③ Hans Morgenthau, “A Policy Theory of Foreign Aid”, *The American Policy Science Review*, Vol. 56, No. 2, Jun. 1962, pp. 8 – 27.

④ David A. Baldwin, “Analytical Notes on Foreign Aid and Politics”, *Background*, Vol. 10, No. 1, May 1966, pp. 66 – 90.

⑤ Hans Morgenthau, “A Policy Theory of Foreign Aid”, *The American Policy Science Review*, Vol. 56, No. 2, Jun. 1962, p. 10.

H. Lumsdaine）认为，国际道义或伦理可以通过三种方式影响到国际关系，即通过国内政治的正义观念向国际社会的流动，通过构建国际社会的社会和道德对话，以及通过隐含于国际机制和实践中的规范含义。[①] 结构主义范式（新马克思主义/激进主义）的理论基础可以追溯到马列主义的一些基本假定，而其直接理论来源则是依附论和世界体系论。[②] 结构主义者认为，对外援助是发达国家使用一种工具来维持国际关系中的不平等的结构，以维护它们的国家利益。结构主义和现实主义在看待对外援助动机上很相似，都认为对外援助的目的是为了维护援助国的利益。对外援助中的社会交换论是相比于前三种理论范式的变形，所谓“社会交换”是指甲方自愿地将某些资源给予乙方，以获取另外一种资源。拉尔森（Deborah W. Larson）在《国际谈判中的交涉和互惠》中展示了社会交换论和国际政治的关系。[③]

国内学者对对外援助的研究起步相对较晚，专门性的著作最早始于1993年章昌裕主编的《国际发展援助》，该书主要介绍了国际发展援助的机制和分类，包括国际发展援助资金与部门、机构与协调以及协议，并详细介绍了国际发展援助中的双边发展援助和多边发展援助，以及中国的援助和受援基本情况。[④] 在这之后，国内学术界对对外援助课题的研究进入一个相对较快发展的阶段，有大量的国别对外援助的论著出现。如2002年由周弘主编的《对外援助与国际关系》一书，全面地介绍了对外援助的相关理论，并对主要发达国家对外援助的历史演变及其特征进行了点评。[⑤] 2010年丁韶彬的《大国对外援助——社会交换论的视角》一书出版，该书从社会交换论的视角，提出援助—受援关系的基本分析框架，主要探讨这

---

① David H. Lumsdaine, *Moral Vision in International Politics: The Foreign Aid Regime, 1949 – 1989*, Princeton, N. J.: Princeton University Press, 1993, p. 5.

② 关于依附论和世界体系论的评介，可参见王正毅：《世界体系理论与中国》，商务印书馆2000年版。

③ Deborah W. Larson, “Exchange and Reciprocity in International Negotiations”, *International Negotiation*, Vol. 3, No. 2, Feb. 1988, p. 134.

④ 章昌裕：《国际发展援助》，对外贸易教育出版社1993年版。

⑤ 周弘：《对外援助与国际关系》，中国社会科学出版社2002年版。

种跨国资金流动背后的动力、权力关系和利益关系，并以美国、日本和中国这三个大国的对外援助为案例展开观察和分析。[①] 2011 年浙江大学教授刘国柱、郭拥军等人的《在国家利益之间：战后美国对发展中国家发展援助探研》一书，详细介绍了美国对外经济援助的发展历史、机制形成的过程，并从政治、经济及意识形态等方面对美国的外援政策进行动因分析。[②] 除此之外，深圳大学的娄亚萍出版了《战后美国对外经济援助研究》一书，该书从现实主义理论角度分析了美国对外经济援助的历史演进、战略动机、运作模式以及利益集团与美国对外经济援助的关系，并以美国对以色列的经济援助为案例，验证了书中的论点。[③]

国际社会对太平洋岛国援助方面的研究以澳大利亚、新西兰学者为主，相关研究成果主要是学术论文。如查尔斯·霍克斯利（Charles Hawksley）的《澳大利亚的援助外交和太平洋岛国：中等强国外交政策的变化和延续》一文认为，大国需要影响世界政治，而中等国家寻求在区域内发挥影响力，因而澳大利亚的“国外近邻”（near abroad）政策体现在其援助外交上，尤其是对美拉尼西亚的援助。[④] 而卢克马尼·高安德（Rukmani Gounder）的《澳大利亚对东南亚和南太近邻地区的援助动机》聚焦于澳大利亚对外援助的动机，并通过建立相关数据模型的分析，试图既考察受援国的需求，亦充分考量援助国的利益。[⑤] 特伦斯·伍德（Terence Wood）所写的《新西兰援助的浮沉：2015 年预算》，对新西兰把援助项目并入外交贸易部进行了抨击，分析了新世纪以来新西兰在对外援助中的发展变化，认为其援助效果仍有待加强，希望能够在援助项目内良好地践行

---

① 丁韶彬：《大国对外援助——社会交换论的视角》，社会科学文献出版社 2010 年版。

② 刘国柱、郭拥军等著：《在国家利益之间：战后美国对发展中国家发展援助探研》，浙江大学出版社 2011 年版。

③ 娄亚萍：《战后美国对外经济援助研究》，上海人民出版社 2013 年版。

④ Charles Hawksley, “Australia's aid diplomacy and the Pacific Islands: change and continuity in middle power foreign policy”, *Global Change, Peace & Security*, Vol. 21, No. 1, February, 2009.

⑤ Rukmani Gounder, “Astralia's Aid Motives to Near Neighbours Southeast Asia and the South Pacific, *ASEAN Economic Bulletin*, Vol. 10, No. 3.

(good aid practice within the aid programme)。[①] 由格伦·班克斯(Glenn Banks)、沃里克·E. 穆雷(Warwick E Murray)、约翰·奥弗顿(John Overton)和莉贾娜·斯彻文斯(Regina Scheyvens)合写的《单桨独木舟?新西兰发展援助计划的演变本质》一文,分析了自2008年新西兰国家党政府执政后,新西兰对外援助发生的变革,即新西兰将援助预算与国际援助上的实践理念进行衔接和更新,更加注重伙伴关系和共同责任。[②]

近些年来,随着中国加大对太平洋岛国的援助力度,考察中国与太平洋岛国的关系,特别是经济援助方面的论著开始涌现。其中,尤以澳大利亚、美国、日本、新西兰等太平洋周边国家最为突出。澳大利亚著名智库——罗伊国际政策研究所出版了系列中国对大洋洲岛国援助的动态分析报告,内容详尽,观点鲜明。[③] 澳大利亚国立大学设立了跨学科的美拉尼西亚研究项目,对大洋洲岛国展开以人文社会科学为重点的综合研究和人才培养工作,其中中国与大洋洲岛国的关系为其研究重点之一。[④] 澳大利亚悉尼大学中国研究中心的学者致力于开展中国对大洋洲岛国的投资关系及华侨华人问题的研究,取得了不错的研究成果。[⑤] 设在夏威夷的美国著名智库——东西方中心,长期致力于大洋洲岛国学术研究与人文交流活动。夏威夷大学也成立了太平洋岛屿研究中心,出版了专门性学术期刊和

---

① Terence Wood, "The ups and downs of New Zealand aid: budget 2015", http://devpolicy.org/t-he-ups-and-downs-of-new-zealand-aid-budget-2015-20150529/.

② Glen Banks & Warwick Murray & John Overton & Regina Scheyens, "Paddling on one side of the canoe? The changing nature of New Zealand's development assistance program", *Development Policy Review*, 2012, 30 (2).

③ Fergus Hanson, *The Dragon Looks South*, Analysis June 2008, Lowy Institute for International Policy; Fergus Hanson, *China in the Pacific, the New Banker in Town*, Policy Brief, April 2011, Lowy Institute for International Policy; Jenny Hayward-Jones, *Big enough for all of us: geo-strategic competition in the Pacific Islands*, Analysis, May 2013, Lowy Institute for International Policy; Philippa Brant, Mapping Chinese Aid in the Pacific, http://www.lowyinstitute.org/chinese-aid-map/.

④ 中心活动情况请参阅网站:http://pacificinstitute.anu.edu.au/outrigger/tag/pacific-islands/。

⑤ Smith, Graeme, Nupela Masta? Local and Expatriate Labor in a Chinese-Run Nickel Mine in Papua New Guinea, *Asian Studies Review*. Jun. 2013, Vol. 37, Issue 2, pp. 178-195; Smith, Graeme, Chinese Reactions to Anti-Asian Riots in the Pacific, *The Journal of Pacific History*, Vol. 47, No. 1, March 2012.

专著。[①] 新西兰的奥克兰大学和惠灵顿的维多利亚大学拥有专门从事中国与大洋洲岛国关系研究的机构和学者。[②] 作为大洋洲地区事务重要参与者的日本历来非常重视对大洋洲岛国问题的研究。日本官方智库和相关高校成立了大洋洲岛国研究机构。日本大阪大学设立了日本社团法人太平洋诸岛地域研究所，重点研究日本与太平洋岛国的关系及其政策。

中国国内学者也逐渐展开对该区域的研究，但成果相对较少，只有为数不多的学术论文发表，缺少专著。较早开展的中国对太平洋岛国援助研究的成果，有2010年外交学院孔妃妃的硕士学位论文《浅析中国对太平洋岛国的对外援助》,[③] 这是国内第一篇系统研究中国对太平洋岛国援助的论文。紧接着，国内学术刊物上也刊登了一些相关论文，主要有陈菲的《中国与太平洋岛国合作的现状、挑战及对策》[④]；喻常森的《试析21世纪初美国对太平洋岛国的援助》[⑤]；陈艳云、张逸帆的《日本对南太平洋岛国的政府开发援助》[⑥]、《日本对南太平洋岛国ODA政策的调整及其特点》[⑦]、《日本对斐济的政府开发援助研究》[⑧]；郭语的《新世纪以来澳大利亚对斐济的援助》[⑨] 等。同时，由中山大学大洋洲研究中心负责编辑的《大洋洲蓝皮书——大洋洲发展报告》（2013—2016）也刊登了一系列关于国际社

---

① Terence Wesley-Smith, *China in Oceania*, *New Forces in Pacific Politics*, Pacific Island Policy 2, East West Center 2007; Terence Wesley-Smith & Edgar A. Porter edited, *China in Oceania*, *Reshaping the Pacific*, Berg Hahn Books, New York 2010；详情请参阅夏威夷大学太平洋岛屿研究中心网站：http: //www. hawaii. edu/cpis/psi/。

② Jian Yang, *The Pacific Islands in China's Grand Strategy*, Palgrave Macmillan, New York 2011; Anne-Marie Brady edited, *Looking North*, *Looking South—China*, *Taiwan and the South Pacific*, Series on Contemporary China Vol. 26, Published by World Scientific Publishing Co. Pte. Ltd. Singapore 2010.

③ 孔妃妃：《浅析中国对于太平洋岛国的对外援助》，外交学院硕士学位论文，2010年。

④ 陈菲：《中国与太平洋岛国合作的现状、挑战及对策》，《社会主义研究》2011年第5期。

⑤ 喻常森：《试析21世纪初美国对太平洋岛国的援助》，《亚太经济》2014年第5期。

⑥ 陈艳云、张逸帆：《日本对南太平洋岛国的政府开发援助》，社会科学文献出版社2013年版杨栋梁编：《世界近代史研究（第10辑）》，社会科学文献出版社2013年版。

⑦ 陈艳云、张逸帆：《日本对南太平洋岛国ODA政策的调整及其特点》，《东北亚学刊》2013年第4期。

⑧ 陈艳云、张逸帆：《日本对斐济的政府开发援助研究》，《经济研究导刊》2013年第25辑。

⑨ 郭语：《新世纪以来澳大利亚对斐济的援助》，《国际经济合作》2014年第10期。

会对太平洋岛国援助的论文。[①]

第三节　篇章结构

本书将以国际社会主要援助行为体——国家和国际组织、国际机构为基本线索，分别论述它们对太平洋岛国提供援助的运行机制、政策目标、重要援助领域和援助效果等。主要的国家行为体包括澳大利亚、新西兰、美国、日本、中国；主要的国际组织是欧盟；主要的国际多边援助机构包括联合国开发计划署、世界银行和亚洲开发银行。每一个行为体集中在一章中进行论述，以便展开横向比较。因而，本书一共分为十章，前九章为对各个援助行为体对太平洋岛国援助情况的论述，第十章则为比较分析和全书的基本结论。

① 喻常森主编：《大洋洲蓝皮书——大洋洲发展报告》（2013—2016）各年度，社会科学文献出版社 2013—2016 年版。

第一章

澳大利亚对太平洋岛国的援助

澳大利亚是大洋洲地区最具影响力的国家，也是太平洋岛国最大的外来援助方。澳大利亚对外援助政策不仅受到国内政治、外交、安全和经济因素的影响，而且受到国际关系格局变化、国际对外援助重心变化等因素的影响，因而在援助目标、援助范围、援助方式和重点援助部门等方面都发生了重大变化。

第一节 澳大利亚对外援助政策目标与援助机制

作为国家对外战略的重要组成部分，对外援助政策受到国家总体战略目标的制约；对外援助政策目标，则阐明了澳大利亚对外援助的目的、使命和动机。通过对其援助政策目标和机制的分析，我们可以观察澳大利亚对外援助政策的变迁轨迹，把握其各个时期援助政策的重点。

一、澳大利亚对外援助政策目标的确立与扩大

在20世纪50年代早期，澳大利亚的援助政策目标有很多个，比如战略的、外交的、贸易的，以及人道主义的目标。这些目标经常被混乱地使用，

在一定程度上影响了援助的效果。1975年成立的澳大利亚发展援助委员会（ADAB）是澳大利亚主管官方对外援助的政府机构，在到1982年的8年时间里，总共召开过14次质询会议。但是，所有的这些质询会只是单独就某一方面展开询问，对澳大利亚对外援助的功能和目标缺乏整体性的思考。

1983年3月，鲍勃·霍克（Bob Hawke）就任澳大利亚第23任总理。霍克政府的外交部长比尔·海登（Bill Hayden）在上任之初便感到极其有必要迅速对国家的对外援助展开全面评估，于是在1983年4月17日便宣布成立一个专门委员会，戈登·杰克逊爵士（Sir Gordon Jackson）被任命为委员会的主席。委员会的最终报告在1984年3月完成，这份报告一般被称为《杰克逊报告》，它是第一份关于澳大利亚对外援助政策的成熟和系统的官方评估报告和政策性文件。在这份报告中，澳大利亚首次明确提出自己的对外援助政策目标。

在报告的开始，委员会开门见山地写道："援助主要是基于人道主义目的，通过经济和社会发展减轻贫困。这是富有的发达国家对于数以百万计的生活在恶劣环境中的人们的帮助。援助同时也应当具有战略经济和外交政策的利益，通过帮助发展中国家发展，为澳大利亚提供经济机会。"①从这段话中，我们可以总结出澳大利亚援助政策的目标是：人道主义、外交政策和商业利益。而这三个目标的具体内涵如下：人道主义是指在世界范围内被普遍认同的道德原则，澳大利亚作为一个经合组织（OECD）富国，具有责任和义务帮助穷国发展。外交政策主要指的是对外援助必须服务于援助国的政治目标。如果援助有助于促进受援国的社会经济发展，那么将会提高澳大利亚在受援国领导人和普通民众心中的声望。特别是当受援国对澳大利亚具有重要的战略意义时，与它们成为地缘上的好伙伴远胜于敌人。不像其他大多数的援助国，澳大利亚位于一个整体不发达的区域，其政治目标尤为重要，受援国的发展有利于地区局势的稳定。商业利益是要为援助国带来经济收益。不发达的受援国经济发展成功，可以使其

① *Committee to Review the Australian Overseas Aid Program (1984)*, Report, Australian Government Publishing Service, Canberra (The Jackson Report). p. 3.

成为一个富裕和稳定的邻居和贸易伙伴，从而有助于扩大援助国的出口市场，增加援助国直接贸易投资的机会。

不过，《杰克逊报告》自公布之日起，就有人质疑其提出的援助目标是否能相互协调一致，同时认为在实际执行过程中，这三个目标可能会相互冲突。比如说，人道主义的关注表明澳大利亚的援助应该提供给那些世界上最贫困的国家，而其中大部分这类国家都位于南撒哈拉地区而不是澳大利亚所在的亚太地区。然而，政治或外交政策因素使得那些相对于澳大利亚地理上更接近、战略上更重要的国家获得优先考虑。同时，人道主义目标和商业经济目标之间也存在冲突。基于后者的考虑，澳大利亚的援助无疑会流向那些较为富裕的发展中国家和经济表现良好的国家。这些国家对澳大利亚商品和服务的需求远大于那些出于人道主义因素考虑的最不发达国家。商业和政治因素同样不会指向相同的不发达国家，尽管这两个因素都是为了满足援助国的利益。对于澳大利亚来说，最具战略意义的国家并不是能最大量地需求其商品和服务的国家。

自从 1984 年《杰克逊报告》公布以后，澳大利亚长时间没有再对其官方对外援助政策进行全面评估和调整。1996 年自由党的霍华德（John Howard）当选澳大利亚第 25 任总理，新政府需要对当时澳大利亚所有的内政方针和对外政策做出调整。在这两方面因素的共同作用下，1996 年 6 月，新任外交部长亚历山大·唐纳（Alexander Downer）建议成立一个独立的委员会审议澳大利亚的海外援助计划。次年 5 月 2 日，负责审议的澳大利亚对外援助评估委员会（Committee of Review on Australia's Foreign Aid）做出的报告，由委员会主席保罗·西蒙斯（Paul Simons）呈交给外交部长唐纳，人们通常称之为《西蒙斯报告》。这是继 1984 年澳大利亚海外援助计划评估委员会公布《杰克逊报告》后，另一份对澳大利亚对外援助政策产生重要影响的报告，它试图重新制定引导澳大利亚对外援助的准则。

西蒙斯委员会在进一步总结过去的对外援助经验的基础上，对援助的目标进行了简化，提出“澳大利亚援助计划的目标是，通过可持续的经济和社会发展，援助发展中国家减轻贫困”。这个变化也直接体现在了报告的标题上,《西蒙斯报告》的标题就是《一个明确的目标:通过可持续发展减少贫困》。报告建议干脆直接把外交政策和商业利益从目标中剔除出去,只是专注于减轻贫困,并且认为这才是援助的核心业务。唐纳外长认为“通过援助发展中国家减轻贫困和实现可持续发展,促进澳大利亚的国家利益”。[①] 其实,这些措辞的改变,并不会使澳大利亚的对外援助目标相对以往发生重大的变化,它仍然无法摆脱外交政策的影响,也不可能真正成为像报告所说的那样,只为减轻贫困而服务。例如报告中列出的 6 项对外援助的基本原则,其中一条是:“援助计划必须反映出澳大利亚的价值,必须保有清晰可见的澳大利亚的风格。”[②] 这也从侧面验证了对外援助是基于澳大利亚核心国家利益的一项外交行为。

进入 21 世纪以来,澳大利亚的对外援助政策再次经历了一场重大变革,在传统上对外援助政策致力于减轻贫困和创造地区的可持续发展基础上,加入能够反映时代变化的新因素。

澳大利亚援助目标的转移受到几方面因素的影响,其中最重要的是“9·11”事件的发生。这次对美国的恐怖袭击,引发了一场国际反恐战争,也让人们更加注重安全和发展之间的关系。澳大利亚外长唐纳指出:“贫困虽然没有为恐怖主义行动提供合理性,但是可以创造出来一个令恐怖主义滋生蔓延的环境。”[③] 而对澳大利亚来说,对于恐怖主义的关注更多地是由 2002 年 10 月的印尼巴厘岛爆炸案引发的。有些评论家认为,对于霍华德政府来说,“巴厘岛爆炸案改变了一切”,而对外援助计划也不能不受其影响。在当年外交部向议会陈述对外援助计划的质询会上,外交部长唐纳就更加强调对外援助在地区安全和反恐能力建设上的作用。他说:“援助计划在反恐战争中的作用集中在两方面:第一,帮助伙伴国家通过

---

① Ravi Tomar, *The Future of Australia's Oversea Aid Program*: *Government Response to the Simons Report*, Foreign Affairs Defence and Trade Group, 6 April 1998. http://www.aph.gov.au/library/pubs/rn/1997-98/98rn40.htm.

② Ibid.

③ A. Downer, *Australia aid*: *Investing in Growth*, *Stability and Prosperity*. Eleventh Statement to Parliament on Australia's Development Cooperation Program. Canberra, AusAID. p. 8.

加强反恐能力和法律实施，建立起应对恐怖主义威胁的力量；第二，继续改善有利于经济增长和减轻贫困的环境，这可以削弱恐怖主义网络的发展。”① 除了向提高反恐能力的目标转移以外，澳大利亚新的对外援助计划也更加强调综合治理。这个变化也在2002年唐纳外长向议会所做的陈述中清晰地表达出来，他指出：“自从1996—1997年度以来，（对外援助计划）最重要的一个变化就是用于治理行为的支出翻了一倍还多，在2002—2003年度的预算大概有3.55亿美元。这反映了政府认为治理投入是澳大利亚最有效的促进增长和减少贫困的方法。目前，治理是对外援助中份额最大的项目。”②

2007年12月，陆克文（Kevin Rudd）作为工党领袖就任澳大利亚第26任总理。霍华德政府时期的外交政策的特征是强调双边关系，并据此定义澳大利亚的国家利益，相比之下，陆克文政府则更倾向于多边外交。2010年，陆克文政府副总理朱莉娅·吉拉德取代陆克文当选为新一任总理。相对于陆克文，吉拉德在外交方面的兴趣并不大，没有做出重大的政策调整。这与她过去的任职经历相关，她曾担任就业与劳资关系部部长、教育部部长和健康保健部部长等职务。具体到对外援助的政策上，陆克文和吉拉德两届政府基本一致，都强调在《联合国千年发展计划》的框架下开展对外援助计划是未来澳大利亚对外援助政策的发展趋势之一。

但是，国际社会在实现“千年发展目标”③ 和促进发展中国家稳定的问题上遇到了很大的挑战，不断上升且不稳定的粮食价格和汽油价格，意味着许多发展中国家的人民越发地陷入贫困之中。而全球性的金融危机则加重了这些问题，由于税收收入下降，政府在提供公共服务上面临的压力

---

① A. Downer, *Twelfth Annual Statement to Parliament on Australia's Development Cooperation Program*. Canberra, AusAID. p. 10.

② A. Downer, *Australia aid: Investing in Growth, Stability and Prosperity*. Eleventh Statement to Parliament on Australia's Development Cooperation Program. Canberra, AusAID. p. 23.

③ “千年发展目标”（MDGs）来源于《联合国千年宣言》的第八章，在2000年9月由各国领导人签署。其具体内容包括八个方面：消灭极端贫困和饥饿；普及初等教育；促进两性平等；降低儿童死亡；改善产妇保健；与疾病保斗争；环境可持续力；全球伙伴关系。http://www.un.org/chinese/millenniumgoals/。

越来越大。面对这些挑战，澳大利亚国际发展署为了帮助发展中国家实现“千年发展目标”并且取得经济增长和发展，专门成立了全球危机特别应对小组，综合协调现有的援助项目和评估需求。特别小组制订了行动计划，优先促进就业，重建经济基础，提供基本的社会服务和保护脆弱的社会关系。2008 年，澳大利亚已经向世界银行和世界粮食计划署捐款超过 1 亿美元，直接应对粮食价格危机。在 2008—2009 年度，澳大利亚国际发展署用于印尼、越南、巴新和所罗门群岛的农村发展行动的资金为 2. 45 亿美元。在 2009 年 5 月的政府预算中，澳大利亚承诺在未来 4 年中出资 4. 64 亿美元用于解决全球性粮食安全问题。凡此种种，均反映出澳大利亚关注不断振荡的粮食价格和全球性萧条对解决极端饥饿和贫困的不利影响。① 在对外援助计划中，澳大利亚把教育列为重要项目，增加了对基础教育和职业教育的支持，并致力于提高高等教育的质量。仅在巴新一处，澳大利亚就支持了 2000 多所小学的日常开支。澳大利亚政府认为，要想保持援助的可持续和有效性，妇女和男性、男孩和女孩之间就必须享受平等的教育机会。澳大利亚国际发展署关注对外援助中妇女和儿童的健康，例如，加强了在柬埔寨的生殖健康服务，支持巴新和太平洋地区的健康培训计划，还支持巴基斯坦、孟加拉国和印尼的母婴健康服务。澳大利亚也为亚太地区防治艾滋病、疟疾和其他疾病做出巨大贡献。保证环境的可持续是实现所有 8 个发展目标的基础。在 2008—2009 年度，澳大利亚政府捐赠了 1. 5 亿美元给“国际气候变化适应倡议”，帮助那些脆弱的国家应对气候变化。在促进全球合作发展方面，澳大利亚积极和世界银行、亚洲开发银行和其他联合国重要的下属机构展开合作，共同促进全球和地区的发展与进步。

在吉拉德政府时期，2010 年 11 月，发布了《援助有效性独立评估报告》，这是自 1997 年《西蒙斯报告》后澳大利亚政府发布的又一份关于援助计划的独立报告。这份报告的目的是要求检验和建议政府如何能提高援助的有效性和效率、援助的结构和表现、系统的适应性，包括如何防止欺诈和风

---

① *Australian Agency for International Development Annual Report 08/09*. (2009) Canberra. AusAID. p. 3.

险管理。报告总共分为 5 章：第一章是澳大利亚援助有效性现状；第二章是未来的援助计划；第三章和第四章是整个报告的核心，包括如何分配澳大利亚的援助资源和加强对有效性的管理；第五章是未来的道路。报告指出，许多因素都决定了援助的效率，大致可以分为三个方面，第一是受援国的能力，第二是援助国的表现，第三是两国之间关系的密切程度。围绕这三个方面，澳大利亚重新制定出一个清晰的提高援助有效性的国际议程。这个议程强调有选择地开展援助、有效的国家间关系、注重援助结果、提高援助反馈的能力、对援助透明性的要求和整个政府部门之间的协调。[①]

2014 年，澳大利亚又公布了新的对外援助政策文件，标题为《澳大利亚援助：促进繁荣、减少贫穷、维护稳定》。该报告指出："澳大利亚政府的援助项目，将致力于促进繁荣、减少贫穷、维护稳定。重点援助目标是印度洋—太平洋地区。"[②] 其中，以促进私人部门发展和人力资源开发为两大主要途径（参见图 1—1）。[③]

援助政策集中体现了某一阶段澳大利亚的援助目标和优先发展部门以及倾向的援助方式。从对外援助目标的演变和未来澳大利亚对外援助政策发展趋势的分析中，我们可以明显地看出，澳大利亚国内政治轮流更替对于对外援助政策的影响，特别是领导人所属政党的政治文化传统和他们个人的政治理念，会直接作用于对外援助政策的形成。未来陆克文政府的对外援助政策的走向是侧重于多边机制，并且援助目标从霍华德政府时期的安全防范向减轻贫困回归。

澳大利亚援助政策的目标调整并不意味着新的目标完全覆盖旧的目标，而是在保留原有目标的基础上，根据面临的新挑战和变化重新选择援助的重点。不论援助政策的目标如何变化，它都要服从并服务于国家利益和整体外交政策的安排，无法做到完全的"国际主义"。援助

---

① *Independent Review of Aid Effectiveness*（2011）. Australian Government. p. 4.

② *Australian aid*: *promoting prosperity*, *reduce poverty*, *enhancingtability*, Published by the Department of Foreign Affairs and Trade, June 2014, p. 1, http://dfat. gov. au/about-us/publications/Documents/australian-aid-development-policy. pdf.

③ Ibid., p. 5.

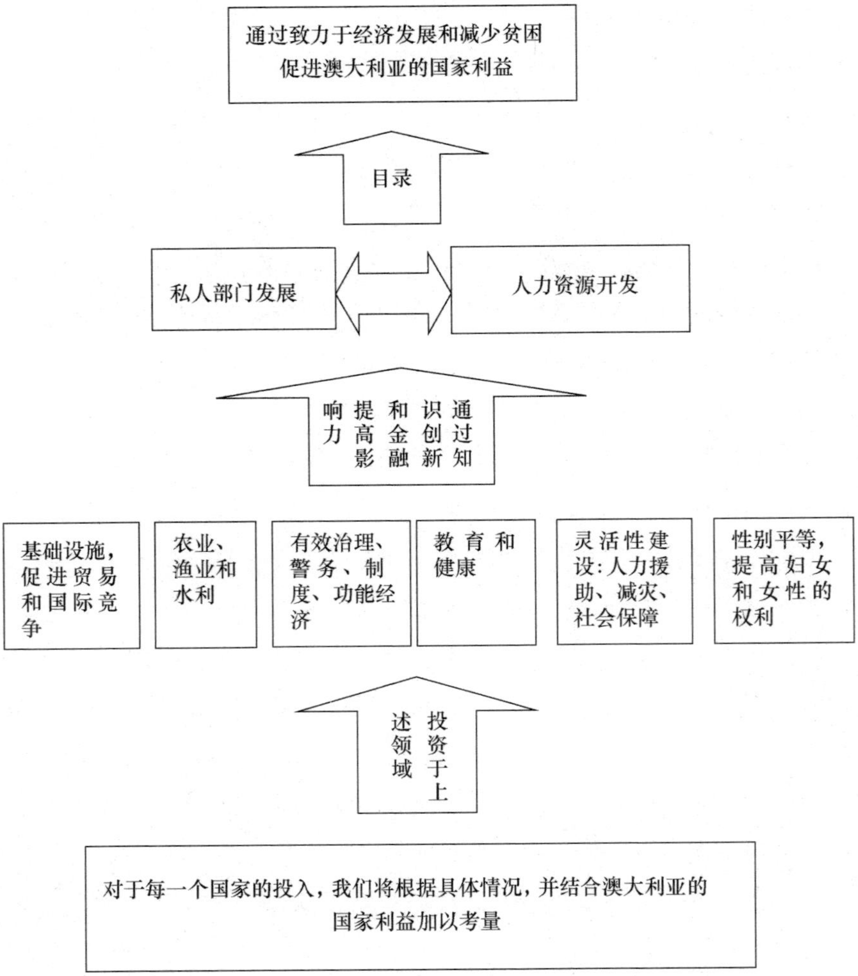

图 1—1　澳大利亚援助新战略示意图：促进繁荣、减少贫穷、维护稳定[①]

目标具有“公益性”和“利己性”的双特点。澳大利亚在制定对外援助目标的时候，会尽量兼顾援助国的利益和本国的利益，在帮助别国发展的同时促进自己的利益需求得到满足，即达到“博弈论”所说的“双赢”。

---

① *Australian aid: promoting prosperity, reduce poverty, enhancingtability*, Published by the Department of Foreign Affairs and Trade, June 2014, p. 9.

二、澳大利亚对外援助体制的变迁

为了更好地将援助计划付诸实践，澳大利亚专门在 1981 年设立了澳大利亚国际开发署（AusAID）。该机构每年均会就对外援助制定预算，同时监测援助的实施，最后还对援助的情况做出评估，为下一年的援助提供指导蓝图。该部门在 2013 年前是半独立于外交贸易部的政府机构，但是与外交贸易部一同服务于国家战略，通过援助和外交政策为澳大利亚实现战略目标：（1）通过双边、区域和多边参与实现澳大利亚的国际战略、安全以及经济安全；（2）通过提供安全服务和信息交流的技术基础设施，确保澳大利亚的海外安全。

澳大利亚国际开发署还未并入外交贸易部前，其机构设置主要是由总干事牵头，协助其工作的有白皮书秘书处，并由执行服务小组负责相关细节工作。在总干事之下，设立三个部门开展区域援助，分别是亚洲和合作资源部、政策和全球项目部、巴新大洋洲和伙伴关系部。在开发署的层层划分中，区域和领域工作被细分，援助工作的进程和反馈（如回顾和评估办公室）均被纳入其中，各司其职，国际开发署的机构设置呈现出科学与协调性（参见图 1—2）。

澳大利亚的国际开发署也不断加强与多边组织的联系，以推进其援助实效，同时也能充分运用国际组织的功能，发挥援助的国际道义性质，因此每年澳大利亚政府都会向援助委员会（DAC）汇报其援助实践。正如澳大利亚国际开发署给澳大利亚援助的评语一样："澳大利亚的援助计划以其灵活、号召力和实用主义的国际声誉而著称。"① 实用主义是澳式援助机制重要特征的最好诠释。

吉拉德政府时期，其对外援助机制最重要的改革是把澳大利亚国际开发署改革为一个实体单位。2010 年 7 月 8 日，总督在总理的建议下，下令

---

① *Australian aid: promoting prosperity, reducing poverty, enhancing stability*, June 18 2014, p. 3, http: //dfat. gov. au/about-us/publications/Documents/australian-aid-development-policy. pdf.

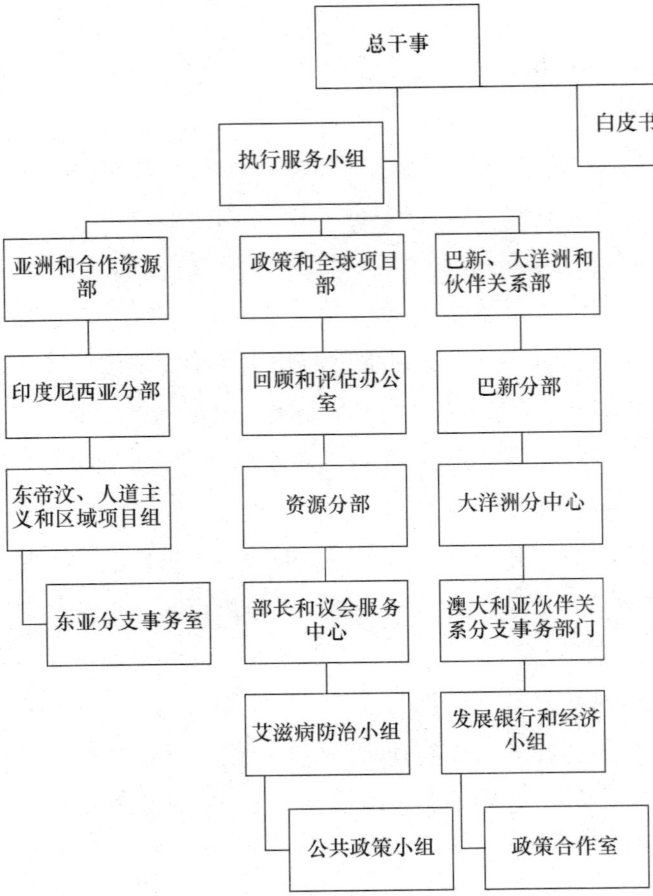

图 1—2　澳大利亚国际开发署机构设置

资料来源：根据 Australian Agency for International Development① 整理。

改革国际开发署。该命令突出了该机构的功能，使它在外交事务和商业利益方面实现了自主化。作为一个实际执行单位，国际开发署现在在人事上不再受限于外交和贸易部秘书处的制约，而同其他部门和机构一起，参与

① Bruce Davis, "Australian Agency for International Development", *Annual Roprts*, 2005, https://dfat.gov.au/about-us/publications/corporate/annual-reports/australian-agency-for-international-development-annual-report-2004-2005/s1.html.

经济发展、外交政策和国家安全等领域的工作。国际开发署拥有自主权是正在进行的一系列改革的一部分，目的是保证有效性和有效管理政府的援助。成为实权单位最重要的结果就是在执行层面建立起强有力的结构，充分管理好政府不断扩展的援助项目。

2013 年 9 月 18 日，澳大利亚宣布将澳大利亚国际开发署（AusAID）并入到澳大利亚外交贸易部（DFAT）中，从而能够更好地服务于外交政策和援助贸易方针。同时，这也意味着整合后的援助政策将由外交贸易部管理，开支也不再占用其他政府部门的预算，预算将由外交贸易部支出，援助额将相对缩减外交贸易部。（DFAT）在五大洲有 95 个机构，拥有 3950 名雇员，同时还在海外雇了 2451 名工作人员参与到外交贸易工作中。其发布的年度报告指出，外交贸易部将致力于“发展澳大利亚的利益和促进澳大利亚的国际化，这包括加强澳大利亚的安全，促进繁荣和稳定，提供有效和高质量的援助计划，为澳大利亚的游客和海外澳大利亚人提供必要的帮助”。①

尽管如此，在谈到澳大利亚外交贸易部的机构文化时，一个重要的事实是，堪培拉的官僚机构自身并不能充分进行外交决策和实施，其他部门和角色反而能够在外交政策的进程中发挥重要作用。“在外交决策中发挥作用的是民选的政治家和他们的办公室人员”，这使得有专业技能的外交人员不能很好地根据实际外交情况做出决策，层级制的外交机构、国际开发署也受外交部长所分管，因此很多时候机构的秘书长与外交部长的关系好坏反而成了实施援助政策的关键，“当他们的关系发展不好——意味着可能是走得太近或者走得太远——对于决策结果均会产生严重影响”。② 因此，援助机构最终属于半独立性质而非全独立行为体，它受到了外交部长的牵制，澳大利亚的援助总干事几乎每周都需要与外交部长会面以汇报工作进程。

---

① Department of Foreign Affairs and Trade Annual Report 2013 - 2014, October 22 2014, http://dfat.gov.au/about-us/publications/corporate/annual-reports/annual-report - 2013 - 2014/dfat-annual-report - 2013 - 14.pdf.

② Allan Gyngell & Michael Wesley, *Making Australian Foreign Policy*, Cambridge University Press, 2007, p. 67.

第二节　澳大利亚对太平洋岛国援助的总体情况

比较各国对太平洋岛国的官方发展援助的实际支付额，2004—2013 年 10 年间，澳大利亚对太平样岛国的官方发展援助的实际援助额是 79. 3 亿美元，澳大利亚是援助南太岛国的主力。10 年的数据表明，美国的援助额已经超过新西兰，成为第二大主力，其援助净额仅 19. 56 亿美元，是澳大利亚的 1/4 左右。而紧随美国之后的则是新西兰、法国及日本。由此可见，澳大利亚在援助南太平洋岛国方面仍然发挥着主导作用，美国稍领先于新西兰和法国，却远远落后于澳大利亚（参见图 1—3）。

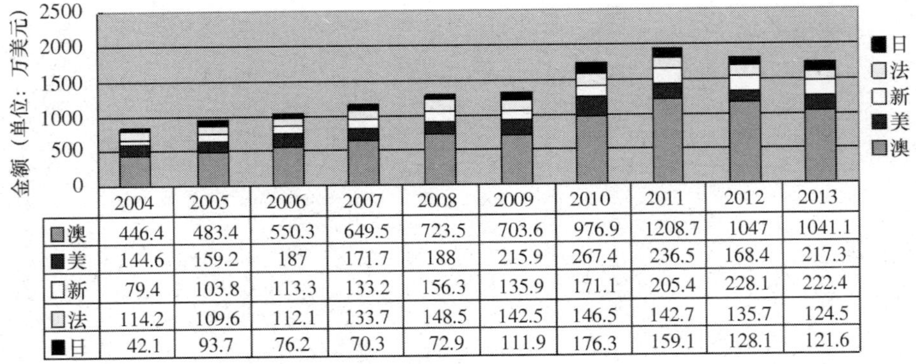

	2004	2005	2006	2007	2008	2009	2010	2011	2012	2013
■澳	446.4	483.4	550.3	649.5	723.5	703.6	976.9	1208.7	1047	1041.1
■美	144.6	159.2	187	171.7	188	215.9	267.4	236.5	168.4	217.3
□新	79.4	103.8	113.3	133.2	156.3	135.9	171.1	205.4	228.1	222.4
□法	114.2	109.6	112.1	133.7	148.5	142.5	146.5	142.7	135.7	124.5
■日	42.1	93.7	76.2	70.3	72.9	111.9	176.3	159.1	128.1	121.6

图 1—3　2004—2013 年国际社会对太平洋岛国的援助 ODA 净值（按实际支付）

数据来源：根据 OECDiLibrary 所发布的 <Geographical Distribution of Financial Flows to Developing Countries: Disbursements, Commitments, Country Indicators>2015 & 2010 年版数据翻译制作而成。http: //www. oecd-ilibrary. org/development/geographical-distribution-of-financial-flows-to-developing-countries_ 20743149。

澳大利亚对外援助的主要对象是太平洋岛国和部分亚洲国家。由于地缘和历史的原因，澳大利亚与太平洋岛国地区的互动由来已久。“英国在澳洲殖民初期，澳大利亚就自视为太平洋的前哨……澳大利亚取得这一地区的利益是通过渐进辐射的方式来实现的，首先与这些岛屿发生关系，然后通过它们去寻求外部世界的利益。”[①] 尽管双方的关系往来密切，但是从长期的发展来看，由于援助国与受援者之间的不对等关系，两者的互动存在着一种奇怪的逻辑。“事实上，澳大利亚与太平洋岛国的关系经常陷入某种政策困境……澳大利亚因作为太平洋岛国地区的老大哥，对这些国家施加压力而受到抨击，但当这些地区发生政治变局时，澳大利亚却又常常被批评说它并不能采取更多的前瞻性措施以应对这些情况。”[②]

这种奇怪的逻辑贯穿在澳大利亚与太平洋岛国的历史发展进程中，并在后者的独立觉醒后变得更加明显。二战后，太平洋岛国的重要战略位置引起澳大利亚外交决策层的高度关注，其有意识地在经济和福利领域加强了与岛国的合作。1947 年在澳大利亚、新西兰的倡议下，太平洋委员会成立，但该委员会只与当时的殖民地宗主国发生联系，而议题也仅限于经济和福利方面。冷战期间，基于反对核试验和渔业问题，双方进一步加强了政策协调。如惠特拉姆时期，即 1972—1975 年，澳大利亚曾经联合新西兰、斐济在国际法院状告法国在太平洋地区的核试验活动。到了 20 世纪 80 年代，苏联具有将其势力扩展到南太平洋地区的迹象，这引起了美国、日本的高度警惕，澳大利亚也害怕外来势力的介入可能会抵消它在本地区的传统影响力，也加大了对地区国家的资源投入。冷战结束后，太平洋地区的战略地位相对下降，两大阵营在此区域的战略地位争夺不复存在，国际社会对岛国的经济援助也相应减少。澳大利亚寻求向北看“融入亚洲”战略，一度放松了对南太区域的关注。1994 年，澳大利亚发展合作部长戈顿·比尔曾对冷战后的南太地区进行外交形势新评估，指出：“澳大利亚

① 汪诗明著：《20 世纪澳大利亚外交史》，北京大学出版社 2003 年版，第 278 页。

② James Cotton & John Ravenhill, *Australia In World Affairs 1996 – 2000 – The National Interest in a Global Era*, Oxford University, 2002, p. 150.

与太平洋地区外交关系的基础，取决于这些国家的可持续性发展。"① 进入21世纪以后，澳大利亚又重新激活其对太平洋岛国的重要性的认识，除了继续推进与岛国的双边关系外，还与太平洋岛国发展出基于地区主义上的多边关系。霍华德政府奉行对太平洋岛国强硬有力的外交军事政策，成为澳大利亚历史上的先例。霍华德政府1999年在东帝汶的维和行动，以及2003年"驻所罗门群岛援助团"（RAMSI）的举措，代表了澳大利亚在该地区的角色定位的新变化。在此之前，澳大利亚考虑到岛国对主权问题的敏感性，唯恐落下帝国主义的骂名，而现在则是另一番情形，澳将试图对该地区推行"合作介入"（Cooperative Intervention）。② "9·11"事件以及巴厘岛恐怖主义袭击事件发生后，霍华德政府进一步调整对岛国政策，关注失败国家和地区动乱这些可能对澳大利亚潜在的安全威胁，推出"整体政府政策"，即澳大利亚援助机构、外交贸易部这些以前专门处理岛国事务的部门，将协同澳大利亚国防军（ADF）、澳大利亚联邦警察（AFP）以及财政部等其他部门一起实现联动。为了应对区域不稳定的问题，澳大利亚"有理由领导其对脆弱国家进行干预，以防止不稳定的所罗门群岛成为滋生恐怖主义活动的港湾，也防止其成为洗钱、毒品、轻型武器和非法移民的源头"。③ 联邦警察部门大幅度增加预算，在2001年的预算是3.85亿澳元，到2010年则升至18亿澳元，其中3.6亿澳元是用于澳大利亚联邦警察的海外部署工作。2006年是太平洋岛国地区最不稳定的一年。这一年同时爆发了所罗门群岛和东帝汶骚乱危机，而汤加王国也遭遇了前所未有的暴动，斐济则发生了军事政变。霍华德政府主要通过RAMSI机制加强与岛国的深度警务合作，并部署多国安全部队，还动员新西兰和斐济参与其中。其后继任的陆克文政府认为霍华德政府的安全援助政策是"应急性而非前瞻性"（reactive rather than proactive）的，因此对岛国关系进行了一

① 转引自汪诗明著：《20世纪澳大利亚外交史》，北京大学出版社2003年版，第278页。

② James Cotton & John Ravenhill, *Middle Power Dreaming: Australia in World Affairs 2006 – 2010*, Oxford University, 2011, p. 148.

③ Ibid.

些改进：就20世纪的瑙鲁难民驱逐事件进行道歉、改善与巴新的关系、落实千年发展目标促进援助、推行季节性短工计划（the Pacific Seasonal Worker Pilot Scheme）。[①] 在这个时期，加强援助是陆克文政府对外政策的一大亮点，主要体现在"援助在发展澳大利亚与太平洋和东帝汶关系的政策中占主导地位，而且陆克文政府的太平洋伙伴关系双边协定计划将遵循有条件和互惠原则作为援助的基石，即将岛国政府的良好治理与实现发展目标紧密挂钩"。[②]

尽管澳大利亚两党在贸易和安全问题上有延续性，但是相对保守的自由党阿博特政府抛弃了陆克文和吉拉德工党政府时期的一些主要政策，外长毕晓普提出了区域新政策：与斐济关系正常化；缩减澳大利亚的援助计划（削减大概6.5亿美元的援助预算）；减少在气候变化问题上的投入。

从区域上看，澳大利亚的对外援助以太平洋国家为主，大洋洲地区主要占援助额的53%，拉丁美洲和加勒比地区的援助占澳总对外援助的1%，中东和北非占3%，撒哈拉以南非洲地区占8%，南亚和亚洲中心地区占12%。[③] 澳大利亚将亚洲和太平洋地区视为援助的战略要地，希望通过援助来减少贫困，实现可持续发展。

太平洋岛国是澳大利亚对外援助最为密集的地区，主要援助对象为巴布亚新几内亚、所罗门群岛、瓦努阿图、斐济等美拉尼西亚地区国家。其中，巴新作为澳大利亚前殖民地和最大的太平洋岛国，是澳大利亚最大的援助对象国家，援助资金几乎占据一半。例如，2015—2016年度，澳大利亚对巴新的援助资金为477.3百万澳元，占当年澳大利亚对整个太平洋岛国地区援助总额1119百万澳元的42.6%（参见表1—1）。

---

① James Cotton & John Ravenhill, *Middle Power Dreaming: Australia in World Affairs 2006 - 2010*, Oxford University, 2011, p. 149.

② Ibid., p. 157.

③ OECD, Development Co-operation Report 2015: Making Partnerships Effective Coali-tions for Action, OECD Publishing, Paris, p. 174, http://dx.doi.org/10.1787/dcr-2015-en.

表 1—1　澳大利亚对太平洋岛国的援助（2010—2016）（单位：百万澳元）

	2010—2011	2011—2012	2012—2013	2013—2014	2014—2015	2015—2016
巴新	457.2	493.6	501.2	502.4	542.9	477.3
所罗门群岛	225.7	235.0	204.3	183.2	214.0	92.7
瓦努阿图	66.7	66.2	65.4	60.6	132.3	41.9
斐济	37.2	46.2	50.1	62.6	64.0	35.0
汤加	27.8	32.9	31.7	29.4	33.0	17.6
萨摩亚	39.8	40.7	43.6	38.5	37.9	23.6
基里巴斯	23.9	35.0	33.0	32.3	30.4	20.2
图瓦卢	8.9	12.1	12.7	9.5	11.6	6.6
瑙鲁	26.6	28.7	32.9	22.1	25.6	21.2
密克联邦	10.4	7.0	5.9	4.5	5.4	
马绍尔群岛		6.8	7.1	4.2		5.0
帕劳		6.1	6.0	4.2	4.7	
库克群岛	5.0	5.3	7.1	4.4	5.0	1.9
纽埃和托克劳	4.4	7.4	7.9	3.5	3.9	1.8
北太平洋①						5.0
其他	152.0		101.69	107.0	130.2	166.4
合计	1085.4	1145.5	1111.3	1070	1247	1119

资料来源：Australian Government Department of Foreign Affiars and Trade, Australian Aid, Australian International Development Assistance Statistical Summary 2010 - 2011；2011 - 2012；2012 - 2013；2013 - 2014；2014 - 2015.

从澳大利亚对太平洋岛国援助的领域来看，主要根据其对外援助战略目标而设定。澳大利亚对太平洋岛国的援助资金和项目主要用于社会基础设施与服务领域，包括教育业、健康与人口、水供应与卫生设备等。除此之外，各国对于太平洋岛国的跨行业服务、能源、交通与通讯等领域也有所涉及。例如，2014—2015 年度，澳大利亚对太平洋岛国的援助总额为 1247 百万澳元，其中基础设施、贸易促进、国际竞争方面的援助资金为

① 北太平洋包括密克罗尼西亚联邦、帕劳。

159.1 百万澳元；农业、渔业和供水工程援助资金为 73.3 百万美元；有效治理、警务、制度建设和功能经济体援助资金为 393.7 百万澳元；教育援助资金为 247.5 百万澳元；健康援助资金为 182 百万美元；复原力建设、人力援助、减灾和社会保护方面援助资金为 112 百万澳元；综合开发支持资金为 80 百万澳元。① 可以看出，这些援助领域的设定，与澳大利亚对外援助战略的"促进繁荣、减少贫穷、维护稳定"目标是高度一致的。

第三节　案例分析：澳大利亚对巴新的援助

巴布亚新几内亚是澳大利亚最大的援助对象国家，援助资金几乎占据澳援助总额的一半。对澳大利亚来说，其"与巴布亚新几内亚（PNG）的双边关系，是最为广泛和复杂的双边关系之一，涉及经济、发展、安全紧密合作以及人文交流等多个领域"。② 澳大利亚是巴新最大的贸易国和最大的援助国，两国在 1977 年签订的《巴布亚新几内亚—澳大利亚贸易和经济合作协议》（PATCRA），为双方的商品贸易、服务贸易、投资以及能源等合作提供了保障。2013 年澳大利亚与巴新两国的双边贸易额为 58 亿澳元（126 亿基纳），其中澳大利亚对巴新的出口额达 28 亿澳元，进口为 30 亿澳元。除了经济上的贸易往来，双方在政治和文化等领域的往来也十分密切。

澳大利亚对巴新援助的动因，主要的考量有经济因素和安全战略的考虑。2014 年 5 月 19 日，在澳大利亚凯恩斯举行的第 30 届巴新—澳大利亚

① Australian Government Department of Foreign Affairs and Trade, Australian Engagement with Developing Countries, part 2, Official Sector Statistical Summary 2014 – 2015, p. 5.

② Australian Government Department of Foreign Affairs and Trade, Australian AIDS Budget Summary 2016 – 2017, p. 11.

商业论坛上，巴新总理呼吁建立巴新南部—澳大利亚北部经济区，促进贸易与投资合作，在双方紧密的经济基础上探索澳大利亚开拓巴新市场和商业发展的良机。澳大利亚与巴新除了在天然气和能源上有着重大的经济利益外，巴新的铜矿也是澳大利亚在当地的重要关切。澳大利亚的力拓公司曾因1989年布干维尔分离主义者的叛乱，其布干维尔铜矿公司旗下的Panguna矿场停止运转。因此，2014年澳大利亚外长毕晓普访问巴新时曾表示，澳大利亚将向布干维尔提供1.2亿基纳的援助，用于帮助布干维尔的教育、医疗卫生、妇女儿童权益、道路和安保等方面的建设。[①] 该援助不仅是出于经济的考虑，同时也是出于安全的考量。因为巴新布干维尔自治区曾经受到骚乱的影响，当地寻求自治的抗争一直延续到2001年才得以解决，因而以援助促安全、维持该地区的稳定也符合澳大利亚在太平洋岛国地区的安全战略。澳大利亚在巴新的安全关切主要有两方面的考量：一方面是布干维尔岛地区的稳定和自治问题；另一方面是现在仍属于印尼行省的西巴布亚，即巴布亚岛（印尼语称呼本岛为伊利安岛），岛上居民大部分是新几内亚人，即美拉尼西亚人，其中99%信仰基督教，这与印尼的主体宗教伊斯兰教形成强烈的对比。巴布亚岛在1828年被荷兰占领并殖民1963年印尼又将其建为伊里安查亚省。此后，巴布亚岛的独立运动一直没有停止，而澳大利亚也支持巴布亚人的“自由巴布亚运动”，对巴新进行军事援助。2013年，“自由巴布亚”派系的副主席安多瓦姆（John Ondowame）和秘书长略斯·鲁马基斯（Rex Rumakiek）领导的“西巴布亚自由国家联盟”（West Papua National Coalition for Liberation），以瓦努阿图和澳大利亚作为根据地，希望能够争取到美拉尼西亚先锋集团的支持。澳大利亚想通过援助，让巴布亚岛脱离印尼实现自治或者回归巴布亚新几内亚，一方面是响应澳大利亚的土著美拉尼西亚人的呼声。另外，在澳大利亚眼中，巴布亚岛属于巴新的一部分，也就是大洋洲的一部分，这是澳大利亚的传统势力范围，因而其排斥域外势力进入该地区，以确保澳大利亚

---

① 《澳大利亚将为巴新布干维尔自治区提供1.2亿基纳援助》，2014年12月17日，http://china.huanqiu.com/News/mofcom/2014-12/5249408.html。

在该地区的主导力量。

从数据来看，2008—2014 年间，澳大利亚对巴新的援助额维持在 3 亿—5 亿美元以内。2011 年前一直呈增长状态，但是此后有下滑的趋势（参见图 1—4）。

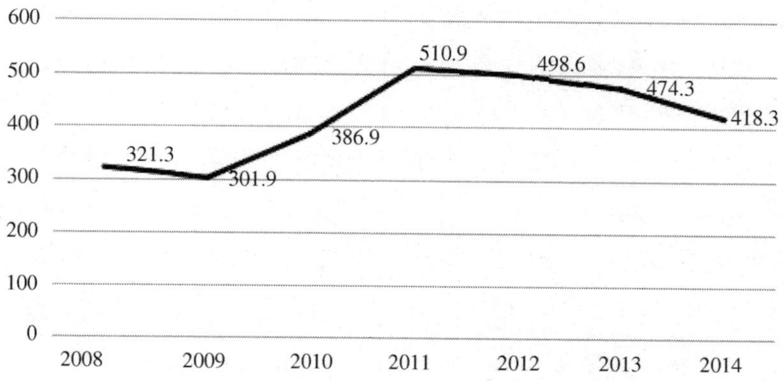

图 1—4　2008—2014 年澳大利亚对巴布亚新几内亚的援助情况（单位：百万美元）

数据来源：根据 Geographical Distribution of Financial Flows to Developing Countries 2016，Dev-e-lopment Assistance Committee，p. 25，http：//www. oecd-ilibrary. org/development/geographical-distribu-tion-of-financial-flows-to-developing-countries_ 20743149 整理译制。

澳大利亚对巴新的援助优先集中在四个关键领域：健康和艾滋病防治、教育、运输、法律或政府治理。尽管近年来巴布亚新几内亚的经济持续增长，但是百姓的生活质量并没有得到明显提高。在巴新有 200 万人仍然生活在贫困中，他们缺少健康、教育、水、卫生设施以及基本的金融服务。2013 年，巴新在 187 个参与人口发展指标评级的国家中排到第 157 位，与联合国千年发展目标相去甚远，而且它的健康和教育指标滞后于其他太平洋岛国：人口预期寿命只有 62 岁，与海地和苏丹持平。在许多领域，妇女和儿童的境遇不容乐观。

2013 年，在联合国开发计划署的报告指出的关于性别不平等指标中，巴新在 148 个国家中仅排名第 134 位，情况十分严峻。因此，澳大利亚大力支持巴新的妇女维权行动。2014 年 2 月，外交部长毕晓普宣布澳大利亚将在未来 3 年援助 300 万美元，以建立一个巴新家庭和性别暴力管理中心。巴新的妇女、儿童比成年男性少了 25% 的受教育机会，而且因怀孕等健康问题而面临着高死亡率，这些都是澳大利亚希望通过援助努力改善的问题。2013—2014 年，澳大利亚对巴新提供将近 9900 万美元用于健康和 HIV 防治项目，并实行 5 项配套措施——金融、采购、能力发展及服务运输、多边合作和境内奖学金进行援助。其中，澳大利亚利用部分基金帮助巴新 4 所医院实行升级计划。2013 年 7 月，澳大利亚和巴新共同出资近 2.07 亿美元致力于重建 ANGAU 医院，澳大利亚还出资建立一所新的名为 Daru General 的医院。澳大利亚援助派遣 8 名临床助产助理员到 4 所助产学校进行培训。但是巴新的医疗用品采购缺乏公开透明性，而且政府在执行上存在着一些懒政行为，这都导致巴新的健康援助遇到一些挑战。为改善这种情况，澳大利亚将援助巴新建立独立的卫生采购机构。在教育领域，澳大利亚提供 9600 万美元用以改善入学率、教师津贴、奖学金、免费入学等问题。尽管取得一定成绩，但是在性别平衡指数上，巴新的只有 0.91%，低于千年发展目标的 0.97%，而且女性基础教育仍有不足。2013 年，澳大利亚为此资助了 154 名巴新人赴澳学习，该计划同样提供给 450 名主修护理、助产和社区健康专业的巴新学生奖学金。

第二章

新西兰对太平洋岛国的援助

新西兰作为大洋洲地区仅有的两个发达国家之一，为了维护区域的稳定和发展，实现本国的国家利益和国际责任，需要运用其官方发展援助来帮助周边岛国。在多年的援助过程中，新西兰的援助政策也随着政党的更替和国际形势的转变而发生了一系列变化。虽然相比于世界上其他发达国家，新西兰只是一个“小国”，但在大洋洲的援助体系中，其官方援助发挥了至关重要的作用，被誉为“小国援助的典范”和“大洋洲地区最有效的援助国”。

第一节　新西兰对外援助政策目标与运行机制

因拥有良好的对外援助声誉，新西兰被称为“良好的全球公民”。2001 年，一直为新西兰实施援助任务的“新西兰官方开发援助署”（NZODA）更名为“新西兰国际开发署”（NZaid），成为外交贸易部（MFAT）下的半独立机构。NZaid 成立后，一方面专业的援助工作人员促进了援助的科学合理性，另一方面援助预算不再从外交部预算中（此前 NZODA 隶属于外交部，其预算受限于外交部的部门预算）划分，而是直接拥有独立资金，这有利于扩大援助规模。但是2009年，新西兰国家党上台执政后，NZaid被重新并入外交贸易部，其半独立性质不复存在，并更新了名字“国际开发集团”（IDG，International Development Group），同时机构任务也发生了改变，由消除贫困转为发展经济（参见图2—1）。

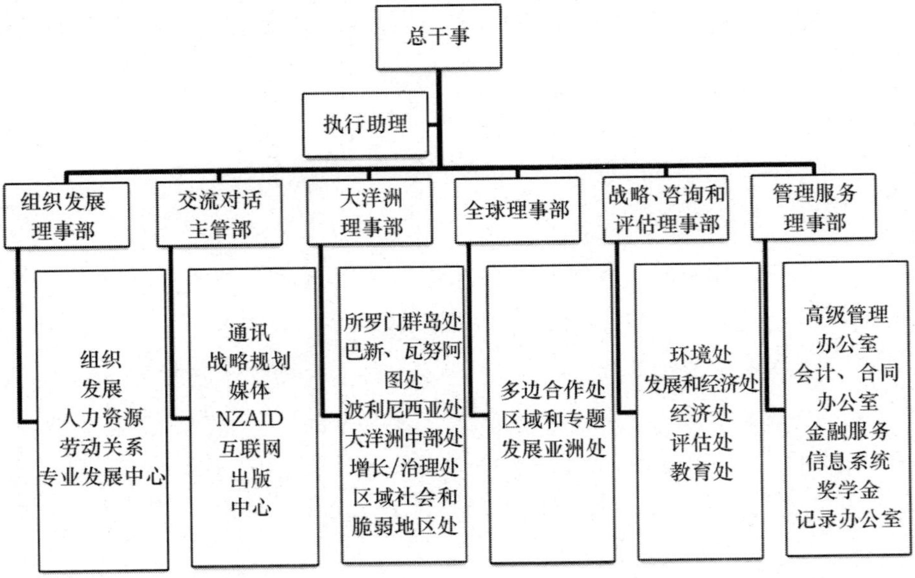

图2—1 新西兰国际开发署（NZaid）组织结构

资料来源：New Zealand Agency for International Development，December 2007，p. 98，http://www. oecd. org/development/evaluation/dcdndep/40618198. pdf.

NZaid的成立，是对2001年新政府的报告《让对外援助更卓越》（Towards Excellence in Aid Delivery）的呼应，其理念也与“新西兰国际发展委员会”（Council for International Development）的呼吁一致：将减贫视为“唯一而毫不动摇的重要目标”。[①] 正是由于以减贫为目标，以援助寻求区

① Glen Banks，Warwick Murray，John Overton and Regina Scheyens，“Paddling on one side of the canoe? The changing nature of New Zealand's development assistance program”，*Development Policy Review*，2012，p. 174.

域和全球稳定和平为宗旨，NZaid 对援助的精确定位和专业管理让新西兰的官方开发援助步入繁荣的十年。2000 年后，工党领袖海伦·克拉克就任总理，她和当时的外交部长菲尔·戈夫并未将援助视为对外的中心工作，但就任外交部副部长的联盟党人马特·罗布森、绿党领袖凯斯·洛克和国内的 NGO 组织等均呼吁进行外交援助。在各方的压力之下，新政府只得折衷实施援助新措施。在国内条件成熟和国际上恐怖主义等非传统安全因素日益成为全球安全的重要关切的背景下，新西兰国际开发署（NZaid）在 2002 年建立。对比澳新两国官方发展援助在新世纪的演变，不难看出，澳新两国的援助在 2000 年后受到政策的影响极大，政党的更迭为其带来了援助的转向。澳大利亚的政坛更迭波动极大，因而其援助政策的延续性相对有限，而新西兰的两任政府执政期间均为其援助发展提供了稳定的平台，让援助政策能够一以贯之。直至 2009 年，新西兰的国际开发署重新并入了外交贸易部，其半独立性质不复存在，新西兰的对外援助再次进入新时期。调整后的 NZaid 将经济发展作为援助的重心，让公民社会和私营部门加强援助参与，致力于提高援助发展水平，与发展伙伴关系国探讨一系列经济社会事务，推动可持续发展成为未来新西兰援助的主要方向。

新西兰国际开发署的最高主管是执行理事，执行助理协助其工作。开发署的行政机构主要分为 6 个部：组织发展理事部、交流对话部、大洋洲理事部、全球理事部、战略咨询和评估理事部以及管理服务理事部。新西兰的开发署与澳大利亚的区别在于主管的“执行”（Executive）属性。澳大利亚援助工作的专业人员会受到政治家的左右和影响，但是新西兰力图能够让援助工作回归专业化，这得益于新西兰在 20 世纪 80 年代后的“整体政府”改革政策。在该政策下，新西兰对部门机构进行改革，而改革的核心则是“议行分离”，从而开启了“政策建议与政策执行机构相分离，专门设立执行政策的机构”[①] 的新西兰官僚机构模式。在这样的模式下，政治与行政分开。新西兰的国际开发署相对于澳大利亚的国际开发署

① 袁方成、盛元芝：《对新西兰“整体政府”改革的理解》，2012 年 3 月 28 日，http://www.chinareform.org.cn/gov/service/Experience/201203/t20120328_138017.htm。

而言，后者经常需要以外交部长和开发署总干事的良好关系为政策实行的前提，而前者往往遵从政治与行政分开的模式，专业技术人员进入政府机构，用科学和标准的模式来考量援助政策，最终让援助的成效更大。与之相对应，新西兰的政府改革中也曾引入“首席执行官”制度，以加强政府治理能力，“首席执行官制度激活了就业市场，打破了以往公务员任职晋升重资历的现象，让政府之外的人才也有机会随时选择为政府服务”。[①] 这是新西兰的国际开发署倾向于选择总干事和执行助理这样充满务实属性的职位设置的原因，体现了新西兰让援助科学化、决策合理化的一种决心。当然，这也是国际开发署未被并入外交贸易部之前援助工作日益繁荣的原因之一。此外，新西兰国际开发署的机构文化也造就了良好的援助工作氛围。与澳大利亚充满层级的官僚模式有所差别，NZaid 的前总干事彼得·亚当斯博士认为，正是因为有平行沟通和集体领导的文化氛围，新西兰国际开发署内部才形成了鼓励创新、参与的工作环境，这有利于形成对外援助的积极成果。

在 NZaid 的统一部署下，新西兰对外援助理念被确立为“支持发展中国家的可持续发展，减少贫困，致力于更安全、更公平和更繁荣的世界”。[②] 从援助理念中不难看出，新西兰将重点致力于通过援助来发展大洋洲岛国的经济，促进这些国家或者准国家实现脱贫，并且使地区更加安全与和平。而该援助理念也与“聚焦太平洋，遍及全世界”（Pacific focus, Global reach）的援助方向互为呼应，明确地将援助重点放在了大洋洲地区，体现了其援助定位的务实性和前瞻视野，尤其是在支持发展中小岛国方面。新西兰也努力通过援助的方式，帮助这些经济结构较为单一的小岛国去保护和可持续发展海洋资源。随着新时代、新挑战的到来，新西兰以援助维护地区稳定的理念也从“自由发展会带来和平”转变为“复合和

---

① 《新西兰引入“首席执行官”提升政府治理水平》，2015 年 6 月 21 日，http://news.xinhuanet.com/world/2015-06/21/c_1115682902.htm，访问日期：2016 年 4 月 23 日。

② The Ministry of Foreign Affairs and Trade, NZ 2015 FULL report, 2015, p. 33, https://www.mfat.govt.nz/.

平”，这是基于“如果发展等于和平，那么随着发展，许多国家或者区域可以减少冲突。但事实并非完全如此”的假定。[①] 在复合和平的考量下，新西兰既致力于帮助岛国发展，也统筹考虑其稳定及和平，致力于教育培训、农业发展等援助项目，让岛国的整体经济、社会均能获得良好的发展。而 NZaid 其后并入外交贸易部后，更加强调国家利益，注重发展经济。

第二节　新西兰对太平洋岛国援助的总体情况

在非殖民地化的 20 世纪 60 年代前后，新西兰对太平洋岛国的官方发展援助的主要对象是其“自由联系国”（库克群岛、托克劳群岛和纽埃），这些岛国的受援额占该时期新西兰对外援助的 1/3，用于加强岛国的经济发展和政权建设。20 世纪 70 年代初期，新西兰的官方发展援助才刚刚起步，属于诞生期。这个时期新西兰的对外援助主要包括两个方面：第一种是刚刚独立的岛国或仍在新西兰直接管理下的岛国；第二种是参与东南亚的事务，彼时越南战争仍在继续，新西兰对东南亚的一些国家进行援助。另外，新西兰还对亚洲地区施行“科伦坡计划”，提供亚洲学生奖学金前往新西兰留学。1972 年柯克政府上台后，新西兰对太平洋岛国的发展援助开始转向，当时独立国家的政权建设已经初显成效，该时期的发展转向福利、基础设施和农村的发展。在 1975—1976 年期间，新西兰的对外援助总额为 5970 万新元，占其 GNI 的 0. 5% 。但是国际形势的变化（如 20 世纪 70 年代的石油危机和 80 年代的经济衰退）和新西兰国内政府的更迭，让这一度的援助繁荣期在 80 年代凋零。在整个 80 年代，对外援助有所缩减，成绩惨淡，对外援助重点不明晰。1984 年，戴维 · 朗伊政府治下的新西兰

---

① Paul William Bedggood, *The Role of New Zealand Official Development Assistance in the Building of Sustainable Peace*, University of Otago, New Zealand, October 2012, p. 9.

致力于经济重建和减少援助规模，使得援助无法投入足够的资金。而1987年的金融危机更是让援助预算大量削减。但是，该时期的新西兰在太平洋地区取得了较为瞩目的外交成绩，如推行独立的外交政策、为太平洋岛国发声、反对法国在岛国进行核试验等，到了20世纪90年代，新政府上台，该时期国家的对外援助预算收缩，援助重点转为发展岛国的私营部门，鼓励私有经济发展，以自由市场的发展促进减贫。同时，在公有部门的援助上，新西兰主要采取让公共部门与岛国加强交流合作，为其培训官员，从而促进岛国公共领域的发展的方式，因而该时期奉行的原则是结构调整。在结构调整的浪潮下，对外援助主要立足于自身的经济收益。有迹象表明，20世纪90年代的新西兰对外援助，每100美元能够带来77美元的商业回馈。时任新西兰外交部长的唐·麦克金农表示："新西兰的企业、供应商、教育机构和个人顾问（对外援助）做得好是因为有利可图。"① 1997年，新西兰的对外援助预算的1/4流入多边组织，在双边援助方面，新西兰的10个最大的受援国之中，除了印尼外都是太平洋岛国（参见表2—1）。

表2—1　新西兰对太平洋国家援助数据（财政年）（单位：百万/新元）

年度	2005—2006	2006—2007	2007—2008	2008—2009	2009—2010	2010—2011	2011—2012	2012—2013	2013—2014	合计
库克	8.6	6.2	4.14	5.5	9.4	10.7	19	8.2	14	85.74
斐济	7.8	2.5	2.17	3.75	4.7	—	5	8.4	4	38.32
基里巴斯	2	3.3	2.79	6.7	4.73	10.7	12	5.8	12	60.02
纽埃	17.6	12.4	19.75	11.94	14.2	26.8	14	13.8	13.5	143.99
巴新	12.5	17.6	16.06	23.44	28.4	32.2	27	26.4	18	201.6
萨摩亚	7.9	8.8	8.45	11.36	23.6	21.4	17	25.6	13	137.11
所罗门群岛	17	22.1	25.25	30.81	42.6	37.59	40	39.3	25	279.65

① Glen Banks, Warwick Murray, John Overton and Regina Scheyens, "Paddling on one side of the canoe? The changing nature of New Zealand's development assistance program", *Development Policy Review*, 2012, p. 173.

续表

年度	2005—2006	2006—2007	2007—2008	2008—2009	2009—2010	2010—2011	2011—2012	2012—2013	2013—2014	合计
托克劳	14. 4	10. 7	17. 48	15. 36	14. 2	21. 4	17	19. 2	20. 3	150. 04
汤加	9. 7	10. 1	12. 66	11. 36	14. 2	16. 1	20	14. 1	12	120. 22
瓦努阿图	8. 4	8. 4	9. 19	18. 51	23. 6	16. 1	20	14. 5	12	130. 7
法属	0. 673	0. 658	0. 46	—	—	—	—	—	—	1. 791
美属	0. 355	0. 212	0. 14	—	—	—	—	—	—	0. 707
图瓦卢	2. 1	2. 1	2. 74	6. 03	—	—	5	4. 2	3. 5	25. 67
瑙鲁	0. 51	1. 4	0. 93	—	—	—	2. 5	2	7. 34	
合计	109. 538	106. 47	122. 21	144. 76	179. 63	192. 99	196	182	149. 3	1382. 9

数据来源：NZAID Annual Review 2005/2006，NZAID Annual Review 2006/2007，NZAID Annual Review 2007/2008；NZAID Annual Review 2008/2009，NZAID Annual Review 2009/2010，NZAID Annual Review 2010/2011；NZAID Annual Review 2011/2012 NZAID Annual Review 2012/2013，NZAID Annual Review 2013/2014.

作为新西兰援助的重点区域，太平洋岛国所接收的金额及实行的援助项目数一直占据新西兰对外援助的多数。2005—2006 财政年，新西兰的官方援助总额为 3. 81 亿新元，其中专门针对太平洋岛国的双边国家援助项目总额为 1. 09 亿新元，占援助总额的 28. 75%。从 2015 年至 2019 年的 5 年间，新西兰计划向太平洋岛国地区提供总额为 10 亿新元的援助，占对外援助总额的 59%。[①] 从援助资金的流向分布来看，2005 年到 2014 年合计排在前 5 位的太平洋岛国依次是：所罗门群岛（279. 65 百万美元）、巴新（201. 6 百万新元）、托克劳（150. 04 百万新元）、纽埃（143. 99 百万美元）、萨摩亚（137. 11 百万美元）（参见表 2—1）。

从援助数据可以看出，新西兰对大洋洲所有的岛国都进行过援助，这些援助既具有普遍性，也存在着特殊性。所罗门群岛、巴布亚新几内亚和三个自由联系国，获得了最大的援助额。所罗门群岛和巴新都是太平洋岛

① New Zealand Aid Programme Strategic Plan 2015—2019, p. 15.

国中重要的国家。所罗门群岛作为世界上最不发达国家（低度开发国家）之一，其人类发展指数为 0.61，大多数人口依靠务农、种植和捕鱼为生，国民经济以种植业、黄金和渔业开采为主，大部分制造产品与石油资源依赖进口。该国尚未开发的矿产资源丰富，如铅、镍、金以及锌。[①] 所罗门群岛位于扼守大洋洲的核心区域，其首府霍尼亚拉在二战时就是太平洋战争的转折点所在地。同时，所罗门群岛同新西兰、澳大利亚同属于英联邦国家，国家间的联系比较密切。作为一个多火山岛的国家，所罗门群岛自然灾害比较频繁，2007 年及 2014 年其附近海域发生两次规模较大的海啸和地震，造成大量的人员伤亡。所罗门群岛实行议会制，政府以弱的政党和非常不稳定的议会联盟为特点。他们受频繁的不信任投票影响，内阁因此经常改组。[②] 政治的不稳定、经济水平的落后及自然灾害的频发，造成了所罗门群岛发展迟缓的局面。内部发展无力，需要外来的援助支持，新西兰的官方发展援助对所罗门群岛的发展起到了关键性作用。巴布亚新几内亚作为太平洋岛国中面积最大、人口最多的不发达国家，其自身抵御外部经济危机及环境灾害的能力较弱，需要借助外来的援助。同时，由于位于太平洋与印度洋、大洋洲与亚洲交界处，巴布亚新几内是否稳定发展会对整个区域的发展产生重要的影响。[③] 所以，巴布亚新几内亚一直是新西兰最重要的双边援助对象国。

而和新西兰有着法律历史关联的自由联系国——托克劳群岛、纽埃和库克群岛，同样获得了数目较大的援助金额。由于这些国家以前都是新西兰的自由联系国，当地居民和新西兰具有历史文化上的联系，这些国家的政府和社会经济的正常运行要依靠新西兰的资金支持。同时，这些自由联系国整个社会经济形态比较脆弱，独立时间较晚，内部建设不够完善，是以一种相对和平民主的方式从新西兰获得了独立的地位，因此仍然同新西兰保

---

① 《所罗门群岛概况》，2014 年 2 月 14 日，新华网，http：//news. xinhuanet. com/ziliao/2002 - 06/23/content_ 453270. htm。

② ［英］肯特（J. Kent），广州市政协文史资料委员会翻译组译：《所罗门群岛》，广东人民出版社 1978 年版，第 23 页。

③ 韩锋、赵江林：《列国志 · 巴布亚新几内亚》，社会科学文献出版社 2013 年版，第 12 页。

持着良好的国家关系，甚至一些国家的国防安全以及联合国代表都交由新西兰代其负责。

新西兰对太平洋岛国援助领域分布较广，以2005—2006财政年为例，新西兰对太平洋岛国的主要援助领域包括教育项目、环境项目、政府管理项目、健康项目、太平洋参与基金、贸易项目及官方援助竞争资金。其中，环境、政府管理及健康方面的援助额最多，分别达到430万、990万及930万新元。2005—2006年，环境项目、管理项目和健康项目支出最多，共2.35亿新元，占区域项目支出的81%。援助项目主要着眼于公共产品支出，即能够让受援国大部分国民受益，纯粹的经济支持和基础设施援助反而占少数。同时，对区域组织的援助更多的是用来支持研讨会的召开，这是一种“软援助”，不能很快看到收益，但的确有助于区域的发展。到了2009—2010财政年，新西兰区域援助项目的重点发生了变化，教育项目的援助逐渐成为重点。由于地区经济水平落后，整个社会受教育程度低下，为了通过援助实现受援国的可持续发展，需要为受援国提供教育援助来培养治国理政之才，到了2011年，教育援助项目占区域援助项目的比例已经高达81%。① 以2012—2015年为例，新西兰对太平洋岛国的重要援助项目领域分布为农业、渔业、旅游业、可再生资源、交通与通讯、私营部门、教育和培训、健康、供水、安全社区建设、奖学金等（参见表2—2）。

表2—2　新西兰对太平洋岛国援助的重点领域分布

	农业	渔业	旅游业	可再生资源	交通与通讯	私营部门	教育和培训	健康	供水	安全社区建设	奖学金
库克			√	√	√	√	√		√		√
斐济									√	√	
基巴		√			√				√		√
巴新	√			√						√	√

① NZAID Annual Review 2010/2011，http：//www.aid.govt.nz/media-and-publications/publications/year-review－2010－11.

续表

	农业	渔业	旅游业	可再生资源	交通与通讯	私营部门	教育和培训	健康	供水	安全社区建设	奖学金
萨摩亚	√		√	√		√	√	√			√
所罗门		√		√	√		√			√	√
汤加			√	√		√	√			√	√
图瓦卢		√		√	√					√	√
瓦努			√		√	√	√		√	√	√
托克		√		√	√	√	√	√	√		√
纽埃			√			√	√	√		√	√

资料来源：New Zealand Aid Programme，Sector Priorities 2012 – 2015，p. 5.

第三节　案例分析：新西兰对太平洋自由联系国的援助

由于历史原因，新西兰将托克劳群岛、库克群岛和纽埃列入特殊援助国项目，这些国家（地区）过去是新西兰的海外领地，现在成了自由联系国（地区）。这些岛国（地区）成为新西兰的传统重点援助对象。新西兰认为，在这些国家的岛上生活的居民也是新西兰的公民，自己有义务对他们负责。新西兰的援助对改善这些岛屿上居民的生活起到了至关重要的作用。①

一、托克劳群岛

托克劳群岛在 1889 年成为英国的殖民地，1948 年被移交给新西兰管理并并入新西兰版图，1994 年实行自治，成为新西兰的自治领。托克劳群岛的所有行政权力属于新西兰外交和贸易部长任命的托克劳行政长官，新

① NZAID Annual Review 2008/2009，http：//www. aid. govt. nz/webfm_ send/68，p. 20.

西兰高等法院对托克劳行使司法权。作为托克劳的托管国，在 20 世纪 90 年代，新西兰平均每年要向托克劳群岛提供超过约 640 万新元的援助，占托克劳年度预算的八成。新西兰同托克劳签订了《自由联系协定》，成立了一个约 970 万镑的信托基金，让托克劳可以取得其他国家和国际组织的援助，并且托克劳群岛的居民仍然保持着新西兰公民的权利。

1994—1995 年度，托克劳政府的财政收入 641 万新元，财政支出 621 万新元，其中财政收入中有 430 万由新西兰政府提供，并且新西兰还对托克劳提供了 90 万新元项目和培训援助。1996—1997 财政年度，新西兰对托克劳援助 430 万新元，占其财政支出的 78. 7%；2000—2001 财政年，新西兰对托克劳群岛的援助金额为 885 万新元；2005—2006 财政年，这一援助数额上升到 1437 万新元，新西兰还帮助托克劳制定了中期发展战略。2008—2009 财政年，新西兰对其援助数额达到 1748 万新元，其中包括 500 万信托基金的援助，主要是帮助托克劳发展经济，提供基本的技术支持，完善岛国基本设施的建设。新西兰还援助给托克劳一艘货船，便利岛屿之间的联系。同时，给予高等教育支持，鼓励在新西兰受过高等教育的托克劳人回国报效。

2005—2014 年的 9 年间，新西兰共向托克劳提供经济援助 150. 04 百万新元，主要援助领域包括渔业、可再生资源、交通与通讯、私营部门、教育和培训、安全社区建设健康、供水、奖学金等九大部门。

二、库克群岛

库克群岛 1888 年沦为英国保护地，1901 年成为新西兰领地，1965 年实行内部完全自治。[①] 库克群岛的公民既是英国臣民，也是新西兰国民，库克群岛 1965 年同新西兰签订了《自由联系协定》，将防务和外交由新西兰负责。库克群岛的经济基本上属于自然经济，以捕鱼业、旅游业、珍珠捕捞业及离岸金融服务为主。财政收入主要依靠外援，其中财政的 60% 来

---

① 孙辉明：《南太平洋岛国近况》，《国际资料信息》1995 年第 12 期，第 27 页。

自新西兰和澳大利亚的援助。自2004年起，新西兰和澳大利亚联合对库克群岛进行援助，由新西兰国际开发署负责居中协调。2001—2012年，新西兰对库克群岛的援助合计为72.4百万美元，占整个发展援助委员会（DAC）国家援助库克群岛总额的105%。新西兰对库克群岛的援助领域非常广泛，但是从资金的投放总量上说，主要集中在基础设施建设方面。2005—2006财年，新西兰援助库克群岛政府在外岛建设基础设施，包括翻新一座医院，并重新购进新的医疗设施和当地的净水设施。新西兰也为库克群岛提供大量的教育援助，包括为当地学生提供去新西兰留学的奖学金和帮助当地提升教育水平、培训专职教师。在2006—2007财年，援助额度达到795万新元，主要用来帮助库克群岛建立阿瓦图港口，并为方便外岛学生的学习而帮助建设了学校及相关的教育配套设施。同时，还帮助库克群岛提升渔业加工能力及珍珠采摘和后续制造的能力。同年，新西兰同库克群岛签订了3年1000万新元的发展援助基金计划。到了2009—2010财政年，新西兰对库克群岛的援助项目更加细化，除了继续帮助其提升基础设施和教育外，也对社会发展提供援助，包括对库克群岛DAT（残疾人行动组）提供援助，帮助库克群岛的残疾人重新找到工作，获得社会的认可，成为“社会不可忽略的人群”。①

表2—3　国际社会对库克群岛的援助情况（2001—2012年）（单位：百万美元）

	2001	2002	2003	2004	2005	2006	2007	2008	2009	2010	2011	2012	合计
新西兰	2.3	2.7	3.4	3.8	4.7	4.8	5.7	3.8	2.9	9.8	15.2	13.3	72.4
澳大利亚	1.2	0.6	1	2	2.1	4.9	6.1	0.7	3	3.6	10.2	4.5	39.9
意大利	…	…	-0.1	…	0.8	16.6	…	…	…	0.4	…	…	17.7
日本	0.2	0.1	0.2	0.2	0.2	0.2	0.1	0	0.1	0.1	0.1	0.4	1.9
法国	…	0.3	-18	-0.5	-0.5	-1.4	-1	-0.6	-1.5	-1.2	3.2	-0.8	-22
DAC合计	3.8	1.5	-18	1.3	-23	25.5	9.7	4.2	4.4	12.7	28.7	17.5	68.5

资料来源：Geographical Distribution of Financial Flows to Developing Countries，2002－2014，Development Assistance Committee，OECD.

---

① NZAID Annual Review 2009/2010，http：//www. aid. govt. nz/webfm_ send/60，p. 21.

新西兰不仅利用一国的力量对库克群岛进行援助，还积极地参与多边合作项目，共同参与援助开发。2012 年 8 月，中国、新西兰和库克群岛三方就合作建设库克供水项目达成共识。淡水资源在库克群岛非常宝贵，自然灾害频发也容易损毁岛上的淡水供应设施，因此新西兰同中国一起合作对库克群岛的淡水设施进行援助建设。这一项目建成后将为库克拉罗汤加岛的民众提供安全卫生的饮用水，这对提升全岛居民的健康水平具有巨大意义。2014 年 2 月，这一项目正式启动，正如中国驻新西兰兼库克群岛大使王鲁彤所说："拉罗汤加岛供水项目是中方首度参与的三方合作，充分体现了中、库、新三方之间的良好关系和高度信任，对三方乃至本地区都具有重大意义。"库克群岛总理普纳在项目开工仪式上说："项目的启动，显示了库克群岛、中国和新西兰三方的深厚情谊、相互尊重和合作意愿，也为岛国地区经济合作和可持续发展开创了新的合作模式。"① 新西兰的援助模式日益多元化，对外来的援助国也抱以开放的姿态，愿意同其他援助国一起来对大洋洲岛国进行开发援助。库克群岛的淡水开发项目体现了多方援助国和受援国之间的合作。新西兰作为库克群岛传统和最大的援助国，为了更好地提升在库克群岛的援助效力，需要进行多方沟通及合作，避免援助投资项目的重复及竞争导致的资源浪费。

三、纽埃

纽埃人属于波利尼西亚人种，纽埃 1900 年成为英国的"保护地"，1901 年作为库克群岛的一部门被划分给新西兰，1974 年新西兰议会通过宪法承认纽埃的自治权，纽埃同新西兰保持自由联系。应纽埃政府的要求，新西兰政府可协助处理防务和外交事务。② 纽埃自然资源贫乏，以渔业、

① 黄兴伟：《中国参与库克群岛供水项目开工》，新华网，2014 年 2 月 21 日，http://news.xinhuanet.com/2014-02/21/c_119450504.htm。

② 中华人民共和国外交部：《纽埃国家概况》（2014 年 8 月），http://www.fmprc.gov.cn/mfa_chn/gjhdq_603914/gj_603916/dyz_608952/1206_609328/。

旅游业和农业为主。该国自然灾害频繁，国家的抗灾能力较弱。2004 年纽埃被热带气旋“赫塔”（Cyclone Heta）袭击，造成人员伤亡，整个岛几乎被摧毁，大量房屋被吹倒，唯一的一所医院也被热带气旋夷为平地。纽埃自治政府无力继续支撑，认为必须以某种形式同新西兰政府进行合并以进行灾后重建，于是引用 1974 年宪法要求新西兰有义务对其原殖民地进行经济和行政援助。

新西兰是纽埃最大的外来援助国，对纽埃岛的援助一直呈现出相对稳定的趋势。2001—2012 年，新西兰共计向纽埃提供经济援助高达 125 百万美元，是澳大利亚的 6 倍多，占整个 DAC 国家对纽埃援助总额的 74%（参见表 2—4）。

表 2—4　国际社会对纽埃的援助情况（2001—2012 年）（单位：百万美元）

	2001	2002	2003	2004	2005	2006	2007	2008	2009	2010	2011	2012	合计
新西兰	2.7	3.7	8.2	8.6	18.6	7.7	13	15.4	5.6	12.6	16.4	12.9	125
澳大利亚	0.4	0.4	0.6	4.3	1.2	0.8	0.7	0.9	1.3	1.5	3.2	6.4	21.7
加拿大	…	…	…	…	0.2	…	0.3	0	0	…	…	…	0.5
日本	0.1	0.1	0.1	0	0.1	0.1	0	0.1	0.1	0.1	…	0.1	0.9
法国	…	0.1	…	0.7	-1.2	…	…	…	…	…	…	…	-0.4
…	…	…	…	…	…	…	…	…	…	…	…	…	
DAC 合计	18.3	12.4	6.5	12.6	18.9	8.5	14	16.4	6.9	14.1	19.8	19.5	168

资料来源：Geographical Distribution of Financial Flows to Developing Countries，2002 - 2014，Development Assistance Committee，OECD.

新西兰对纽埃的主要援助领域为旅游、卫生、教育、林业及私营部门。在 2005—2006 财政年，因为纽埃遭受了自然灾害，新西兰将对其的援助金额增加到 851 万新元，主要是帮助纽埃重新建设 Niue Foou 医院。这一项目的建成，成为纽埃国家重建的标志。[①] 新西兰政府同纽埃政府达成了 3

① Economic，Planning，Development and Statistics Premier's Department Government of Niue，“ ‘Niue Foou—A New Niue’ Cyclone Heta Recovery Plan”，April 2004.

年财政支持协议，建立了固定的双边援助伙伴国关系，提供每周的天气预报服务。在 2006—2007 财政年度，新西兰对纽埃的援助额达到 1240 万新元，而到了 2007—2008 财政年度，这一数字上升到 1975 万新元。这 3 年主要是帮助纽埃进行灾后重建和国家财政预算的帮扶，尤其是对纽埃提供财政、警察、政治、健康及税收上的帮助，同时协助纽埃重建旅游业，改善基础设施项目。① 在 2012—2013 财政年度及 2013—2014 财政年度，新西兰的援助金额稳定在 1300 万—1400 万之间。新西兰主要为纽埃提供政府财政预算，固定的援助国关系也促使新西兰认为自己有责任帮助纽埃发展。同时，新西兰也协助纽埃政府制订国家发展计划，科学地利用他国的援助资金来有效地发展本国的经济。

总之，新西兰的特殊援助项目主要针对和新西兰有自由联系的 3 个国家，这些国家以前都是新西兰的殖民地，同新西兰有文化、历史及政治上的联系。同时，这些国家的经济发展水平较低，在地理位置上靠近新西兰。出于政治上的责任，同时也为了维护新西兰周边区域的稳定，② 新西兰大力加强对这三国的援助，帮助这些国家建立稳定的政治机制，协助发展国家经济，最主要的是帮助其制订国家发展规划，充分利用各国的援助资金来发展本国的经济。三国在 2013 年人均 GDP 都取得了较快的增长，库克群岛人均 GDP 为 1. 49 万新元，纽埃岛人均 GDP 也达到 1. 48 万新元。经过近十年的大力援助，这些国家成为新西兰在大洋洲援助效果最好的典范。③

① NZAID Annual Review 2007/2008，http：//www. aid. govt. nz/webfm_ send/74，p. 10.

② David A. Baldwin，“Analytical on Foreign Aid and Politics”，*WILEY*，Vol. 10，No. 1（May，1966），pp. 66 –90.

③ Nic MaClellan，“The Region in Review：International Issues and Events”，*The Contemporary Pacific*，Vol. 23，No. 2（2011），pp. 440 –454.

第三章 美国对太平洋岛国的援助

美国一直将太平洋岛国视为其势力范围，而对外援助就是美国维持这一势力范围的主要手段。然而，东亚和太平洋地区一直是美国对外援助中所占份额最少的地区。本章试图通过分析美国对太平洋岛国援助的资金规模与重点领域，来简要论述美国对太平洋岛国援助情况。

第一节 美国对太平洋岛国政策的演变

一、1898 年到第二次世界大战期间：军事扩张与文化渗透并举

美国基于逐渐强大的经济实力和军事实力，在太平洋岛国进行积极扩张。1898 年通过美西战争，美国从西班牙手中夺取了夏威夷、关岛、美属萨摩亚和菲律宾。第一次世界大战中，美国逐渐壮大海上军事力量，同时进行了一系列侵略战争，直到拿下了有“太平洋的踏脚石”之称的威克岛。第一次世界大战后的凡尔赛和会使美国错失了争夺南太岛国托管的机会，导致马里亚纳群岛、加罗林群岛以及马绍尔群岛实际上完全置于日本的委任统治之下。然而，随着 1941 年太平洋战争的爆发，美国对战争的策

略发生了改变，从防御到进攻，而且确立了其亚洲作战为先的战略，进而负责整个太平洋战场。① 中途岛战役是太平洋战争的转折点，日本遭受重创，不仅丧失了战争的主动权，甚至让美军抓住机会在瓜岛争夺战中扭转了局势。随着太平洋战争的节节胜利，美军开始觊觎日本在太平洋岛国（如马绍尔群岛等）的托管地。美国顺利攻占了密克罗尼西亚群岛，并在众多攻占下的岛屿建立了军事管辖，进一步控制着太平洋岛国。美国在对这些岛国进行民主教化改革的同时，也在这些地区肆意进行核武器实验。

在这一阶段的后期，美国开始挑战英国在太平洋岛国地区经济和国际权力、国际威望上的主导权。美国积极通过文化产品的输出控制着太平洋岛国的亲美意识形态，最直观的体现是好莱坞的电影和流行音乐深入太平洋岛国地区，而且在太平洋岛国旅游的人中，富有的美国游客呈相对快速增长的趋势，英语继续成为太平洋岛民主要的对外交流语言。②

二、1945—1980 年：巩固与战略深化

二战后期，美国开始高举反殖民的旗帜，拟定《联合国家关于民族独立宣言》的草案，争取对太平洋岛国进行全面托管，将日本委任统治岛屿收归囊中。然而，老牌资本主义国家英国持相反态度：殖民地必须保持，对殖民地进行有限的国际管理。在多方博弈中，美国无法实现其全面托管太平洋岛国的战略意图，但也牢牢控制着太平洋的战略基地。随着在 1945 年旧金山会议上达成共识，联合国托管制度形成。美国深谙太平洋岛国的战略价值，于是在 1947 年左右联合国安理会决策，取得了托管马里亚纳、加罗林和马绍尔三大群岛的权力。而且，这三大托管地属于美国管理下的战略托管。③ 美国顺理成章地对托管地的政治、经济、文化进行管理。1965 年，密克罗尼西亚

① 王绳祖主编：《国际关系史》第六卷，世界知识出版社 1995 年版，第 188 页。

② Ron Crocombe, *The Pacific Islands and the USA*, Institute of Pacific Studies, University of the South Pacific, p. 8.

③ Robert C. Kiste, "Termination of the U. S. Trusteeship in Micronesia", *The Journal of Pacific History*, Vol. 21, No. 3, Contemporary Issues (Jul., 1986: 127).

议会成立，这也表明岛民希望托管地事务自决，而不受美国当局干涉。直至1967年，议会成立了一个“未来政治地位委员会”。该委员会指出，任何情况下都应该维护领土统一和完整，同时提出了“独立”、“与管理国的‘自由联盟’”、“与管理国合并”以及“维持托管地位”四种关于密克政治地位的可能性。但是，密克因为国内文化、地域差异大，对外并没有形成统一的声音。美国利用民族认同的差距，采取“离间”政策，强调帕劳、马绍尔群岛的战略价值，在援助资金和项目上有所倾斜；同时，又疏远了密克，这使得密克的统一独立运动流产。随着帕劳、马绍尔群岛独立议会的形成，美国于20世纪70年代末开启了和帕劳以及马绍尔群岛的单独谈判。1979年马绍尔群岛和密克罗尼西亚联邦成立了自己的政府，帕劳政府也在20世纪80年代年成立，这也就意味着美国在太平洋岛屿托管历史的终结。虽然三个国家都拥有独立主权，但美国通过《自由联系国条约》，保持着对三个国家的监管和控制。

随着冷战的开始，太平洋岛国的战略价值逐渐显现，美国进一步加强了对太平洋岛国的控制。一方面，通过援助与民主教化，进一步宣传西方的普世价值观；另一方面，在世界范围内进一步防止共产主义的渗透，将冷战思维带到对太平洋岛国事务的处理中。在这一阶段，安全利益成为美国在太平洋岛国的核心布局。美国的行为背离了集体安全设想，也具有单边色彩。[①] 美国对太平洋岛国的文化渗透和深化体现在方方面面，不仅是时尚、消费、行为习惯的渗透，志愿者组织和宗教教会也进入太平洋岛国，从不同层面巩固了美国对太平洋岛国的影响，此时英国在太平洋岛国已经不具备与美国抗衡的能力了。[②] 太平洋成为真正的“美国湖”。

三、1990—21世纪初：善意忽视

随着冷战的结束，美国渐渐忽视了太平洋岛国的战略地位，“善意忽

---

① 张愿：《美国对日太平洋诸岛的处置与联合国托管制度的演变（1945—1947）》，《历史教学问题》2014年第5期，第70页。

② Ron Crocombe, *The Pacific Islands and the USA*, Institute of Pacific Studies, University of the South Pacific, p. 9.

略”的美国人把日本人以前强占的或者“买来的”全部土地都收归已有，却没有给予这片土地任何补偿。[①] 而在 2006 年，美国国际开发署在斐济的最后一个分支也宣告关闭。美国并没有对其托管地进行规划，形成综合协调的机制，而是直接推行西方“自由民主”的价值观和进行人道主义的援助。但在援助的同时也伴随着摧毁，例如美国在比基尼岛和埃尼威托克岛进行核试验，造成严重的核污染。美国对太平洋岛国的“冷落”行为受到了各方的谴责。

四、21 世纪初：重返太平洋

随着美国国际战略布局的变化，特别是面临中国崛起的挑战，太平洋岛国的地位开始再次凸显，美国对其自由联系国的援助政策亦发生了变化。2007 年 5 月，美国在华盛顿召开太平洋岛国领导人会议，美国国务卿赖斯出席了会议。在会议上，美国政府正式提出“重返”太平洋的口号，并将 2007 年作为“太平洋年”。会议讨论了美国如何加强在岛国的公共外交、经济合作和应对气候变化等问题。2011 年，美国助理国务卿坎贝尔率团访问了 9 个太平洋岛国，宣称“为促进美国企业的投资合作，美国会进一步支持太平洋岛国论坛”。[②] 而希拉里在 2012 年出席“太平洋岛国论坛”时也强调，会在新时期重塑双方合作，进一步加强对太平洋岛国的援助。[③] 根据新版的《自由联系条约》，一方面，密、马、帕三国的国防军事安全统一交由美国负责。另一方面，美国政府给予密、马、帕三国经济援助，以推动经济发展，例如帕劳旅游业的发展迅速带动了第三产业与就业发

---

① 托卡列夫·托尔斯托夫主编：《澳大利亚和大洋洲各族人民》（下册），生活·读书·新知三联书店 1980 年版，第 1002 页。

② 《美高官访八太平洋岛国，希拉里称中美竞争》，《联合早报》2011 年 6 月 26 日，http：//www. zaobao. com/ wencui/2011/06/ hongkong11062. shtml。

③ 徐寅：《美国为抗衡中国加强对太平洋平洋岛国援助》，新浪网，2012 年 9 月 5 日，http：//news. sina. com. cn / w /2012 - 09 - 05 /143925105997. shtml，查询日期：2016 年 2 月 18 日。

展。[1] 同时，在美国的援助下，帕劳已经成为太平洋岛国中最富有的国家之一，人均收入达到1万美元。[2]

综上所述，过去100多年间，美国政府对太平洋岛屿地区的介入主要表现在军事和战略方面，其次是出于维护美国与亚洲和澳大利亚的商业利益的需要。[3] 美国将太平洋岛国的战略布局纳入其太平洋的利益链条之中，其历史关系的演变都服从于军事战略的最高利益。

第二节　美国对太平洋岛国的援助机制

一、美国对太平洋岛国援助机构

美国对太平洋岛国的援助机制的框架设定，主要分为三类：最为核心的一类是政府行政部门，例如美国国际开发署、财政部、国务院以及负责监察的监管委员会；另一类是立法机构和相关部门，如国会和国家安全委员会；最后一类是以进出口银行为代表的专门机构。[4] 美国对太平洋岛国的援助机制是多位一体的战略体系：决策、执行与监督相互制约。一方面，美国多部门联动，改善了早年援助监督松散无序的问题，从援助资金到援助监控做出调整；另一方面，为了从战略上减少自由联系国对美国的依赖，加快其自身的发展，美国又投入了信托基金。可见，美国对太平洋岛国的援助是多轨并举（参见图3—1）。

---

① Donald R. SHUTER，“he Republic of Palau and its Compact，1995 – 2009”，*The Journal of Pacific History*，Vol. 44，No. 3，December 2009，p. 332.

② Denise Youngblood Coleman［Editor in Chief］．“Palau 2014”，Country Watch 2014 EDITION，Country Watch，Inc. Houston，Texas，p. 57.

③ 喻常森、费晟、王婷婷：《太平洋岛国在美国“亚太再平衡”战略中的作用及我国的应对策略研究》，《教育部国别和区域研究培育基地2014年度指向性项目研究报告》，第8页。

④ Caleb Roaster，*The Bureaucratic Struggle for Control of U. S. Foreign Aid：Diplomacy vs. Development in Southern Africa*，Boulder：Westview Press，1985，p. 3.

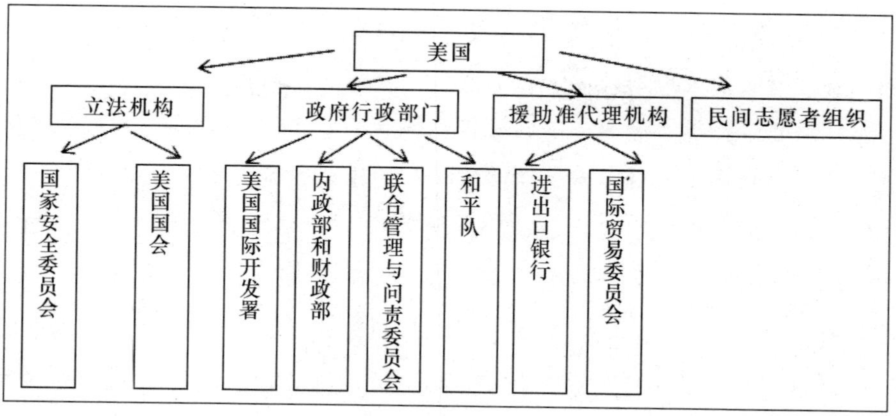

图 3—1　美国对太平洋岛国的多轨援助机构

（一）美国援助太平洋岛国的立法机构和相关部门

美国国会是制约美国对太平洋岛国的援助决策和监督的重要工具。受到美国宪法的庄重赋权，美国国会享有立法权与监督权等，可以参与援助立法（如制定和修正《对外援助法案》《共同安全法案》）、援助听证会、援助调查等相关环节。国会下设立的对外行动拨款委员会、国际关系委员会都对援助预算到项目决算的过程有干预权力。

（二）美国援助太平洋岛国的行政部门

美国行政部门是对太平洋岛国进行援助的主角，各部门的职能分工如下：

其一，美国国际开发署。国际开发署负责美国对外援助中的非军事援助部分。美国国际开发署的前身是于 1953 年成立的对外行动署，之后被援助国际合作署合并，在 1961 年正式设立了国际开发署。国际开发署的援助内容涵盖人道主义援助、经济援助、民主善治、环境援助等环节。虽然美国国际开发署不承担《自由联系条约》中规定的援助内容（该部分由内政部负责），但在对太平洋岛国的官方援助中也扮演重要角色。在项目评估方面，美国国际开发署有一套完整的体系：行政委员会提出建议—层次评估—代表团评估—总检察官评估—审计署核查。① 在总体的援助配额方面，国际开发署向总统负责，受国务卿领导，并没有实际发言权，而且审批的程序相对复杂：预算请求—国会审议—国会年对外行动法案—南太岛国区域办公室—私人志愿者组织、地方政府、国际组织签约授权。

其二，内政部和财政部。美国内政部是《自由联系条约》中规定的，有法律义务对美国的三个自由联系国进行援助的主要机构。美国内政部机构庞大复杂，而对太平洋岛国进行援助的主要是岛屿事务处，专门负责对密克罗尼西亚联邦、马绍尔群岛共和国以及帕劳的援助进行协调、管理与监督。它同时监督着条约的义务性捐款和项目捐款，同时决定着部分捐助金额的分配。财政部在美国对太平洋岛国的援助项目中也发挥着重要作用，主要负责对太平洋岛国的技术援助中的顾问、教师、财务官员的派遣，以及财务援助等的相关内容。

其三，联合管理与问责委员会。美国政府对太平洋岛国援助的监察部门之一是联合管理与问责委员会，该委员会专门负责对密克罗尼西亚联邦、马绍尔群岛共和国进行资金与项目管理监督。联合管理与问责委员会由内政部官员担任主席，其他由美国国务院和卫生部的官员担任委员代表。每年一次例会，讨论相关的援助事宜。虽然美国设立监管委员会的初衷无可非议，但是因为人力资源的限制和权力的制衡，监管过程中往往难以达到预期效果。

其四，和平队。和平队是美国对太平洋岛国援助中区别于日本的比较特殊的队伍，其性质是美国的政府机构，对总统负责，联邦财政保证志愿者的工资发放。和平队是冷战的产物，在其章程中的主要任务是促进世界的和平与友谊。在美国外派的和平队去向中，大洋洲岛国的和平队人数占据 3%。和平队在对太平洋岛国的援助中主要扮演着对偏远地区输送医生、教师和各种技术人才，以及搭配本土的援助项目的角色。美国目前有 100

---

① 魏雪梅：《冷战后中美对非洲援助比较研究》，中国社会科学出版社 2013 年版，第 154—155 页。

多位志愿者分布在巴布亚新几内亚的学校、医院展开援助工作。

（三）美国援助太平洋岛国的代理机构和志愿组织

美国通过一系列的援助代理机构对太平洋岛国实施援助，例如进出口银行、商业信贷公司和一些海外投资公司等。

美国对太平洋岛国的援助机制看似复杂，但是其多轨道援助有着相对的约束机制，也是共同援助目标下的有机配合。作为一个世界强国，美国公民社会体制酝酿了不少非营利组织，配合政府的海外工作进行非政府援助。在对太平洋岛国的援助中，它们扮演的角色主要是将援助资金更好地使用于受援国的地区，同时配合美国政府开展的合作项目，进行协调沟通和援助评估工作。

二、美国对自由联系国援助的条约机制

20 世纪 80 年代，密克罗尼西亚联邦、马绍尔群岛与帕劳三国通过公投、立法与行政部门的批准、美国议会两院与总统的通过、联合国托管理事会和联合国安理会的批准等程序，分别于 1986 年和 1994 年通过了《自由联系条约》。美国对密、马、帕三国的援助主要是基于《自由联系条约》，其援助条件条分缕析。援助的形式虽然多样，但是有既定的章程，主要内容也涵盖了技术援助、基金等各种援助。条约规定对美国与太平洋岛国的援助行为做出以下几方面的规定：

其一，确认援助国与被援助国的政治、外交关系。通过《自由联系条约》，密克罗尼西亚联邦、马绍尔群岛与帕劳三国获得独立权与外交权，成为一个主权国家，可以与外国缔结外交关系，加入联合国等政府间国际组织。正如在美国与帕劳签订的《自由联系条约》中规定，帕劳有自主权力用自身名义处理对内和对外事务，且必须依照国际法的原则和平地处理争端。①

---

① Compact of Free Association Agreement between the United States of America and the Palau, Foreign Affairs, Article II, Section 111 - 123, 1994.

其二，确定援助国与受援国之间的经济关系。首先，条约规定，美国对太平洋岛国的援助有捐赠、技术援助、信托基金、联邦部门援助等相关内容。捐赠是美国对太平洋岛国的主要援助手段，条约中规定了美国对三个自由联系国在教育、卫生、基础设施等领域的捐赠援助。其次，根据条约的原则，“马绍尔群岛共和国与帕劳共和国可以适时要求美国的政府组织机构为其提供技术援助”。[①] 再次，美国在《自由联系条约》中通过成立信托基金，进一步掌握了援助的自主权，并培养密、马、帕的独立性。例如美国在 1995 年至 1998 年的三年间为帕劳提供了 7000 万美元的信托基金，保证了帕劳能够在美国援助减少的情况下经济平稳增长。最后，根据《自由联系条约》及其修订条约，美国会对三个自由联系国进行气候灾害造成的损失紧急援助。

其三，安全与防御关系。根据《自由联系条约》，美国有权利与义务负责自由联系国的安全与军事保护，其他国家未经允许不得派军进驻。例如，美国政府可能会在帕劳建立防御工事，但必须告知帕劳政府。[②]

其四，一般性条款，包括争端解决、有效时间等问题。2004 年，美国同密、马两国重新续约，新条约有效期为 2004—2023 年。2010 年 9 月，帕劳虽然也有意与美国续签新协议，但是目前并未得到落实，所以当前美国对帕劳的援助相对停滞。美国与其自由联系国的关系，通过条约的形式，明确权利与义务。然而，条约虽然肯定了自由联系国的独立地位，然而其经济、政治、军事援助仍依赖美国，没有脱离其托管的本质。

---

① Compact of Free Association Agreement between the United States of America and the Marshall Islands: Amending the Agreement of June 25, 1983, concerning the Compact of Free Association, As Amended, Section 221, Signed at Majuro April 20, 2003: 25.

② Compact of Free Association Agreement between the United States of America and the Palau, Security, and Defense Relations, Article II, Section 311 –313, 1994.

第三节　美国对太平洋岛国援助规模与重点领域

一、美国对外援助的总体情况

从全球范围来看，美国对大洋洲援助的绝对数额虽然不高，但大洋洲所获得的人均援助收入却远远高于其他四个大洲。2004—2013 年间，美国对大洋洲发展中国家的人均援助额为 21.54 美元，而对非洲、美洲、欧洲以及亚洲发展中国家的人均援助额分别为 6.978 美元、3.396 美元、3.379 美元以及 2.319 美元，美国对大洋洲发展中国家援助的人均值比其他四个大洲人均值的总和还要多（见表 3—1）。

表 3—1　2004—2013 年美国对五大洲的人均 ODA 援助

（仅含各洲发展中国家；单位：美元）

	2004	2005	2006	2007	2008	2009	2010	2011	2012	2013	平均
大洋洲	16.96	18.31	21.09	19.05	20.51	24.21	29.41	25.50	17.81	22.55	21.54
非洲	4.67	4.84	6.18	5.24	7.33	7.79	7.69	9.18	8.60	8.26	6.978
美洲	3.34	2.91	3.52	2.49	3.30	3.48	4.61	4.13	3.27	2.91	3.396
欧洲	3.64	4.01	4.49	2.45	2.50	3.66	3.23	3.36	3.34	3.11	3.379
亚洲	1.61	4.13	2.38	2.11	2.35	2.47	2.27	2.23	1.84	1.80	2.319

数据来源：根据 OECD 发布的“Geographical Distribution of Financial Flows to Developing Countries：Disbursements，Commitments，Country Indicators”2010 & 2015 年版数据计算制作而成。http：//www.oecd-ilibrary.org/development/geographical-distribution-of-financial-flows-to-developing-countries_ 20743149。

由此可见，大洋洲虽然是美国援助总额最少的地区，但却是人均受援规模最大的地区，这足以证明大洋洲在美国援助政策中的重要地位，也显示了亚太地区对于美国的重要性。

二、美国对太平洋岛国援助的分布情况

在2002—2013年间，美国共向12个太平洋岛国实际支付ODA援助总净值为23.1亿美元。其中，对太平洋岛国的援助对象主要是密克罗尼西亚联邦、马绍尔群岛以及帕劳，三国所获的援助金额共20.24亿美元，占总金额的87.6%。相较而言，对于其他太平洋岛国，美国承诺的援助金额仅为1.748亿美元，占总金额的7.6%，而其他未特别指定的援助总额为1.113亿美元，占总金额的4.8%。由此可见，美国对太平洋岛国的援助重点对象即其三个自由联系国。在密、马、帕三个自由联系国中，美国对密克的ODA援助的规模最大，为11.739亿美元；其次是马绍尔群岛，为6.526亿美元；最后是帕劳，为1.975亿美元。

除了三个自由联系国以外，2002—2013年间美国对太平洋岛国中的瓦努阿图、巴新、基里巴斯、斐济等国援助份额比较大，分别是8840万美元、2290万美元、1740万美元及1690万美元（参见表3—2）。

表3—2　2002—2013年美国对太平洋岛国ODA援助（按实际支付；单位：百万美元）

	2002	2003	2004	2005	2006	2007	2008	2009	2010	2011	2012	2013	合计
密克	98.9	99.9	77.6	94.1	98.6	99.6	79.8	107.6	107.1	98.4	98.2	114.1	1173.9
马绍尔	49.5	47.2	42.6	44.4	51.0	48.1	47.3	49.1	68.0	75.2	59.6	70.6	652.6
帕劳	13.9	14.0	14.1	13.1	27.0	14.1	27.3	26.8	15.1	18.4	0.0	13.7	197.5
瓦努	1.1	1.2	1.8	1.5	3.2	2.3	25.9	22.8	19.2	4.5	2.2	2.7	88.4
巴新	0.2	—	0.1	0.0	0.2	0.8	2.0	2.8	2.3	3.6	3.6	7.3	22.9
基巴	1.0	0.9	1.3	0.6	0.8	0.7	0.5	0.0	—	—	—	11.6	17.4
斐济	0.1	0.9	1.6	0.9	1.3	1.2	1.3	1.9	1.7	2.4	1.7	1.9	16.9
萨摩亚	1.4	1.2	1.3	0.8	0.8	1.0	0.8	1.5	1.4	1.4	0.7	1.3	13.6
汤加	1.2	1.0	1.1	0.7	0.9	0.8	0.8	1.2	1.2	1.5	1.0	1.3	12.7

续表

	2002	2003	2004	2005	2006	2007	2008	2009	2010	2011	2012	2013	合计
所罗门	0. 1	0. 1	0. 0	0. 0	0. 0	0. 3	0. 0	0. 1	0. 2	0. 3	0. 5	1. 1	2. 7
库克	—	—	—	—	—	—	—	—	0. 1	—	0. 0	—	0. 1
图瓦卢	—	—	—	—	—	—	—	0. 0	—	0. 1	—	—	0. 1
其他	0. 5	8. 0	3. 1	2. 7	3. 3	2. 8	2. 3	2. 3	51. 1	30. 9	0. 8	3. 5	111. 3
合计	167. 9	174. 4	144. 6	158. 8	187. 1	171. 7	188. 0	216. 1	267. 4	236. 7	168. 3	229. 1	2310. 1

数据来源：Geographical Distribution of Financial Flows to Developing Countries：Disbursements，Commitments，Country Indicators > 2010 & 2015. http：//www. oecd-ilibrary. org/development/geographical-distribution-of-financial-flows-to-developing-countries_ 20743149.

虽然太平洋发展中国家的人均受援额远远超越世界其他地区的发展中国家，但美国对太平洋岛国的援助仍然不足，还有很大的增长空间。正如美属萨摩亚在美国国会的民主党代表埃尼·法里欧马维加（Eni F. H. FALEOMAVAEGA）所说："美国总是对太平洋岛国'善意忽视'，且对该地区的外交政策过于依赖澳大利亚和新西兰，澳新援助太平洋岛国的规模都不小，美国应该能做得更好。"①

三、美国对太平洋岛国援助的重点领域

美国对太平洋岛国的援助主要集中于改善民主、促进经济发展、保护环境，以及人道主义紧急援助、医疗健康援助等领域，这充分反映了美国的对外援助理念和外交政策思维。

（一）民主、人权与善治

美国援助的重要方面之一，与美国对外援助的基本目标——促进和巩

① Hearing before the Subcommittee on Asia，the Pacific，and the Global Environment of the Committee on Foreign Affairs House of Representatives 110th Congress："U. S. Policy Toward South Pacific Island Nations，Including Australia and New Zealand"，March 15，2007：1.

固受援国的民主价值观念——是相符的。在这方面，美国主要通过协助受援国的政党建设、促进政策透明化、防治腐败等方式，致力于推进太平洋岛国特别是巴布亚新几内亚以及斐济的民主化进程。例如，美国国际开发署在 2014 年斐济大选中资助选民培训、参加十三国国际观察团观察选举全过程，尤其是致力于改善女性的选举地位，支持女性参与选举。美国希望通过以上种种措施，促使斐济由军事统治转变为一个更为民主开明的政治体系。此外，美国国际开发署还关注太平洋地区妇女地位的提升，通过援助当地妇女组织，为遭遇性暴力的女性进行创伤辅导服务，提升她们的维权及自我保护意识。

（二）促进经济增长

由于长期以来太平洋各岛国的经济发展不太平衡，经济与合作发展组织（OECD）根据人均收入，在 2013 年对官方发展援助受援国进行了划分，大部分岛国仍然是发展中国家，其中斐济、汤加、巴新、马绍尔群岛和密克罗尼西亚联邦属于中低收入国家，而基里巴斯、所罗门群岛、瓦努阿图、图瓦卢和萨摩亚为最不发达国家，只有库克群岛和帕劳属于中高收入国家。因而，美国对太平洋岛国的援助大部分用于促进各岛国的经济增长。由前文可知，近十年来，美国对太平洋岛国的 ODA 援助逐渐增加，大有超越新西兰成为太平洋第二大援助国的趋势。由于密克罗尼西亚联邦、马绍尔群岛和帕劳是美国的自由联系国，根据双方的《自由联系条约》，三国每年都能够从美国获得大量经济援助，美国试图通过这些援助实现三国的经济自给自足，并希望在减少三国对美国经济援助依赖的同时，保持美国和三国的特殊关系以及对三国的影响。

（三）改善生态环境

由于太平洋地区生态环境比较脆弱，而生态环境的好坏直接影响到当地居民的生产和生活，对于作为政策工具的美国援助来说，关注各岛国的生态环境变化，就环境问题以及气候变化问题进行援助，能够直接获得该地区国家和人民的好感，从而达到援助目标的效果。美国协助岛国进行基础设施建设，提升居民的灾害预防意识，同时为公民社会团体捐款。除此之外，美国国际开发署还协助巴布亚新几内亚、瓦努阿图以及所罗门群岛进行红树林修复和改善森林生态系统的管理。除了上述双边援助模式外，美国还与德国合作，共同资助所罗门群岛的乔伊索省适应气候变化的影响，同时协同新西兰对基里巴斯进行废物回收和循环利用的培训。

（四）人道主义援助

人道主义援助也是美国援助的一个重要方面，尤其是对于自然灾害频发、基础设施建设不良的太平洋岛国而言。依据《自由联系条约》，美国为马绍尔群岛和密克罗尼西亚联邦提供灾后紧急救援及重建。密、马、帕三国可求助于美国为其提供气象服务，以及美国联邦紧急措施署的服务。自 1995 年起，美国国际开发署的外国灾害援助办公室（Office of Foreign Disaster Assistance）已经实施了太平洋岛国灾害援助项目，由亚洲发展基金会（Asia Development Foundation）负责实施，提升太平洋国家的灾害预防和管理能力。例如，2007 年 4 月，美国国际开发署为所罗门群岛提供 25 万美元进行飓风后重建工作。

（五）医疗健康援助

美国针对岛国居民的健康问题也进行了一系列努力，包括援助岛国医院设施的建设、培训各国的医务人员以及援助非政府组织对岛国居民进行义务护理。例如，巴布亚新几内亚是太平洋地区艾滋病发病率最高的国家，成年人发病率接近 1%，而高危人群（如女性性工作者），发病率可达 5.3%。美国针对艾滋病问题，同巴新政府和公民一起努力提升公民对于艾滋病的预防意识，提出“预防、护理和治疗一条龙模式”。2013 年 5 月，在巴新《国家艾滋病战略》的中期回顾中引用了美国提出的“一条龙模式”，并决定在全国范围内推广该应对艾滋病的模式。[①] 另外，美国每年向巴新提供不等额的援助资金，主要目标是防治和护理那些感染艾滋病的高发人群。

国际开发署还开展了新发流行病威胁项目（Emerging Pandemic Threats Program），其中的 PREPARE 项目由国际医疗队（International Medical Corps）领导，美国还为太平洋岛国针对流行病的现场检测提供技术援助，提高岛国应对流行病的能力。

由此可见，美国对太平洋岛国的援助涉及各个领域，涵盖受援国的各个阶层和行业，因而美国的援助能够有效地加强双方在政府和民众两个层面的关系，使得资源匮乏、经济落后的受援国越来越依赖美国，从而得以提升美国的国际形象和软实力。促进美国和太平洋岛国关系的稳定，稳固美国在太平洋地区的主导地位。这对于实现美国在该地区的战略目标是大有裨益的。

第四节　案例分析：美国对太平洋自由联系国的援助

作为美国的自由联系国，密克罗尼西亚联邦、马绍尔群岛、帕劳三国是所有太平洋岛国中接受美国援助最多的国家。在 2004—2013 年间，美国对三国官方发展援助总金额（以实际支付计）为 16.986 亿美元。美国对密、马、帕三国的援助不仅包括《自由联系条约》框架下的援助义务，还有美国其他政府部门负责的援助项目。除此之外，美国对三国的援助形式也多种多样，同时涵盖了许多领域。因而，我们试图从援助机制及形式、援助规模和领域等方面，对美国援助太平洋自由联系国的内容进行阐述。

---

① 美国国际开发署网站：http：//www. usaid. gov/pacific-islands/global-health。

一、援助机制

美国负责对密、马、帕三国进行援助的机构主要包括内政部、美国国际开发署、国务院以及其他联邦部门。

（一）内政部（United States Department of the Interior，DOI）

根据《自由联系条约》，美国对密、马、帕三国的赠款及援助项目主要由内政部负责监督和实施。美国内政部主要负责管理联邦政府拥有的土地、保护美国国家遗产及自然资源。其下分多个部门，主要包括印第安事务局、土地管理局、岛屿事务处等。其中，岛屿事务处专门负责美属岛屿的管理和协调工作，这些岛屿包括美属萨摩亚、关岛、美属维尔京群岛、北马里亚纳群岛自由邦，同时负责美国的自由联系国——密克罗尼西亚联邦、马绍尔群岛共和国以及帕劳的援助事务。其具体工作即管理和监督条约义务赠款（Compact Grants）及援助项目以及补充教育赠款（Supplemental Education Grants，SEG）的分配和使用。另外，2003 年 10 月岛屿事务处在火奴鲁鲁设立了一个区域办公室，负责监督在新修订条约下对密、马两国的援助事务。

（二）联合管理与问责委员会（Joint Management and Accountability Committees）

联合管理与问责委员会是美国专门针对密克罗尼西亚联邦及马绍尔群岛设立的。为了加强对密、马两国援助项目的管理，在 2003 年签订的美密、美马《自由联系条约》修订版中规定了美国同密、马分别成立由双方官员组成的联合管理与问责委员会，即美密联合经济管理委员会（Joint Economic Management Committee，JEMC）及美马联合经济管理与财政问责委员会（Joint Economic Management and Financial Accountability Committee，JEMFAC）。委员会由双方共 5 名代表共同组成。其中 3 名代表分别来自美国的内政部、国务院以及卫生部（HHS）；由来自内政部的代表担任委员会主席，来自美国的三名代表同时担任美密、美马联合委员会的成员；另外两名代表来自相应国家。条约规定委员会每年至少召开一次会议。

条约规定委员会的职责是：（1）审核密、马两国的财政预算和经济发展计划；（2）确定援助赠款及项目分配比和目标；（3）为援助资金及项目附加条款和条件，以确保提升援助效果和明确财政责任；（4）评估援助项目进展、使用成效、管理以及援助优先领域的改变；（5）审核条约规定双方提交的审计报告及相关政府报告。

在实践中，JEMC 和 JEMFAC 在会议中投票，通过决议分配赠款，为援助赠款和项目附加条件。2004—2013 年间，美密、美马委员会依据修订条约为密、马两国拨款约 11 亿美元，其中 JEMFAC 还为马绍尔群岛的伊拜设立特殊服务资金。

美国设立监管委员会的初衷是好的，但是在实施过程中不可避免地出现了一些问题，例如监管人员不足以及权力受限等问题导致的监管不利。2013 年 1 月，密联邦政府官员表示，由于人员不足，SOBC 无法较好地完成监管工作。①

（三）美国国际开发署

美国国际开发署是承担美国对外非军事援助的专门性机构，主要负责美国对他国农业及粮食安全、民主、人权与善治、经济增长与贸易、教育、全球健康等多个领域的援助。在美国对其自由联系国的援助中，自然有国际开发署的存在。但是，美国国际开发署并不负责《自由联系条约》框架下的援助。该部门对密、马、帕三国的援助同属美国官方发展援助，但援助规模较内政部小。

---

① GAO Report to the Committee on Energy and Natural Resources, U. S. Senate.（GAO－13－675）: Micronesia and the Marshall Islands Continue to Face Challenges Measuring Progress and Ensuring Accountability. September 2013: 49.

（四）其他部门

除了上述主要负责援助的机构之外，美国其他的联邦部门也参与到对自由联系国的援助事务中，包括国务院、农业部、商务部、劳工部、教育部、卫生与公众服务部等。例如，在2007—2011年间，密、马两国分别接受了来自美国各联邦部门（包括交通部、教育部、劳工部、商务部、农业部等）总额为1.97亿美元、4600万美元的赠款，[①] 而这些赠款是不属于条约规定的援助义务的。

二、援助形式

美国对密、马、帕三国的援助形式也多种多样，主要包括直接赠款、技术援助、信托基金、项目维护援助、各种联邦部门服务以及物资援助等。

（一）赠款

赠款是美国援助密、马、帕三国的主要形式之一，主要包括条约义务赠款、特殊专项赠款等，主要用于受援国的教育、卫生、基础设施建设、公共部门以及私营部门发展等各个领域。除了条约规定的义务赠款之外，美国还专门为密、马两国设立了专项赠款，如补充教育赠款（SEG），专门用做教育基础设施的改善以及学术交流等的资金。2015年2月，美国内政部岛屿事务处宣布为自由联系国的“珊瑚礁计划”（Coral Reef Initiative，CRI）拨配100万美元的赠款，用于2015年该项目的各项支出。

---

① GAO Report to the Committee on Energy and Natural Resources, U. S. Senate.（GAO - 13 - 675）. Micronesia and the Marshall Islands Continue to Face Challenges Measuring Progress and Ensuring Accountability, September 2013: 74 - 75.

（二）技术援助

根据《自由联系条约》规定，美国对密、马、帕三国提供技术援助。在2003年美马修订条约的第二章第224节，以及1994年美帕《自由联系条约》的第二章第222节中规定："马绍尔群岛共和国、帕劳共和国可以适时要求美国的政府组织机构为其提供技术援助，在符合美国法律的情况下，相对于其他不属于美国领土的地区，可以优先考虑给予马绍尔群岛共和国、帕劳共和国技术援助，这同样适用于美国其他的自由联系国。"①2015年2月，美国内政部拨款79.24万美元用于本年度帕劳技术援助项目，帮助帕劳政府完成人口普查、房地产和农业领域开发，并助其发展一个10年旅游业总规划，同时促进帕劳银行业的制度能力建设。

（三）信托基金

根据美帕《自由联系条约》，美国在1995—1998年的三年间为帕劳提供了7000万美元的信托基金，保证了帕劳能够在美国援助减少的情况下经济平稳增长。而在《自由联系条约》阶段没有该项目的密、马两国，也在修订条约阶段获得了来自美国的信托基金项目的支持。根据2003年的修订条约，密、马两国可分别获得不同额度的信托基金。

（四）项目维护援助

这种形式的援助同时适用于密、马、帕三国。该援助关注受援国基础设施维护制度和技术的提升，而不是单纯地帮助受援国修缮基础设施。该援助项目包括为与项目维护有关的培训、教育以及技术指导等提供资金支持，也可用于购买专业的维护设备或建立维护信息系统等。例如，2004财年，美国为密克罗尼西亚提供10万美元实施密克罗尼西亚大学"贸易实

① Compact of Free Association Agreement between the United States of America and the Marshall Islands: Amending the Agreement of June 25, 1983, concerning the Compact of Free Association, As Amended, Section 221, Signed at Majuro April 20, 2003: 25.

习计划”（College of Micronesia trades apprenticeship program），为马绍尔群岛提供5.63万美元进行“夸贾林岛礁联合资源利用实习项目”（Kwajalein Atoll Joint Utility Resource apprenticeship program）等。①

（五）联邦部门服务

根据《自由联系条约》及其修订条约，密、马、帕三国可享受来自美国的天气预报服务，以及邮政部门、运输部门、美国国际开发署外国灾害援助办公室、航空部门等多个联邦部门的服务。② 其他类型的援助如项目维护援助以及物资援助也在条约中做了详细规定。除此之外，美国还通过国际组织、非政府组织、社会团体以及个人等对三国进行援助。由于这种类型的援助不是本书的研究对象，因而不做详细说明。

三、援助规模与计划

（一）援助规模

1986—2003年间，《自由联系条约》生效以后，美国对密、马两国的援助总额分别约为15亿美元和10亿美元，这些援助主要用于政府运作、健康与教育领域、经济发展、设备改造及其他特殊用途。其中，美帕《自由联系条约》直到1995年才正式生效。根据美国审计总署（Government Accounting Office，GAO）公布的数据，在1995—2009年的15年有效期内，美国为帕劳提供了总金额约为8.52亿美元的援助。受到资料的限制，我们选择2004—2013年间美国对密、马、帕三国的官方发展援助作为研究对象（参见表3—3）。

---

① Gale A. Norton as the Secretary of the Interior. Report to the Congress on the Compacts of Free Association with the Fedeated States of Micronesia and the Republic of the Marshall Islands_ 2004：28.

② Compact of Free Association_ Agreement between the United States of America and the Marshall Islands：Amending the Agreement of June 25，1983，concerning the Compact of Free Association，As Amended，Section 221，Signed at Majuro April 20，2003：23.

表 3—3　美国对密、马、帕三国 ODA 总净值（2004—2013 年）

（按实际支付；单位：百万美元）

	2004	2005	2006	2007	2008	2009	2010	2011	2012	2013	合计
密克	77.6	94.1	98.6	99.6	79.8	107.6	107.1	98.4	96.2	114.1	973.1
马绍尔	42.6	44.4	51.0	48.1	47.3	49.1	68.0	75.2	59.6	70.6	555.9
帕劳	14.1	13.1	27.0	14.1	27.3	26.8	15.1	18.4	0.032	13.7	169.63

数据来源：根据 OECD 官方数据库自行计算。

如上表所示，2004—2013 年间，美国对密、马、帕三国的 ODA 总净值分别是 9.731 亿美元、5.559 亿美元和 1.696 亿美元。可见，美国对三国的援助规模存在较大差异。究其原因，一方面，美国对帕劳的援助模式不同于密克与马绍尔。帕劳借助美国的援助进行一系列经济改革，国内主要产业迅速成长，美国因此降低了对帕劳的援助规模。而帕美《自由联系条约》到期后，双方没有就援助问题达成新的协议，因而美国并未对帕劳的援助制订新计划。另一方面，密克与马绍尔群岛却愈加依赖美国的援助。在实施第一阶段条约时期，两国经济的增长同美国的援助规模趋势直接相关，加之两国相对于帕劳，人口基数大，美国还在马绍尔群岛设有军事基地，因而美国对两国的援助规模远远大于帕劳。

（二）援助计划

2003 年，美国与密、马两国《自由联系条约》的修订条约正式生效，该修订条约规定了 2004 年至 2023 年的 20 年间美国对两国的援助计划。同样，2009 年，美帕《自由联系条约》也到期，美国与帕劳在 2010 年签订了一项新的援助协议，该协议规定了 2010 年至 2024 年的 15 年间美国对帕劳的援助规模和计划。

根据美密修订条约，在 20 年的有效期内，美国每年为密克罗尼西亚联邦提供 9220 万美元的援助。这部分援助包括 7620 万美元的赠款以及 1600 万美元的信托基金（Trust Fund）。并从 2007 年起，赠款部分每年减少 80

万美元，同时将这部分资金增加到对密联邦的信托基金中。与此同时，密联邦还可享受美国联邦政府部门的其他援助项目，且每年可获得1220万美元的并购基金。马绍尔群岛每年可获得3520万美元的赠款以及700万美元的信托基金，并从2004年起将赠款部分的50万美元增加到信托基金中。除了享受其他联邦部门的项目援助外，每年还可获得额外的610万美元的补充教育赠款（参见表3—4）。

表3—4　2004—2023年美国对密、马两国的援助计划（单位：百万美元）

财年	密—赠款	密—信托基金	马—赠款	马—信托基金
2004	76.2	16	35.2	7
2005	76.2	16	34.7	7.5
2006	76.2	16	34.2	8
2007	75.4	16.8	33.7	8.5
2008	74.6	17.6	33.2	9
2009	73.8	18.4	32.7	9.5
2010	73	19.2	32.2	10
2011	72.2	20	31.7	10.5
2012	71.4	20.8	31.2	11
2013	70.6	21.6	30.7	11.5
2014	69.8	22.4	32.2	12
2015	69	23.2	31.7	12.5
2016	68.2	24	31.2	13
2017	67.4	24.8	30.7	13.5
2018	66.6	25.6	30.2	14
2019	65.8	26.4	29.7	14.5

续表

财年	密—赠款	密—信托基金	马—赠款	马—信托基金
2020	65	27.2	29.2	15
2021	64.2	28	28.7	15.5
2022	63.4	28.8	28.2	16
2023	62.6	29.6	27.7	16.5

数据来源：GAO Report to the Committee on Energy and Natural Resources, U. S. Senate.（GAO-13-675）. Micronesia and the Marshall Islands Continue to Face Challenges Measuring Progress and Ensuring Accountability. September 2013：Appendix Ⅲ：FSM and RMI Grant Assistance and Trust Fund Contributions under the Amended Compacts, Fiscal Years 2004-2023：73.

美国为密、马两国设立信托基金的目的在于避免1986—2003年间美国援助的减少而造成的两国经济急剧下滑的情况，因而信托基金是为了维持密、马的经济稳定。按照该援助计划，马绍尔群岛第一年可获得700万美元的信托基金，并逐年增加50万美元。另外，由于马绍尔群岛与中国台湾地区建立了外交关系，因而台湾当局于2004年也加入了美马的信托基金计划，承诺在这20年条约有效期内每年捐助200万美元到马绍尔群岛的信托基金账户中。这样，加上每年的盈利率，马绍尔群岛的信托基金在2024年将会达到9.3亿美元，而密联邦则预期达到10.13亿美元。美国希望在2024年以后，两国的信托基金的年盈利可取代与美国2024年同水平的援助规模，从而可以停止对两国的经济援助。[①]

2010年，美国同帕劳签订了新的援助协议。该协议规定，至2024年条约期满，美国计划为帕劳大约援助2.15亿美元，其中包括用于政府运营的1.75亿美元的直接经济赠款、4000万美元的基础设施项目赠款、2800万美元的基础设施维护项目（主要包括道路、机场等项目）赠款、用于还债的1000万美元的财政补贴资金，以及3025万美元的信托基金。这些款

① Francis X. Hezel, SJ.,"Is that the best you can do? A tale of two Micronesian Economies", MicSem Articles, 2006.

项将以每年逐渐递减的方式补贴，分 15 年支付给帕劳。[①]

美国对密克、马绍尔群岛以及帕劳的援助主要是基于同三国的《自由联系条约》，主要由美国内政部专门负责，其他联邦部门协助。因而，相对于其他太平洋岛国而言，美国对三国的援助规模较大，计划较为完整成熟。尽管如此，美国对三国的援助并未达到其设定目标，密克、马绍尔群岛的经济并没有多大起色。就目前而言，美国对三国的援助愈加“小心翼翼”，会定期对援助赠款的利用以及项目的实施进行监督，以评估援助效果。

三、重点援助领域

美国对密、马两国的援助涉及到各个领域。根据 1986 年的《自由联系条约》规定，密、马两国所获的赠款主要用于支付政府运作费用、基本建设支出（包括道路升级改造项目以及商业投资等）、债务偿还及其他特定领域，如能源和通讯领域等。2003 年修订条约及相关协定规定美国赠款用于六大领域，即教育、健康卫生、基础设施建设、环境以及私营部门发展和公众部门能力建设。此外，密、马两国自 2005 年起还可享受来自于美国的补充教育基金（Supplemental Education Grant，SEG），两国自 2005 年起每年分别获得 1220 万美元和 610 万美元。

（一）美国对密克援助的重点领域

美国对密克的援助资金主要分布在教育、基础设施建设以及健康卫生领域，这是美国对两国援助的三大重点领域。在 2004—2013 年间，美国对密联邦教育领域的援助额为 2.776 亿美元，占总额的 35%；基础设施建设项目为 2.289 亿美元，占总额的 29%；健康卫生领域为 1.882 亿美元，占总额的 24%。三大领域的援助额共占总额的 88%（参见图 3—2）。

---

① GAO Testimony Before the Subcommittee on Fisheries, Wildlife, Oceans, and Insular Affairs, Committee on Natural Resources, House of Representatives: Proposed U. S. Assistance to Palau through Fiscal Year 2024. (GAO-12-798T): 8.

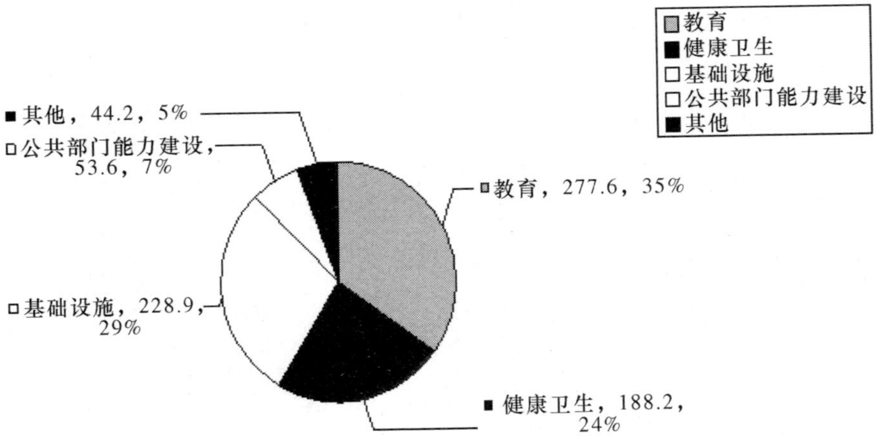

图 3—2　2004—2013 年间美国对密克援助资金分配明细（单位：百万美元）

备注：图中“其他”主要包括：私营领域发展、环境以及审计问责水平的提高。

资料来源：GAO Report to the Committee on Energy and Natural Resources, U. S. Senate.（GAO - 13 - 675）. Micronesia and the Marshall Islands Continue to Face Challenges Measuring Progress and Ensuring Accountability. September 2013：84.

与第一条约阶段和修订条约阶段的援助重点明显不同的是，美国对密克的援助政策由“宽松”到“紧缩”。在第一条约阶段，美国对于密克使用援助资金的管理较为松散，援助的后续监管工作也不太到位。而在吸取第一阶段的经验教训之后，美国明显对密克的援助资金加强了规划和管理。具体来看，就是缩减了援助资金用于政府运作的开支，将大部分援助都用于和岛民息息相关的教育、健康以及基础设施建设等领域。

（二）美国对马绍尔群岛援助的重点领域

由于美国对密克、马绍尔群岛两国的援助政策一直是一体的，因而美国对马绍尔群岛的援助重点领域同密联邦类似，其教育领域援助总额为 1.159 亿美元，占比为 36%；基础设施建设项目为 1.58 亿美元，占比为 33%；健康卫生领域为 6790 万美元，占比为 21%。三大领域援助总额为 3.896 亿美元，占美援马总额的 90%（参见图 3—3）。

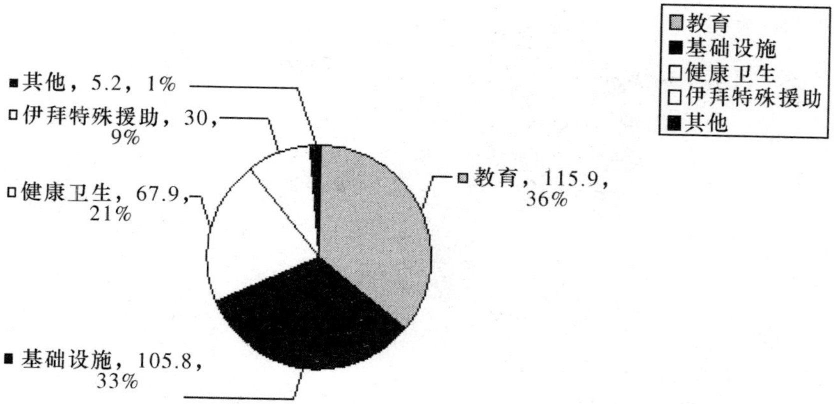

图 3—3 2004—2013 年间美国对马绍尔群岛援助资金分配明细（单位：百万美元）

备注：图中“其他”包括公共部门能力建设、私营领域发展以及环境。

资料来源：GAO Report to the Committee on Energy and Natural Resources, U. S. Senate.（GAO－13－675）. Micronesia and the Marshall Islands Continue to Face Challenges Measuring Progress and Ensuring Accountability. September 2013：85.

由此可见，2003 年修订条约生效以来，美国将对密、马的援助重点放在教育、基础设施建设和健康卫生三个方面，而不是将大量赠款作为政府运营费。美国在吸取了第一阶段的援助经验之后，开始加大对受援国使用援助赠款的控制力度，希望美国的援助能够切实改善受援国各个领域的境况。

（三）美国对帕劳援助的重点领域

美国在 1995—2009 年间对帕劳的援助包括条约直接赠款、条约联邦部门服务、条约道路建设计划以及联邦酌情补助项目等（参见图 3—4）。美国对帕劳的援助中的直接赠款主要用于支持政府运营费用，大约为 4.11 亿美元，占总援助额的 48%；条约联邦部门服务包括邮局、天气及航空等服务，约为 2500 万美元，占比为 3%；条约道路计划约为 1.49 亿美元，占比为 17%；联邦酌情补助项目总额约为 2.67 亿美元，占比为 31%。

帕劳与密、马两国情况不同。根据美国国际开发署官方发布的数据，

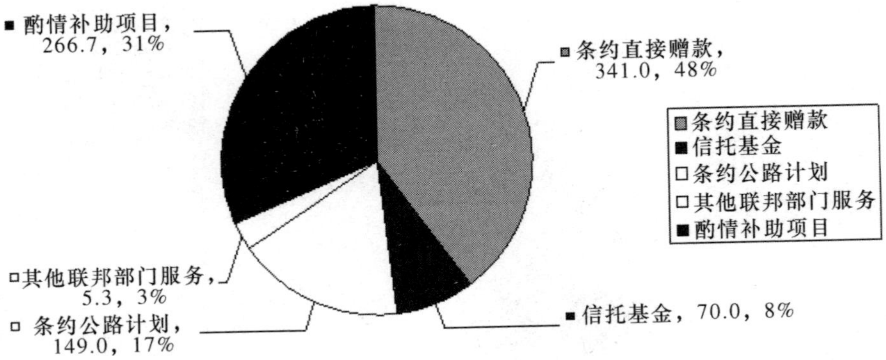

图 3—4　1995—2009 年间美国对帕劳的援助资金各项占比（单位：百万美元）

2008—2012 年间，美国对帕劳的援助主要用于跨行业服务①、财政预算支持以及供水与卫生服务。其中，跨行业服务获得援助资金 6507 万美元，占比为 74.4%；财政预算支持获得援助资金 2061 万美元，占比为 23.6%；供水与卫生服务获得援助资金 141 万美元，占比为 1.6%。可见，跨行业服务与财政预算支持是美国对帕劳援助的重点。

总之，美国是世界上最大的援助提供国，其援助涉及到受援国各个领域，名目繁多。而美国对三个自由联系国的援助也同样涉及到三国的各个领域，因而美国也发动了几乎所有联邦部门对三国的援助进行协调和实施。具体而言，美国的援助涉及到三国的政府行政能力建设、公共部门与私营领域的发展、教育、医疗卫生、全球性健康、基础设施建设与维护、贸易与投资、能源以及各种人道主义援助等。而根据美密、美马修订条约，教育、健康卫生与基础设施建设是美国援助两国的重点领域。

① 备注：根据 OECD 公布的发展援助委员会（DAC）援助领域划分标准，跨领域服务包括一般性环境保护以及其他跨行业服务。

第四章
日本对太平洋岛国的援助

在国际社会对太平洋岛国的援助中，日本是一个重要的外来援助方，其援助总额稳居前5位。而且，日本对太平洋岛国的援助形式多样化，援助效果较为实用和明显。

第一节　日本与太平洋岛国关系的演变

一、一战前后：争夺委任统治地

明治维新的成功改革推进了日本近现代化进程。日本的海军实力不断扩张，“南进”计划顺利进行，日本也有了与欧美大国争夺太平洋地区的能力。第一次世界大战爆发后，借助英日同盟，日本加入协约国，对德宣战。日本对德国的野心不仅仅停留在战争胜利，而是树立起日本在太平洋的大国地位，扩充海外的殖民地。当时密克罗尼西亚群岛正处于德国的控制之下，日本有意通过对德胜利来赢取这一块海外沃土。凭借精良的海军，日本在1914年底就占领了密克罗尼西亚群岛的马里亚纳群岛、加罗林群岛以及马绍尔群岛。虽然日本争取委任统治地位的诉求遭遇英国、澳大利亚的反对，但是其参加了1919年的巴黎和会，在这场由大国主导的会议中，力排众议，最后通过与美国签署了《雅浦条约》《华盛顿海军条约》以及《四国公约》，扫清了一切障碍，获得了对密克罗尼西亚群岛合法的委任统治的权力。这反映出经过一战洗牌之后，日本在国际政治格局中的地位和威望进一步增强。

二、两次世界大战期间：委任统治

日本对密克罗尼西亚群岛的统治，吸取了德国的殖民统治教训，其从政治管理、经济开发、教育医疗等层面对密克罗尼西亚群岛进行了全方位的改造，并从政治制度和意识形态上加强对密克罗尼西亚群岛进行控制。

（一）政治统治

日本为进一步加强对密克罗尼西亚群岛的殖民统治，在起初 4 年间，在密克罗尼西亚群岛建立起一套严格的政治体制。日本建立起来的政府机构繁多，核心机构之一就是南洋厅，其总部设在帕劳。为了保持机构的有序进行，日本还在行政机构上继续深化，设立塞班支厅、帕劳支厅、雅浦支厅、特鲁克支厅、波纳佩支厅等对岛国的行政进行管辖。[①] 各厅机构都设立了相关的科部——财务部、内务部、会计科、土木科、作业科等，交通部还专门服务于二战需要。

除了宏观政治变革，日本还积极改造密克罗尼西亚群岛的基层行政制度，制定了《南洋群岛岛民村吏规程》，确立了新型村落制度。1922 年，依照日本国内的乡村管理制度，日本在密克的部分乡村区域由上到下设置了村长、区长和助理等岗位，[②] 严密管理村落政务。

（二）经济统治与资源攫取

经济资源的开发和攫取是日本占领密克罗尼西亚群岛的利益需求。而

---

① 邢宁：《日本在密克罗尼西亚群岛的委任统治研究》，聊城大学硕士论文，2015 年，第 31 页。

② 同上。

最先捕捉到这一商机的是日本的先驱商人。他们发现了密克罗尼西亚群岛的商机，携带着资本、技术、管理方式，设厂办公，销售买卖，一步一步改写着密克罗尼西亚群岛的经济特征。

在这些企业之中，南洋兴发株式会社、南洋贸易株式会社最为显赫。南洋兴发株式会社利用当地低廉的人力资源成本和丰富的原始资料，逐步覆盖制糖、酒精、渔业等一系列产业。南洋兴发株式会社不仅垄断密克罗尼西亚群岛的大量经济命脉，还积极向海外出口，在促进当地就业的同时，也吸引了一波又一波的日本移民。南洋贸易株式会社更注重物流产业，从陆路、水路等不同运输渠道牢牢控制商贸的往来。“这种投资无疑扩大了南洋群岛的商品生产以及出口，并成为将群岛纳入日本资本主义经济圈内的原动力。”① 他们在密克经济的发展过程中扮演重要的角色，也极大改变了当地的经济形态和经济结构。

（三）有色眼镜下的“科教文卫”改造

在群岛上，日本的教育援助是不对等的，日本孩子和岛国当地孩子的受教育待遇并不一致。日本学生就读于教育水平和基础设施相对发达的“私人学校”，而岛国当地的孩子只能就读水平一般的“公立学校”。当时的教育水平还处于起步阶段，无法适应当时经济发展的要求，更无法实现高等教育。②

南洋厅正式成立后，密克罗尼西亚群岛的医疗卫生稍有起色。安加尔医院、波纳佩医院、帕劳医院等陆续建立起来，日本致力于建设覆盖 6 个支厅的医疗服务系统。这相比于之前德国“无为而治”的统治有了一定进步，但是仍无法全面满足当地居民的要求，相对高昂的医疗费用对于降低当地死亡率的作用并不突出。③

① ［日］矢内原忠雄：《南洋群島の研究》，岩波书店 1942 年版，第 102 页。

② 邢宁：《日本在密克罗尼西亚群岛的委任统治研究》，聊城大学硕士论文，2015 年，第 34 页。

③ 同上，第 36 页。

为了对太平洋岛国进行意识形态的控制，日本于1920年向密克罗尼西亚群岛输送了一批传教士，南洋厅甚至为此提供了数万日元的补贴。日本鼓励本土宗教“一神道教”在岛国传播，在其统治期间，在密克罗尼西亚群岛建立的神社就超过20座，成为日本对太平洋岛国进行思想控制的重要载体。

三、太平洋战争时期日本对岛国的侵略

1941日本偷袭珍珠港，太平洋战争爆发，宣告着日本获得暂时性胜利，并进一步确定了其战争主导权。日本计划将马绍尔群岛纳入第一岛链，将新几内亚群岛纳入第二岛链，利用岛屿的分散性消耗敌军战斗力，逐渐建立起战争优势。在西太平洋战场上，日本一度击败了美国的亚洲舰队，逼近所罗门群岛。1942年，日本向新不列颠群岛展开攻势，连同特鲁克和拉包尔建立联动的海空军事基地。同年，日本炮轰恩格拉岛吉沃图，继而攻陷瓜达卡纳尔，而侵入马来塔群的日本人则摧毁了这岛屿上的建筑物。随着战局推进，日军攻占了所罗门群岛的布克岛，继续向新几内亚推进。日本与美国、澳大利亚的联军展开厮杀，而造成的影响就是太平洋岛国的人民生活在无尽的恐惧之中。[①] 太平洋岛国人民也参与了此次战役，他们或加入战斗，或充当侦察兵，或担任沿海哨兵通过无线电报汇报敌军情况。而此次战役对于太平洋岛国而言，不仅意味着人民生命损失惨重，更是文明进程的滞后和倒退，战后满目疮痍。

随着中途岛战役中美国大胜，日本遭受重创，不仅丧失了战争的主动权，甚至让美军抓住机会在瓜岛争夺战中扭转了局势。随着太平洋战争的节节胜利，美军夺得了太平洋岛国（如马绍尔群岛等）的日本托管地。

---

① Geoffrey White, *Remembering the Pacific War*, Center for Pacific Islands Studies, the University of Hawaii, Honolulu, 1991, p. 27.

四、二战后：友善交往与赎罪

二战之后，日本并未放弃对太平洋岛国的关注。一方面，随着太平洋岛国的重要性日益凸显、世界大国的战略调整，日本积极开展与太平洋岛国的外交关系。另一方面，因为太平洋战争期间对太平洋岛国造成了历史性灾难，日本为挽救其国家形象，为战争赎罪，通过国家开发援助方式关注太平洋岛国经济开发、环境保护、民主善治等一系列议题，积极介入太平洋岛国的事务之中，与之保持友好的关系。

第二节　日本对太平洋岛国援助的政策与机制

战后日本对太平洋岛国的援助政策，是在综合考虑多方面因素的基础上制定的。从地缘政治上看，太平洋岛国不仅是日本的“邻国”，它们共享太平洋，而且与日本有历史联系。这些国家拥有一个庞大的专属经济区（EEZ），是日本海运的市场，它们提供重要的捕鱼场。因此，太平洋岛国的和平与繁荣对日本很重要。同时，许多太平洋岛国是新独立的国家，迫切需要经济自立。此外，它们还存在小岛屿国家特有的共同问题，例如小经济体依赖于第一产业，难以进入国际市场，加之海平面上升，易受自然灾害和土地丧失。基于这种情况，日本作为致力于帮助太平洋岛国的好伙伴，将为支持其自力更生和可持续发展提供援助。日本的考虑包括：一是基于当前国内的矛盾——领土地域的局限和能源市场的动力不足成为其经济发展的重要障碍，日本认为大洋洲是其对外运输和渔业资源的重要区域；① 二是利用自己的技术特长，进行环境技术和粮食技术援助；三是作为二战战败国，日本的军事能力与政治话语权受到重

---

① Japan's Official Development Assistance White Paper 2014, Ocean, http://www.mofa.go.jp/policy/oda/white/2014/html/honbun/b2/s2_2_7.html.

创。日本一方面需要扭转二战形成的侵略者形象，赢得和平友好的盟友；另一方面又需要进一步赢得海外市场。这些多重目标的确立，折射出的是日本开发援助和实用主义援助的特质。

一、日本对太平洋岛国的援助理念

在对太平洋岛国进行的援助中，日本的官方开发援助（ODA 援助）和非政府组织援助（NGO 援助）都发挥了重要作用，这两种援助形式互补共进，主要表现为资源开发和实用主义这两大援助理念。

（一）资源开发

综合开发是日本对太平洋岛国援助的理念核心，集援助、贸易、投资三位一体，是包含资源开发、教育开发、环境开发、医疗开发等多领域、多面向的援助。

首先，资源开发。二战后日本的综合国力发展不平衡，日本的经济贡献中，资源和市场是制约其经济实力发展的短板。太平洋岛国所拥有的专属经济区总接近于地球表面积的8%[①]和海洋面积的10%[②]，这里水产、矿产资源丰富。南太岛国每年金枪鱼产量高，商业价值达17亿美元。世界上大约有55%[③]的金枪鱼罐头产自太平洋。太平洋岛国可以为日本输出产品，同时获取资源。巴布亚新几内亚和斐济等国拥有重要的港口，可以保障运输的畅通。除了渔业，太平洋岛国还有丰富的林业资源，巴布亚新几内亚的原始森林资源达到其国土面积的77%，日本20%的原木进口自巴布亚新几内亚、所罗门群岛、新西兰。[④] 日本通过援助加强与太平洋岛国在海洋

---

① 林香红、周通：《太平洋小海岛国家的蓝色经济》，《海洋经济》第3卷，第4期，2013年8月。

② 同上。

③ 数据来自孙辉明：《太平洋岛国形势》，中华网，2015年2月27日，http：//www. china. com. cn/chinese/HIAW/373193. htm。

④ 日本外务省：《为什么太平洋岛国对日本很重要?》，Why the Pacific Island Countries are important to Japan，http：//www. mofa. go. jp/region/asia-paci/spf/palm2003/relation. html。

资源管理及可持续利用方面的长期合作。日本视发展中国家为环保产品销售和原料来源的重要市场，以环境合作与开发的方式，追求巨大的经济利益。①

日本对太平洋岛国的援助政策还受到国际因素的影响。其中，中国对太平洋岛国的援助增加让日本感受到了压力。同时，美国对太平洋岛国的战略布局也需要日本支持。除了美国与中国这两个国际因素之外，俄罗斯的“南下”政策、澳新在太平洋岛国中的地位均不容忽视。随着各方势力对太平洋岛国的强势援助，日本感到了巨大压力，积极调整 ODA 政策。②于是，在 2002 年，日本重申其援助理念，即要确保人类安全、自身努力与合作、环境合作与开发相协调的援助理念。学者丹尼斯如此评价说：“日本是唯一一个将援助作为外交手段而加以高度重视的国家。”③

（二）实用主义

实用主义亦是日本对太平洋岛国的援助理念。其思想强调：“实际经验是最重要的，原则和推理是次要的，信仰和观念是否真实，在于它们是否能带来实际效果，人们对于现实的解释完全取决于现实对他的利益有什么效果。”④ 实用主义的援助思维实质上强调日本的国家利益，正如日本前首相宫泽喜一曾说：“我们对万物的唯一标准是，怎样做才符合日本的利益。”⑤

从援助的配额上看，二战以后日本经济要获取资源必须扩大纵深，所以日本积极开展与太平洋岛国的合作，在对巴布亚新几内亚、斐济等国家进行援助的同时，对其丰富的港口渔业、新不列颠岛林业和矿产资源产生

---

① 屈彩云：《日本环境 OOA 的战略发展探析》，《中国国际关系理论的建设：借鉴与创新》，世界知识出版社 2012 年版，第 122 页。

② 陈艳云、张逸帆：《日本对太平洋岛国 ODA 政策的调整及其特点》，《东北亚学刊》2013 年第 4 期，第 42 页。

③ 转引自林晓光：《日本政府开发援助与中日关系》，世界知识出版社 2003 年版，第 6 页。

④ 威廉·詹姆士著，李步楼译：《实用主义》，商务印书馆 2012 年版，第 31 页。

⑤ 田立庆、程永明：《日本外交中的机会主义与对华行动选择》，《东北亚论坛》2008 年第 6 期，第 88 页。

兴趣。[①] 从援助的政治目标上看，日本对太平洋岛国的援助是有潜在的政治价值，就是在太平洋岛国寻求对其成为联合国常任理事国的支持。

日本实用主义的理念作用在对太平洋岛国的援助中，既体现在援助的目标上，也体现在援助的内容细节之中，两方面相辅相成，共同构成了日本实用主义外交战略的重要组成部分。

二、日本对太平洋岛国的援助机制

日本对太平洋岛国的援助机制主要以官方开发援助（ODA）和非政府组织（NGO）援助相结合。其中，ODA 主要是通过保障援助有序，保持资源的供给和运输通畅，具有更多的外交色彩。NGO 的援助立足于民间的交流，增进日本与太平洋岛国之间的理解，具有人道主义的关怀。

日本对太平洋岛国的援助机制是多轨援助的形式，但是和美国的援助机制不同。美国的对外援助机构在职能上不尽相同，政府部门和立法部门有各自独立的援助决策机制。日本 ODA 援助机制中对太平洋岛国援助的体系是外务省、大藏省、经济产业省、经济企划厅四大机构，在进行援助计划和资金配额时，必须要进行机构间的协商，只有四省通过援助政策方能得以实施，简称“四省厅协议机制”。其中，外务省将援助政策视为外交政策的一部分，负责拟定相关外交政策，推动外交方面的经济合作，其经济合作局便负责援助事宜，是援助机制的中枢。经济产业省主要负责国家工商与贸易的一系列工作，在确保资源对外援助而形成的有效输出方面发挥重要作用。大藏省是日本国内负责财政事务的机构，20 世纪 90 年代的经济衰退，使得大藏省因财政吃紧而在对外援助问题上较为消极。日本在“四省厅协议机制”下，对太平洋岛国实现双边与多边的合作，通过提供技术人员培训、专家派遣、提供贷款、贫困人口与渔业援助、派遣志愿者等方式对太平洋岛国进行援助。

---

① 彼德·杰克逊著，萧彬译：《日本和巴布亚新几内亚：衰退打击了铜矿贸易》，香港《远东经济评论》第 93 卷，第 26 期，1976 年 6 月 2 日，第 72 页。

除政府部门外，日本的NGO在对太平洋岛国的援助方面也发挥了重要作用。日本的ODA援助更多地倾向于斐济和巴布亚新几内亚。而日本的NGO援助，例如笹川财团更偏重密克罗尼西亚联邦最贫穷的地方，关注人道主义的援助，与ODA援助形成互补。笹川财团在密克罗尼西亚联邦的文化、教育、医疗领域进行援助，推动"密克罗尼西亚挑战计划"，培养民间对日本的文化认同，例如对考古事业的援助和文化探寻、给予硬性的纯物质性的政府ODA援助、以软性的温和的精神底蕴补充（参见图4—1）。①

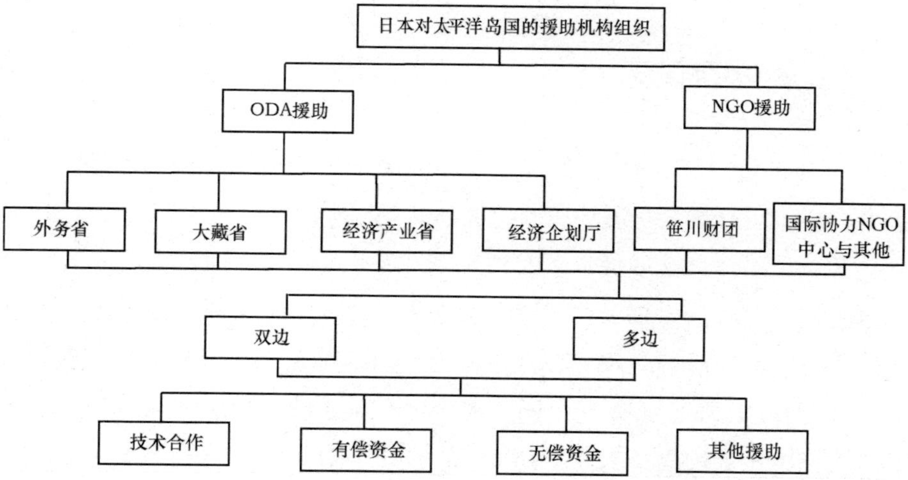

图4—1　日本对外太平洋岛国援助的机构与组织

资料来源：日本国际协力机构年度报告《JICA2013》，http：//www. jica. go. jp/。

1997年10月13日，第一届"日本与太平洋岛国论坛首脑峰会"召开，日本通过建立峰会机制，在首脑会谈过程中增进与太平洋岛国的沟通，通过设置不同的议题，将援助问题与资源开发统一到可持续发展的议程上。

---

① 陈艳云、周璐涵、孙冰：《日本笹川太平洋岛国基金对密克罗尼西亚联邦地区的援助》，《亚太评论》2013年第1期，第74页。

“日本—太平洋岛国首脑峰会”的议题从简单向专业化发展，历届峰会始终渗透着经济议题（经济合作与经济援助）。日本与太平洋岛国的经济援助和经济合作是并举的，这是日本开发援助模式的初衷，将援助课题引入资源分配的话语权中。

第三节　日本对太平洋岛国援助的重点国家和领域

一、重点援助国家

日本自1969年开始对太平洋岛国进行援助，起初援助的国家是巴布亚新几内亚，后来逐渐扩展到所罗门群岛、斐济等国家。进入21世纪，日本加大了对太平洋岛国的援助。2010年至2014年的5年间，日本对太平洋岛国援助的总金额为675.45百万美元。接受日本援助排在前5位的国家依次分别是：所罗门群岛89.78百万美元、萨摩亚82.41百万美元、密克罗尼西亚联邦81.38百万美元、汤加77.39百万美元、斐济70.42百万美元。获得援助最少的国家是纽埃，5年只有0.31百万美元（参见表4—1）。

表4—1　2010—2014年日本对太平洋岛国ODA援助数据

（净支付；单位：百万美元）

国家	2010	2011	2012	2013	2014	总计
所罗门群岛	16.33	24.33	15.59	22.43	11.1	89.78
萨摩亚	27.02	17.49	15.92	7.38	14.6	82.41
密克	16.34	28.39	7.98	22.44	6.23	81.38
汤加	23.77	18.7	13.3	4.5	17.12	77.39
斐济	19.02	19.1	18.81	6.71	6.78	70.42
瓦努阿图	15.61	7.39	10.14	13.53	9.63	56.3
马绍尔群岛	12.59	6.24	10.07	11.24	5.96	46.73
基里巴斯	3.47	3.9	17.38	12.91	8.68	46.34

续表

国家	2010	2011	2012	2013	2014	总计
帕劳	9.58	3.78	7.68	16.21	7.04	44.24
图瓦卢	4.54	14.21	3.95	7.58	6.7	36.98
巴布亚新几内亚	22.21	11.72	-1.09	-7.16	9.28	34.96
瑙鲁	1.64	1.82	1.74	0.39	1.41	7
库克群岛	0.09	0.07	0.44	0.31	0.3	1.21
纽埃	0.05	0.04	0.09	0.06	0.07	0.31
合计	172.26	157.18	122	118.53	104.9	675.45

资料来源：Japan's ODA Data by Country：http：//www.mofa.go.jp/policy/oda/data/index.html.

日本对太平洋岛国的援助由三部分组成，包括赠款、技术合作和贷款。其中，技术合作一般也是以赠款形式支付。例如，2013 年日本共向太平洋岛国提供各种形式的经济援助合计 121.64 百万美元（含国别及对地区组织的援助）。其中，赠款为 75.13 百万美元，占 61.7%；技术合作资金为 43.59 百万美元，占 35.8%；贷款 22.76 百万美元，占 18.7%（参见表 4—2）。

表 4—2　2013 年日本对大洋洲地区的援助构成（单位：百万美元）

	国家或地区	赠款	技术合作	贷款	合计（净支出）	总支出
1	密克尼西亚	1.28	2.72	18.44	22.44	22.44
2	所罗门群岛	17.95	4.49	—	22.43	22.43
3	帕劳	13.85	2.37	—	16.21	16.21
4	瓦努阿图	9.37	3.46	0.69	13.53	13.53
5	基里巴斯	12.08	0.82	—	12.91	12.91
6	巴新	1.03	10.33	0.08	-7.16	11.44
7	马绍尔群岛	9.87	1.37	—	11.24	11.24
8	斐济	0.84	7.11	—	6.71	7.95
9	图瓦卢	5.49	2.08	—	7.58	7.58
10	萨摩亚	0.89	2.95	3.54	7.38	7.38

续表

	国家或地区	赠款	技术合作	贷款	合计（净支出）	总支出
11	汤加	1.22	3.27	—	4.50	4.50
12	瑙鲁	0.35	0.04	—	0.39	0.39
13	库克群岛	0.20	0.11	—	0.31	0.31
14	纽埃	—	0.06	—	0.06	0.06
15	托克劳	—	0.01	—	0.01	0.01
	大洋洲区域组织	0.71	2.38	—	3.09	3.09
大洋洲地区合计		75.13	43.59	22.76	121.64	141.48

资料来源：Japan's Official Development Assistance White Paper 2014，p. 139. http：//www.mofa.go.jp/policy/oda/white/2014/html/honbun/b2/s2_ 2_ 7.html.

二、日本对太平洋岛国的重点援助领域

日本对太平洋岛国的援助，随着时间的推移，其援助领域和重点也在变化。在2015年5月于日本召开的第七次日本与太平洋岛国领导人会议期间，日本宣布在以下七大领域展开对太平洋岛国的援助，包括：（1）减少灾害风险；（2）应对气候变化；（3）环境保护；（4）人文交流；（5）可持续发展；（6）海洋、海运及渔业；（7）贸易、投资与旅游。① 从项目分布看，既有属于基础设施建设方面的工程无偿贷款，也有属于卫生保健和社区安全方面的援助（参见表4—3）。

表4—3　日本对太平洋重点国家重点援助项目（单位：百万美元）

援助国家	援助项目	援助时间	援助金额	援助性质
帕劳	提高城市地区发电能力项目	2012	17.29	无偿援助
帕劳	人民安全计划	2013、2014	0.87（2013） 0.49（2014）	无偿援助

① Ministry of Foreign Affairs of Japan，White Paper on Developing Cooperation 2015，p. 158.

续表

援助国家	援助项目	援助时间	援助金额	援助性质
密克罗尼西亚联邦	国内渔业服务	2013	11.10	无偿援助
基里巴斯	塔拉瓦港口扩建项目	2012、2013	12.31（2012） 9.31（2013）	无偿援助
斐济	应对疾病风险管理项目	2012	3.00	无偿援助
巴布亚新几内亚	新英高速公路重建项目	2014	31.60	无偿援助
萨摩亚	提高城市水供给项目	2013	18.31	无偿援助
所罗门群岛	霍尼亚拉港口基础设施整改项目	2013、2014	0.52（2013） 6.45（2014）	无偿援助
汤加	利用可再生能源的微型电网系统的项目	2012	15.73	无偿援助

数据来源：来自日本 ODA 官方网站，Japan's ODA Data by Country：http：//www.mofa.go.jp/policy/oda/data/index.html。

但是，从比较长远的时段来看，日本对太平洋岛国援助的重点领域还是集中在渔业、环境保护、文化教育四个主要领域。

（一）渔业资源开发援助

在援助开发进程中，海洋是日本寻求海外资源、刺激国内需求的主要方向。冷战结束后，伴随着日本的海洋扩张思潮（有学者称“海洋日本论”政治化思潮①）的兴起，结合“综合开发”的思维作用于日本对太平洋岛国的援助。太平洋岛国的海洋渔业开发对于国家经济的贡献十分巨大。其中，以巴布亚新几内亚为例，其渔业的产量在太平洋岛国中有着重要的地位，渔业产业种类繁多，主要细分为：大洋金枪鱼渔业、海水养殖业、沿海渔业、生计捕捞渔业和水族贸易等。

作为官方援助的链条之一，日本海外渔业协力财团通过渔业技术、人员培训援助、资本扶持等环节，对太平洋岛国进行援助。日本通过对密

① 刘中民：《海洋日本论与日本的海洋扩张》，《东方早报》2012 年 9 月 19 日，第 14 页。

克、所罗门群岛、基里巴斯进行渔业开发培训，同时对南太岛国实施定期的沿海渔业资源开发试验，教会当地的渔民如何进行养殖业的劳作、销售，不但帮助太平洋岛国进行了海洋资源开发，还扩大了日本海外的渔业原材料市场。

目前，日本有80%的金枪鱼来自太平洋岛国西部的渔场。由此可见，日本援助太平洋岛国，援助的投入换来的是绝对的经济利益与优质资源。

（二）环境援助

日本对太平洋岛国的援助强调实用与细节，更加关注当地的问题，同时善于运用本国的技术促进与受援国需求侧的衔接。

随着资源开发过度，环境污染加剧，巴布亚新几内亚对日本开发型援助也提出了新的要求，于是资源开发与环境保护协调的可持续发展援助提上日程。日本颁布《2011—2015年的中期发展计划》与《巴布亚新几内亚2010—2030年发展战略规划》对接，将其优势环境项目引入巴布亚新几内亚。提供森林管理、城市规划与运营、可再生资源的培育，以应对气候变化带来的生存问题。2009年，在第五届“日本与太平洋岛国论坛峰会”中，日本投入68亿日元设立太平洋环境基金，一方面将可持续发展的海洋开发技术引进太平洋岛国，另一方面又保障了自身海外渔业供应的安全与持续。

（三）文化教育援助

日本的科教文卫事业的输出是其对外援助的重要手段。早在20世纪60年代，日本就参与了教科文组织的“卡拉奇计划”，并开始进行海外志愿者合作计划，在全世界展开科教领域的援助。随着教育援助的发展，日本于20世纪70年代成立了教育援助研究委员会，进一步对科教援助进行管理、对海外教育援助项目等内容进行制度化建设。

在日本对太平洋岛国的援助中，日本的NGO和ODA积极关注教育援助。日本笹川集团是1986年成立的公益财团，其宗旨是促进国际间的相互理解、交流与合作。笹川集团在太平洋岛国建立“笹川太平洋岛国基金”，援助领域包括人才培养、教育知识传播等内容。其对密克罗尼西亚联邦的援助已经进入第三阶段。在第一阶段，“笹川太平洋岛国基金”援助的与教育相关的项目有 8 个，达到 6000 万日元。第二阶段是远程教育援助，共开展了 19 个项目，总金额达到 8000 万日元。从 1997 年开始，基金致力于完成网络大学——太平洋椰实大学的项目建设，开设网上虚拟教室，通过网络教育增进日本人民与太平洋岛国人民的沟通交流。

日本的对外教育援助体现了日本开发援助与实用援助的理念，用日本最有优势的技术，在开发太平洋岛国的教育环境与资源，减少运营成本的同时，全方位增强日本与太平洋岛国的相互认同，重新树立起友好发展的友国形象。

第四节　日本对太平洋岛国援助的案例分析

一、日本对太平洋 14 国的固体垃圾处理项目

太平洋岛国经济开发凸显了岛国环境的脆弱，其中乡村垃圾和工业垃圾的处理缺乏有效管理，继而对公共环境、水资源、生态系统的维护产生了消极影响，国内垃圾处理问题成为制约其可持续发展的障碍。日本的垃圾处理技术在世界领先，根据太平洋岛国的实际需求，日本 JICA 组织从 2000 年开始发起“日本对太平洋 14 岛国固体垃圾管理和地区治理技术合作援助项目”（简称 J-PRISM）。①

J-PRISM 项目提出了三个核心理念：减少、再利用、再循环（Reduce，Reuse，Recycle/Return，简称 3R），为了达到该项目要求，JICA 主要立足

① Solid Waste Management Project，The National-Thursday，March 6，2014，http：//www. jica. go. jp/png/english/office/topics/c8h0vm000092px0m-att/140306. pdf.

于以下工作：

（一）跨境培训

派遣日本专家到太平洋岛国进行技术援助，同时邀请太平洋岛国的人员到日本学习。日本于2011—2015年共对巴布亚新几内亚投入了500万美元，用于技术专家的聘请和环境治理设备的购买。2011年5月，日本JICA组织的环境保护部设在瓦努阿图的维拉港，对来自瓦努阿图国内桑麻省、塔菲亚省的部分大学生进行了为期一周的固体垃圾处理培训，受训者通过搜集当地10袋垃圾，学习对垃圾进行分类。[①] 2015年，日本邀请帕劳的环保人士到九州进行技术培训，通过到垃圾处理工厂参观学习，并对垃圾处理设备技术中心进行实地考察，受培训人员对塑料垃圾、金属垃圾、纸质垃圾的分类和垃圾处理设备的使用有了一定的认知。跨境人员培训基于以下三种目的：让参与者明白如何去计划和准备对固体垃圾进行处理；明白如何循环利用可用垃圾；明白如何通过数据搜集建立垃圾处理数据库。

（二）项目资金援助支持

2008—2012年，日本JICA组织对斐济援助了600万美元，用于劳托卡市和南迪镇的固体垃圾处理系统。这600万美元一方面用于购买处理固体垃圾的设备，另一方面总结斐济固体垃圾的处理经验，向全国其他省市实施。[②]

（三）指导治污企业、社会组织合作

日本JICA在萨摩亚发起了“垃圾灾难管理”活动，指导萨摩亚当地的固体垃圾回收公司、志愿者组织和市民，对产生固体垃圾污染的来源、

---

① Categorizing solid waste, Vanuatu Daily Post, June 3, 2011, http://www.jica.go.jp/vanuatu/english/office/others/c8h0vm000001cil9-att/jica_news121122.pdf.

② From: “Waste Minimization and Recycling Promotion Project” (3R), http://www.jica.go.jp/fiji/english/activities/technical02.html.

固体垃圾的分类、固体垃圾的回收处理进行培训。① 通过志愿者帮扶，垃圾回收公司升级回收设备，提高可循环利用率，同时为当地民众印发垃圾处理的简单章程，深入民众进行指导。

（四）改变太平洋岛国居民处理垃圾的观念，将垃圾回收作为赚钱的工具

垃圾回收是一项不需要成本的工作，对于金属罐头、纸质品进行回收，再卖给垃圾处理公司，可以实现零成本赚钱，这对于太平洋岛国贫困乡村的居民来说也是增加经济来源的方法。日本 JICA 组织深入农村，进行垃圾回收理念的宣传，来自所罗门群岛西部省市环境健康首席检察官费雷德指出："目前，垃圾处理成为一种工作，J-PRISM 项目让大家知道怎么样将废物变成有价值的东西。"② 他充分肯定了日本对南太岛国固体垃圾处理的援助。

日本对太平洋岛国的固体垃圾处理援助项目，取得了丰厚的成果：（1）极大减少了太平洋岛国垃圾乱堆放的情况，有效减少了固体垃圾对城市市容和居民生存的影响。（2）改变了当地人对于处理家庭垃圾和社会垃圾的价值观念，培养他们对垃圾进行分类的观念，将垃圾处理变成可营利的谋生方式。（3）引导社会合作，从没有政府管理到社会协同，③ 促进政府有效治理，同时赢得太平洋岛国社会对日本国家形象的认可。

二、日本对巴布亚新几内亚的远程教育援助

20 世纪 80 年代后，日本关注国际教育援助。1994 年，日本国际合作

---

① "JICA tackles Evan's Waste", Samoa Observer, 22th Dec. 2012, http://www.jica.go.jp/samoa/english/office/others/c8h0vm000048cnkr-att/jica_ news121222.pdf.

② Gizo learns to manage wastes, he Solomon Star, September 14, 2012, http://www.jica.go.jp/solomon/english/office/others/c8h0vm00003oomus-att/jica_news120914.pdf.

③ From: " City's recycling project a success", Fiji Sun, November 20, 2010, http://www.jica.go.jp/fiji/english/office/others/pdf/jica_ news101120.pdf.

集团在一份调研总结中承诺，2000 年后日本将全面提高教育援助的总额（15%）和教育援助质量，将引进优质的师资和先进的教学设备。① 硬件设施和软件服务并举是日本教育援助的特色，日本的教育援助领域更关注科学和数学教育，注重技术援助和能力培训。

巴布亚新几内亚地表形态多样，树林、高山、湖泊众多，具有各自方言和文化的部落社群怡然居住在没有现代化设施和教育资源的边远落后地区。巴布亚新几内亚大部分基础小学和初等中学都相对较小，坐落在比较荒凉且偏僻的地方，既没有现今的教学设备，也缺乏有教学经验的教师。2007 年，巴布亚新几内亚的小学入学率只达到 52.9%，远低于其周边太平洋岛国的入学率。

基于如此背景，2002—2015 年日本在巴布亚新几内亚援助了“通过远程视频提高教学质量项目”（Enhancing Quality in Teaching through TV Programs，简称 EQUITV）。EQUITV 项目是由日本国际合作署（又称国际协力机构，Japan International Cooperation Agency，JICA）发起的，分为两个阶段。第一阶段是建立雏形阶段，从 2002 年开始准备，JICA 项目组通过 ODA 援助，在巴布亚新几内亚国内搭建起全国教育多媒体中心，第六、第七级数学和科学的模型课程会优先通过 TV 教程进行培训。第一阶段达到了预期的三个要求：用于服务边远落后基础教学的质量；弥补师资不足的问题；帮助教师提高教学技能。同时，JICA 还派出了专业的教师专家，帮助提高教学质量，支持七年级和八年级的科学和数学学科教育。2008 年，EQUITV 的第一阶段工作基本完成（参见表 4—4），覆盖总数达到 208 个学校，甚至覆盖到布干维尔岛等较为偏远的地方。巴布亚新几内亚的教育部邀请日本进行更多的教育援助，JICA 在 2012 年开始进行第二阶段的援助工作，深化 EQUITV 的服务内容。

---

① 王发龙：《美国和日本对外教育援助比较研究》，浙江师范大学硕士学位论文，2012 年，第 21 页。

表 4—4　EQUITV 第一阶段覆盖的学校分布情况

	覆盖学校类型	数量
1	EQUITV 主要学校	67
2	合作伙伴学校	36
3	基层项目覆盖学校	105
	总计	208

资料来源：日本国际协力机构（JICA）官网：http：//www. jica. go. jp/png/english/activities/activity 01. html。

EQUITV 的第二阶段是 2012—2015 年，目标是建立一个覆盖全国的、更深入全面的 EQUITV 传播教育体系。JICA 在第二阶段的援助主要有三个内容：首先，设备覆盖面扩大，从表 4—5 可看出，EAUITV 达到东新不列颠、西新不列颠、新爱尔兰省和马努斯省等。其次，项目组选择合格的人员，并提供一系列培训，有 97% 的受培训人员接受调查时强调培训"非常有效"，3% 的人承认培训"有效"。[①] 最后，从初等、中等教育向高等教育迈进，在师范大学引进 EQUITV 的培训课程，为 EQUITV 培养教师血液，有利于师范大学生毕业时便可以熟练掌握 EQUITV 的技能，并用于教学中。

表 4—5　EQUITV 覆盖的巴布亚新几内亚的省份

	第一阶段（2002—2008）	第二阶段（2012—2015）
EAUITV 覆盖省份	东塞皮克省、布干维尔岛	新东不列颠省、新西不列颠省、新爱尔兰省、马努斯省、马当省、桑道恩省、莫罗贝省、国家首都、西高地省

资料来源：http：//www. jica. go. jp/project/english/png/001/news/index. html.

截至 2015 年，JICA 已经完成 EQUITV 第二阶段提出的核心目标：全

① 数据来自 JICA 官网，http：//www. jica. go. jp/project/english/png/001/news/general/150819_01. html。

国范围覆盖，全国多媒体视频链接，教师技能培训，参与开发的国家部门扩大到财政部、教育部、地方政府。不仅覆盖范围扩大，JICA 项目组还进一步思考硬件和软件的可持续发展，通过教材与课程设置安排，满足巴新的人才需要。目前，在西大不列颠省已经有 176 个初级学校通过 EQUITV 进行远程视频教学，大大提高了教育资源的利用率，让扁平化和可视化的教育进一步得到发展。

日本对巴布亚新几内亚的 EQUITV 项目援助，接触的资源和省份广，收益大，影响深。在开发当地教育资源的同时，也宣传了日本的科学技术和教育理念，满足当地教育需求，赢得了巴布亚新几内亚的认同，提升了日本的国家形象。

第五章

中国对太平洋岛国的援助

进入21世纪以来，作为一个崛起中的大国，中国对太平洋岛国的援助发展迅速，其范围与规模不断扩大，成为国际社会关注的焦点问题。本章系统地介绍21世纪以来中国对太平洋岛国的援助承诺和实际援助，分析中国与太平洋岛国关系的发展演变、中国对太平洋岛国援助的总体情况，并通过具体案例进行深入阐释。

第一节　中国与太平洋岛国关系的发展演变

太平洋岛国分散在南部太平洋的辽阔海域，历史上属于西方列强的殖民地、半殖民地和托管地，独立建国时间较短。长期置于美国、澳大利亚、新西兰、日本及欧洲老牌资本主义宗主国的控制之下。这一地区传统上被称为美国的“内湖”、日本的“后院”和澳、新的“近邻”，总之，属于区域内外强邻的势力范围。由于地理邻近的原因，这些新独立的岛国也一度成为台湾当局竭力拉拢的对象和“邦交国”。中国与大洋洲岛国的关系过去长期受到两岸关系紧张局势的牵制，充满了曲折的发展历程。

直至目前，大洋洲共有16个独立国家，除了澳大利亚和新西兰两国属于发达国家外，国际社会一般将其余14国列为发展中的岛屿国家，又称之为南太平洋岛国或者太平洋岛国。目前，与中国建立和保持外交关系的国家共有8个，按照建交时间顺序排列分别是：斐济（1975）、萨摩亚（1975）、巴布亚新几内亚（1976）、瓦努阿图（1982）、密克罗尼西亚（1989）、库克群岛（1997）、汤加（1998）、纽埃（2007）。另外，中国曾经与基里巴斯、马绍尔群岛、瑙鲁三个国家建立了外交关系。后来，这些国家不顾中国抗议，与台湾地区“建交”。瓦努阿图也曾经与台湾地区签署“建交”公报，但是随即撤销。目前，与台湾地区保持“邦交”关系的太平洋岛国共有6个，它们是：所罗门群岛、瑙鲁、基里巴斯、马绍尔群岛、帕劳、图瓦卢。

表5—1　中国与太平洋岛国建交时间表

国名	建交日期	备注
斐济	1975年11月	
萨摩亚	1975年11月	
巴布亚新几内亚	1976年10月	
瓦努阿图	1982年3月	
密克罗尼西亚	1989年9月	
库克群岛	1997年7月	
汤加	1998年11月	
纽埃	2007年12月	
基里巴斯	1980年6月	2003年11月断交
马绍尔群岛	1990年11月	1998年12月断交
瑙鲁	2002年7月	2005年5月断交

从20世纪60—70年代开始，太平洋岛国开始摆脱殖民地、半殖民地和被保护国身份，独立建国。中国本着支持世界人民反帝反殖事业的宗旨，在“一个中国”原则基础上，率先同斐济、萨摩亚和巴新建立了外交关系。20世纪80—90年代，中国开启了改革开放的伟大进程，与太

平洋岛国的关系主要围绕多边外交和反对“台独”斗争而展开，并取得重大成绩。中国实现了与基里巴斯、瓦努阿图、密克罗尼西亚、马绍尔群岛、库克群岛、汤加等国的建交，使得中国与太平洋岛国建交的数量达到9个，这也是历史最高峰。但是，随之出现重大波动，马绍尔群岛在1998年12月不顾中方极力劝阻，与中国中断了外交关系。进入21世纪，中国实现全面崛起，大洋洲外交被列为中国大周边战略的重要一环。① 2007年，中国与刚刚实现独立的纽埃建立外交关系。但是，21世纪初，中国与太平洋岛国的外交关系十分动荡，台湾海峡两岸围绕外交承认所展开的斗争十分激烈。2003年11月，基里巴斯与中国断交；2005年5月，瑙鲁与中国断交。2006年11月，汤加和所罗门群岛两国因国内政局变化引发严重针对华人的骚乱事件，中国的大洋洲外交面临严峻考验。但是，最近几年局势逐渐趋于平静，特别是随着2008年马英九就任台湾领导人，海峡两岸第一次实现了“外交休兵”。中国与太平洋岛国关系进入相对稳定的发展时期，中国的大洋洲外交战略重点转变为：在政治上维持与太平洋岛国稳定和友好的关系；经济上通过加强贸易、投资和对外援助，积极开拓大洋洲市场，增进中国在大洋洲地区的经济利益和影响力。

除了发展岛国双边关系外，中国还通过各种合作框架，积极支持和参与大洋洲地区的一体化进程。早在20世纪40年中后期，在西方宗主国的安排和主导下，大洋洲就开始了区域主义的实践。进入20世纪70年代，地区合作逐渐实现本土化的转型。1971年，斐济、萨摩亚、汤加、瑙鲁、库克群岛、澳大利亚和新西兰等大洋洲独立国家在新西兰惠灵顿召开南太平洋七方会议，正式成立“南太平洋论坛”。冷战结束后，大洋洲区域主义向更深层次的一体化目标迈进。为了适应区域合作发展的需要，2000年10月南太平洋论坛更名为“太平洋岛国论坛”。② 目前，太平洋岛国论坛

---

① Jian Yang, *The Pacific Islands in China's Grand Strategy*, Palgrave Macmillan, New York, 2011.

② 有关大洋洲区域合作问题的最新研究成果，请参阅徐秀军：《地区主义与地区秩序：以南太平洋地区为例》，社会科学文献出版社2013年版。

成为大洋洲区域合作的主要平台，其成员涵盖了所有16个大洋洲地区的独立国家，包括澳大利亚、新西兰、斐济、萨摩亚、汤加、巴布亚新几内亚、基里巴斯、瓦努阿图、密克罗尼西亚、所罗门群岛、瑙鲁、图瓦卢、马绍尔群岛、帕劳、库克群岛、纽埃。另外，还有2个联系成员：新喀里多尼亚、法属波利尼西亚。11个观察员：托克劳、瓦利斯和富图纳、英联邦、亚洲开发银行、美属萨摩亚、关岛、东帝汶、联合国、非加太集团、中西部太平洋金枪鱼管理委员会、世界银行。论坛的宗旨是“加强论坛成员间在贸易、经济发展、航空、海运、电讯、能源、旅游、教育等领域及其他共同关心问题上的合作和协调”。近年来，论坛加强了在政治、安全等领域的对外政策协调与区域合作。① 论坛一般每年召开一次政府首脑会议，在各成员国或地区轮流举行。迄今，已举行了44届论坛首脑会议（1972年召开了两次）。从1989年起，论坛决定邀请中国、美国、英国、法国、日本和加拿大等国出席论坛首脑会议后的对话会议。1991—2007年，论坛先后又接纳欧盟、韩国、马来西亚、菲律宾、印尼、印度、泰国、意大利为对话伙伴。目前，论坛共有16个成员国、2个联系成员、11个观察员和14个对话伙伴。

中国十分重视发展与太平洋岛国论坛的关系。中国作为太平洋岛国论坛的对话伙伴国，从1990年开始就参与历次对话国会议。为此，中国还专门任命了“中国—太平洋岛国论坛对话会特使”。2000年，中国政府捐资设立“中国—太平洋岛国论坛合作基金”，用于促进双方在贸易投资等领域内的合作。基金设立后，资助组建了太平洋岛国论坛驻华贸易代表处、投资局长年会、论坛秘书处信息存储系统更换、论坛进口管理等项目。2002年，为了加强联系，促进合作，太平洋岛国论坛在北京开设了驻华贸易代表处。2003年，中国与太平洋岛国论坛就双边关系、贸易投资、可持续发展、海洋资源管理、地区安全等问题交换了意见，并达

---

① 关于太平洋岛国论坛简介，参阅中国外交部网站：http：//www.fmprc.gov.cn/mfa_chn/gjhdq_603914/gjhdqzz_609676/lhg_610782/；及太平洋岛国论坛官网：http：//www.forumsec.org/pages.cfm/about-us/。

成广泛共识。2006 年 4 月，第一届“中国—太平洋岛国经济发展合作论坛”在斐济举行，温家宝总理率领中国政府代表团出席了本次会议，并提出了中国与大洋洲岛国合作四项原则和六项举措。承诺中方将在今后 3 年内提供 30 亿元人民币的优惠贷款；对于本地区同中国建交的最不发达国家的多数对华出口商品给予零关税待遇；免除这些国家对华 2005 年底之前的到期债务。①

第一届“中国—太平洋岛国经济发展合作论坛”召开 7 年来，中国的经济取得了全面高速发展，中国与大洋洲国家的关系发生了很大的变化，尤其是双方经贸关系取得了长足发展。为了进一步加强与大洋洲国家的关系，2013 年 11 月 8 日第二届“中国—太平洋岛国经济发展合作论坛”在广州举行。② 论坛由中华人民共和国商务部主办，来自太平洋岛屿地区的 8 个建交国家——库克群岛、纽埃、密克罗尼西亚联邦、巴布亚新几内亚、萨摩亚、汤加、瓦努阿图、斐济的政府领导人，以及太平洋岛国论坛秘书处和澳大利亚、新西兰的政府高级代表出席了会议。中国国务院副总理汪洋出席了会议开幕式并发表主旨演讲，宣布了中方进一步支持太平洋岛国经济社会发展的一系列措施，主要包括：支持岛国重大项目建设，向建交的岛国提供共计 10 亿美元的优惠贷款；设立 10 亿美元专项贷款，用于岛国的基础设施建设；支持岛国开发人力资源，今后 4 年为岛国提供 2000 个奖学金名额，帮助培训一批专业技术人员；支持岛国发展医疗卫生事业，继续为岛国援建医疗设施，派遣医疗队，提供医疗器械和药品；支持岛国发展农业生产，加强农林产品加工与贸易合作，办好示范农场等合作项目；支持岛国保护环境和防灾减灾，为岛国援建一批小水电、太阳能、沼气等绿色能源项目。③ 会议开幕式结束后，举行

① 温家宝：《加强互利合作，实现共同发展，在“中国—太平洋岛国经济发展合作论坛”首届部长级会议开幕式上的讲话》（2006 年 4 月 5 日），《人民日报》2006 年 4 月 6 日，第 3 版。

② 按照 2006 年第一届“中国—太平洋岛国经济发展合作论坛”约定，双方原则上每 4 年举办一次，在中国和南太平洋各国轮流召开。

③ 贺林平：《汪洋出席中国—太平洋岛国经济发展合作论坛并发表主旨演讲》，《人民日报》2013 年 11 月 9 日，第 3 版。

了部长级会议，以及贸易与投资、农渔业合作、旅游合作、环保合作等四个平行分论坛。本届论坛的主题是“绿色创新，合作共赢”，充分体现了太平洋岛屿国家保护环境，实现可持续发展的目标和利益。同时，还举行了中国—太平洋岛国经济合作与绿色发展图片展、太平洋岛国商品展、双边贸易与投资洽谈会等活动。尽管第二次论坛会议比原定计划延期举行，但是此次论坛会议的召开意义非凡。正如太平洋岛国论坛秘书长斯莱德意味深长地指出的那样：“‘酒香不怕巷子深’，（第二届中国—太平洋岛国经济发展合作）论坛必将进一步强化中国和太平洋岛国的合作关系。”①

第二节　中国对太平洋岛国援助的总体情况

一、中国对外援助机制与基本原则

目前，中国对外援助尚无统一的法律或行政法规，更多的是使用政策对援助行为进行规范。1964 年，周恩来总理访问非洲时提出了以“平等互利、不附带条件”为核心的“对外经济技术援助八项原则”，② 确立了中国开展对外援助的基本方针。十一届三中全会以来，根据新的形势需要，党中央又提出了“平等互利、讲求实效、形式多样、共同发展”四项原则，进一步发展了“平等互利原则”，使之成为新形势下中国对外援助工作的指导原则。

进入 21 世纪，中国在总结多年来对外援助经验的基础上，并在实践中

---

① 《太平洋岛国论坛秘书长：中国是最重要的对话伙伴之一》，《南方日报》2013 年 11 月 8 日。

② “对外援助八项原则”的基本精神：平等互利；尊重受援国主权，绝不附带任何条件，绝不要求任何特权；中国以无息或低息贷款方式提供援助；帮助受援国走上自力更生、经济上独立发展的道路；力求投资少，收效快；提供中国最好的设备和物资；帮助受援国掌握技术；专家待遇一律平等。

不断探索和完善，逐渐发展出具有中国特色的对外援助政策，其基本内容如下：（2）坚持帮助受援国提高自主发展能力；（2）坚持不附带任何政治条件；（3）坚持平等互利、共同发展；（4）坚持量力而行、尽力而为；（5）坚持与时俱进、改革创新。① 这些基本原则和政策传递的是中国对外援助的纲领性、原则性精神，经受住了中国60多年来对外援助历史和现实的考验，当然亦是中国从事对太平洋岛国援助工作必须遵循的首要准则。此外，根据在2010年8月14日的全国援外工作会议上温家宝总理提出的新形势下“援助要向最不发达国家和小岛国倾斜”的指示精神，未来中国仍将会继续加大对太平洋岛国的援助力度。由此可见，中国对太平洋岛国的援助始终与中国总体援助政策是协调一致的，援助总原则如下：第一，平等互利，不附加政治条件；第二，信守承诺，量力而行；第三，互相尊重，注重民生发展。

中国对外援助资金主要有三种类型：无偿援助、无息贷款和优惠贷款。其中，无偿援助和无息贷款资金在国家财政项下支出，优惠贷款由中国进出口银行对外提供。中国根据对受援国的财政管理状况的评估提供不同类型的支持。

无偿援助通常不是直接支付现金，而是以实物援助的方式用于小型和中型等改善“社会福利”的项目、人力资源开发合作、技术合作、物资援助以及紧急人道主义援助等领域。赠款的数额通常为1000万或2000万元人民币。有时也提供小额的现汇援助，帮助受援国应对自然灾害和人道主义紧急状况。赠款多为没有商业附加条件或无需偿还的资金，因此常被看做是“免费的资源”，它可以在短期内迅速支撑一国政府的财政收入。无息贷款主要用于帮助受援国建设社会公共设施和民生项目。无息贷款的期限一般为20年，其中使用期5年，宽限期5年，偿还期10年。② 目前，中国的无息贷款主要向经济条件较好的发展中国家提供。还款事宜可以重新谈判，对于实在太困难的国家，中国可以减免部分债务（实际上就转化为赠款）。

---

① 中华人民共和国国务院新闻办公室：《中国的对外援助》，人民出版社2011年版。
② 同上书。

优惠贷款主要用于帮助受援国建设有经济效益和社会效益的生产性项目和大中型基础设施，或提供成套设备、机电产品、技术服务以及其他物资等，数额至少为2000万元人民币。优惠贷款本金由中国进出口银行通过市场筹措，贷款利率低于中国人民银行公布的基准利率，由此产生的利息差额由国家财政补贴，通常比商业贷款的借用时间或周期长。目前，中国提供的优惠贷款年利率一般为2%至3%，期限一般为1—20年（含5—7年宽限期）。不像无息贷款，优惠贷款一般专用于基建项目，没那么容易减免或挪做他用。

总的来讲，中国的对外援助工作在中共中央和国务院的直接领导下进行，决策权集中于中央。参与中国对外援助政策和项目管理的部门众多。国务院规定政策方向；商务部下设的对外援助司主管援助项目；财政部批准预算；其他部委和政府部门也提供具体形式的援助，如教育部提供奖学金名额、卫生部派遣医疗队等；中国进出口银行和中国公司则负责项目的具体执行和实施。对外援助司由于没有设立海外办公室，故没有直接与国内对接的项目管理部门，因此驻外大使馆在中国的对外援助上就发挥了重要作用，通常是驻所在国经济商务参赞处负责援助项目。此外，外交部官员可向北京提供有关国别援助方案的建议，驻在国大使也可行使自由裁量权，直接批准给予驻在国的小额赠款。中国承包商也在很大程度上参与中国援助项目的实施。商务部主管项目的招标工作，企业必须在许可名单上才可以参与投标，这些企业大多为国企，通常是由原来的政府部门转变而来的。它们是中国对外援助计划的重要执行者，在受援国代表着中国的“脸面”。

二、早期中国对太平洋岛国的援助

太平洋岛国独立建国时间较短，缺乏自主发展经济的能力，而且多以农业为主，经济结构单一，故经济普遍落后，外援对其经济、政治稳定与发展的作用十分突出。为了在太平洋地区站稳脚跟，中国采取了与其在非洲相同的方式：贷款加援助。中国自1950年开始对外提供援助，从1975

年起对外援助范围已经扩展到南太平洋，开始向太平洋建交岛国提供经济技术援助。改革开放以来至20世纪90年代初，中国已同南太平洋地区7个岛国分别签署了“经济技术合作协定”，为它们提供了经济技术援助，并向巴新、马绍尔、密克罗尼西亚等岛国提供了一定数量的无息贷款和无偿援助。① 这段时期中国对南太各岛国的具体援助项目及援助支出分国别统计如表5—2：

表5—2　改革开放以来至20世纪90年代初中国对太平洋岛国的援助

<table>
<tr><th></th><th>无偿援助</th><th>无息贷款</th></tr>
<tr><td rowspan="8">斐济</td><td>农业：竹藤编制项目、纳乌瓦地区水稻开发、纳乌瓦地区水稻种植技术指导、派遣2名农技师</td><td rowspan="4">社会基础设施：布库亚水电站、里瓦河三角洲电力网扩建、库路浮电力网、威尼丘水电站、图里瓦桥</td></tr>
<tr><td>社会基础设施：小水电站工程、供水项目</td></tr>
<tr><td>教育：“逸仙学校”校舍建设、小学迁建</td></tr>
<tr><td>紧急人道主义援助：捐款1万美元</td></tr>
<tr><td>一般物资：建筑材料；拖拉机、茶园耕作机、机动弥雾机等农机具及1套拖拉机和汽车修理工具；医疗器械和用品；1辆吉普车</td><td rowspan="3">公用民用建筑：国际会议中心</td></tr>
<tr><td>教育：萨伍萨伍技术培训学校</td></tr>
<tr><td>其他：马瑞拉投资有限公司</td></tr>
<tr><td>合计：1186万元人民币</td><td>合计：5500万元人民币</td></tr>
<tr><td rowspan="5">萨摩亚</td><td>援外医疗队：3次向西萨赠款，每次人民币10万元，利用这笔款项先后3次派3名医生去西萨工作各2年</td><td>公共设施：体育馆维修项目、综合体育设施、饮水项目</td></tr>
<tr><td>一般物资：赠款50万美元，用于提供食品</td><td>公用民用建筑：政府办公楼</td></tr>
<tr><td>紧急人道主义援助：价值100万元人民币的救灾物资、1万美元现金捐款</td><td rowspan="2">农业：2个蔬菜种植推广站</td></tr>
<tr><td>教育培训：每年提供2个奖学金名额；萨摩亚农业技术人员、沼气科研人员、农药技术员来华参加培训班</td></tr>
<tr><td>合计：366.5万元人民币</td><td>合计：6000万元人民币</td></tr>
</table>

① 田曾佩编：《改革开放以来的中国外交》，世界知识出版社1993年版，第274页。

续表

	无偿援助	无息贷款
巴新	农业：藤编项目（派出藤编技术小组）、蔬菜种植、农业机械配套	公共设施：体育中心
	教育培训：在莫尔斯比港建立藤编培训中心，每年提供2个奖学金名额	教育：中学项目
	援外医疗队：派遣针灸医疗小组	公用民用建筑：民用住宅
	一般物资：提供节日烟火、价值10万美元的拖拉机	
	紧急人道主义援助：价值50万元人民币的救灾物资	
	合计：901万元人民币	合计：8200万元人民币
基里巴斯	援外医疗队：从1990年开始，向基方派2名医生，工作2年	社会基础设施：邦利克国际机场跑道加固和扩建项目
	一般物资：提供自行车、自行车零配件、课桌椅、农具、木工工具、体育器材、吊车、拖船、驳船、20台3千瓦的柴油发电机和人力三轮等	
	合计：410万元人民币	合计：3500万元人民币
瓦努阿图	农业：旱稻示范基地	公用民用建筑：修建议会大厦
	医疗项目：牙科治疗	
	一般物资：提供护路工具、自行车、摩托车、1辆轿车、4台彩色电视机；向议会大厦赠送雕像	
	紧急人道主义援助：先后3次共提供救灾款5.5万美元	
	合计：426万元人民币	合计：3000万元人民币
密克罗尼西亚	教育：1992年开始提供2个奖学金名额	公用民用建筑：多功能会议中心
	一般物资：1辆北京吉普车、6辆切诺基吉普车	
	合计：200万元人民币	合计：1000万元人民币
马绍尔群岛	农业：马拉农场重建项目	具体项目：不详
	教育：自1992年起，在3年内，每年向马方提供2个奖学金名额	
	紧急人道主义援助：提供1万美元赠款	
	合计：30万美元	合计：200万美元

续表

	无偿援助	无息贷款
所罗门群岛（彼时未建交）	一般物资：赠送 1 艘客货船	具体项目：不详
	紧急人道主义援助：2.5 万美元	

资料来源：1. 中华人民共和国外交部外交史编辑室主编：《中国外交概览》，世界知识出版社 1987 年版、1990—1993 年版；2. 田曾佩编：《改革开放以来的中国外交》，世界知识出版社 1993 年版，第 275—283 页。

由表 5—2 可见，自从 1975 年起，中国政府始终重视发展与太平洋岛国的友好合作关系，支持太平洋岛国经济可持续发展。早期中国对太平洋岛国的援助以无偿援助和无息贷款为主。从资金流向来看，主要分布在基础设施、农业、教育培训、医疗卫生领域。在无偿援助项下，一般物资的赠送和紧急人道主义救援也占据较大比例。从国别角度而言，早期各岛国接受的中国援助金额已显现出差距。其中，巴新累计接受中国援助最多，金额为 9101 万人民币；斐济次之，为 6686 万人民币；其余依序为萨摩亚（6366.5 万人民币）、基里巴斯（3910 万人民币）、瓦努阿图（3426 万人民币）、马绍尔群岛（230 万美元）、密克罗尼西亚（1200 万人民币）、所罗门群岛。从援助支出的总体规模来看，即使是受援最多的巴新，其接收的援助金额也不超过 1 亿元人民币，1975 年至 90 年代初长达 20 年的时间里，中国对整个地区的援助额不超过 3.3 亿元人民币。这可能是受当时的经济发展水平制约，中国只得量力而行地对外提供援助，但从中也可看出在中国早期的外交布局当中，南太平洋地区并未凸显出其重要性。

三、21 世纪以来中国对太平洋岛国的援助

进入 21 世纪，随着中国经济发展水平的不断提高以及南太平洋战略重要性的日益凸显，中国开始加大对太平洋岛国援助的力度与规模，在多个

重要场合做出对太平洋岛国援助的承诺。仅在“中国—太平洋岛国经济发展合作论坛”上，中国政府就两次宣布一揽子有针对性的对外援助政策措施，加强在农业、基础设施、教育、医疗卫生、人力资源开发合作、清洁能源等领域的援助力度。

2006 年 4 月初，温家宝总理在出席首届“中国—太平洋岛国经济发展合作论坛”时承诺为该地区邦交国家提供如下援助：（1）中方将在今后 3 年内提供 30 亿元人民币优惠贷款，并设立专项资金以鼓励中国企业在太平洋岛国投资；（2）对本地区同中国建交的最不发达国家多数对华出口商品给予零关税待遇；（3）免除这些国家对华 2005 年底之前的到期债务，对其他岛国截至 2005 年底到期债务的还款期延长 10 年；（4）中方将在今后 3 年内向疟疾流行的岛国无偿提供抗疟疾药品，继续向岛国派遣医疗队，并每年为岛国举办卫生官员、医院管理及医药研究人员的培训班；（5）中方将在今后 3 年内向岛国提供总计 2000 个培训名额，协助岛国培训政府官员和各类技术人员；（6）中方将根据岛国需求，在地震或海啸预警监测网建设方面提供支持。①

2013 年 11 月，在第二届“中国—太平洋岛国经济发展合作论坛”上，国务院副总理汪洋再次宣布了中方进一步支持太平洋岛国经济社会发展的一系列措施，主要包括：（1）支持岛国重大项目建设，将在今后 4 年内向建交的岛国提供 10 亿美元优惠性质的贷款；（2）设立 10 亿美元专项贷款，用于岛国基础设施建设；（3）支持岛国开发人力资源，今后 4 年为岛国提供 2000 个奖学金名额，帮助培训一批专业技术人员，继续为岛国援建中小学校，并提供汉语教学帮助；（4）支持岛国发展医疗卫生事业，继续为岛国援建医疗设施，派遣医疗队，提供医疗器械和药品，传授抗疟经验和技术；（5）支持岛国发展农业生产，加强农林产品加工与贸易合作，办好示范农场等合作项目，继续派遣农业、渔业专家，提供相关设备；（6）支持岛国保护环境和防灾减灾，为岛国提供一批太阳能路灯、节能家电等

① 温家宝：《加强互利合作、实现共同发展——在“中国—太平洋岛国经济发展合作论坛”首届部长级会议开幕式上的讲话》，《人民日报》2006 年 4 月 6 日，第 3 版。

低碳产品，援建一批小水电、太阳能、沼气等绿色能源项目。①

为进一步加强与太平洋岛国的合作，2014 年 11 月习近平主席在对斐济进行国事访问，与 8 个太平洋岛国领导人集体会晤时，宣布了旨在改善太平洋岛国的基础设施、教育和培训的主要措施：（1）中国今后几年向太平洋岛国提供 20 亿美元贷款；（2）中国在未来 5 年将向太平洋岛国提供 2000 个奖学金名额和 5000 个各类研修培训名额；（3）中国将继续派遣医疗队到有关岛国工作；（4）将给予最不发达国家 97% 税目的输华商品提供零关税待遇；（5）向岛国提供节能环保物资和可再生能源设备。值得注意的是，习近平在讲话中着重表示，“中国对发展同太平洋岛国关系的重视只会加强、不会削弱，投入只会增加、不会减少”。② 此番表态不仅让南太各岛国吃了“定心丸”，更表明中央政府将继续积极支持太平洋岛国经济的可持续发展，预示着未来中国将在力所能及的范围内继续扩大对太平洋岛国的援助规模，双方经济合作发展前景广阔。

上述承诺成为中国对太平洋岛国援助的行动框架。为秉承领导人的讲话精神，履行和兑现当初许下的发展援助承诺，进入 21 世纪后，中国政府在力所能及的范围内继续向太平洋岛国提供了各类援助，积极同太平洋岛国开展发展合作，逐步加大了对南太地区的援助力度，为促进太平洋岛国经济和社会发展做出了积极的贡献。过去 15 年时间里，中国一直在扩大对外援助项目，岛国都得到了价值数亿美元的资助，中国的援助帮助这些国家建设了它们急需的基础设施。

据澳大利亚著名智库——罗伊研究所的研究报告称，2006—2011 年，中国给予斐济、巴新、汤加、萨摩亚、瓦努阿图、库克群岛、密克罗尼西亚和纽埃等南太平洋地区 8 个建交岛国的双边援助总额约 8.5 亿美元。③

---

① 《汪洋在第二届中国—太平洋岛国经济发展合作论坛暨 2013 中国国际绿色创新技术产品展开幕式上的演讲（全文）》，中华人民共和国外交部网站，2013 年 11 月 9 日，http：//www.fmprc.gov.cn/mfa_ chn/zyxw_ 602251/t1097478.shtml。

② 《习近平同太平洋岛国领导人举行集体会晤并发表主旨讲话》，中华人民共和国驻斐济共和国大使馆网站，2014 年 11 月 25 日，http：//fj.chineseembassy.org/chn/tpxw/t1214422.htm。

③ Jenny Hayward-Jones，“Big Enough for All of Us：Geo-strategic Competition in the Pacific Islands”，*Analysis*，Lowy Institute for International Policy，May 2013.

截至2009年底，中国已与瓦努阿图、基里巴斯等大洋洲3个国家签署了免债议定书，免除这些岛国对华部分到期债务13笔，共2.3亿人民币。在经常性接受中国援助的发展中国家中，大洋洲就占了12个之多。2009年对大洋洲12国的援助资金占了全年中国对外援助资金总额中的4.0%。①2010—2012年，该比例上升至4.2%，中国总计向大洋洲地区9个国家提供了援助。② 截至2012年，中国已累计向太平洋岛国提供94亿元人民币的各类援助，援建90多个成套项目，派遣多批医疗、农业工作组到岛国工作。③

2015年3月，罗伊研究所依据包括预算案、招标文件、政府声明以及采访和网站浏览在内的500多种资料，第一次系统性地搜集、核实和分析了自2006年以来已完成的中国对太平洋岛国援助项目的数据并绘制成图。显示，在2006—2013年间，中国在南太平洋地区总共开展了167个援助项目，其中斐济、巴布亚新几内亚、萨摩亚、汤加是中国援助的最大受益者。接受中国援助最多的是斐济，近3.4亿美元；巴新次之，为2.5145亿美元；其他依序为萨摩亚（1.7563亿美元）、汤加（1.3049亿美元）、瓦努阿图（0.6806亿美元）、库克群岛（0.3292亿美元）、密克罗尼西亚（0.1285亿美元）以及纽埃（70万美元）。可见，2006—2013年间，太平洋各岛国接收中国援助金额相差较大。④

上述研究表明，目前中国已成为太平洋岛国地区重要的外来援助方。与南太平洋地区传统的援助国相比，2006—2013年间，中国对南太平洋地区的实际援助金额达到10.6亿美元，位列澳大利亚（68.31亿美元）、美国（17.7亿美元）、日本（12.25亿美元）和新西兰（10.96亿美元）之后，但多于法国的8.9亿美元。到了2013年，中国已经成为该地区第五大

---

① 中华人民共和国国务院新闻办公室：《中国的对外援助》，人民出版社2011年版。

② 中华人民共和国国务院新闻办公室：《中国的对外援助（2014）》，2014年7月，http://www.chinanews.com/gn/2014/07-10/6370994.shtml。

③ 《汪洋在第二届中国—太平洋岛国经济发展合作论坛暨2013中国国际绿色创新技术产品展开幕式上的演讲（全文）》，中华人民共和国外交部网站，2013年11月9日，http://www.fmprc.gov.cn/mfa_chn/zyxw_602251/t1097478.shtml。

④ Philippa Brant, "Chinese aid in the Pacific", *Reports*, Lowy Institute for International Policy, March 2015.

援助国。未来中国在太平洋岛国地区的援助力度与新西兰等传统援助国相当，有望超过日本成为第三大援助国。假如中国的援助继续增长，那中国也许在几年内就会取代美国成为第二大援助国。

按具体国家来看，中国现在是斐济的最大双边援助国，同时是库克群岛、巴布亚新几内亚、萨摩亚和汤加的第二大援助国。中国与斐济日益增强的关系尤为引人关注。跟其他伙伴国不同，中国与2006年政变后的斐济政府保持了牢固关系。2006—2013年间，中国提供了约3.33亿美元的双边援助，超过了澳大利亚（2.52亿美元），是日本（1.17亿美元）的2倍多。在萨摩亚、汤加和巴新，中国的援助金额也仅次于澳大利亚。

三、中国对太平洋岛国援助的主要形式和领域

首先，从援助资金的类型看，早期中国对太平洋岛国的援助只有无偿援助和无息贷款两种（参见表5—2），但从2006年开始，中国逐步减少了赠款的比例，提高了优惠贷款的比例，优惠贷款占据了中国对太平洋岛国援助资金的绝大部分。

2006—2013年间，中国在太平洋岛国地区援助的79%均为优惠贷款，而且分国别来看，该时期中国对各岛国提供的优惠贷款数额占中国对其提供的援助总额的比例均高于50%，斐济和巴新的优惠贷款比例甚至高达90%。[①] 可见，无论是从整个地区或者单个岛国的角度来看，中国的援助资金始终以优惠贷款为主。但对于仅提供少量援助的国家，如密克罗尼西亚和纽埃，中国的援助则全以赠款的形式进行。

其次，从援助方式上看，中国对太平洋岛国的援助主要有成套项目、技术合作、一般物资、人力资源开发合作、援外医疗队、紧急人道主义援助、债务减免和援外志愿者等八种方式。其中，以优惠贷款为主的成套项目援助是中国对太平洋岛国援助的主要方式，在中国对太平洋岛国地区援

---

① Philippa Brant, "Chinese aid in the Pacific", *Reports*, Lowy Institute for International Policy, March 2015 编制而成。

助工作中占首要地位（参见表5—3），大多数小型项目则提供赠款。

表5—3　2000—2011年中国对太平洋岛国援助成套项目建成及提供单项设备情况

<table>
<tr><th>年份</th><th>行业</th><th>项目名称</th><th>受援国家</th><th>建成项目数</th></tr>
<tr><td>2000</td><td>文教体育卫生</td><td>更新塑胶跑道</td><td>萨摩亚</td><td>1</td></tr>
<tr><td rowspan="2">2001</td><td>文教卫生</td><td>新建总建筑面积6048平方米中学</td><td>汤加</td><td rowspan="2">2</td></tr>
<tr><td>单项设备</td><td>提供风光发电机</td><td>巴新</td></tr>
<tr><td rowspan="2">2003</td><td>公用民用建筑</td><td>多功能体育馆项目</td><td>斐济</td><td rowspan="2">2</td></tr>
<tr><td>单项设备</td><td>提供农机具</td><td>瓦努阿图</td></tr>
<tr><td>2004</td><td>公用民用建筑</td><td>高等法院大楼</td><td>库克群岛</td><td>1</td></tr>
<tr><td rowspan="8">2005</td><td rowspan="2">交通运输</td><td>巴巴利利公路项目</td><td>巴新</td><td rowspan="8">8</td></tr>
<tr><td>造船项目</td><td>瓦努阿图</td></tr>
<tr><td>体育设施</td><td>游泳馆</td><td>萨摩亚</td></tr>
<tr><td rowspan="2">文教卫生</td><td>中学项目</td><td>汤加</td></tr>
<tr><td>农学院项目</td><td>瓦努阿图</td></tr>
<tr><td>广播电信</td><td>增加电视覆盖面项目</td><td>纽埃</td></tr>
<tr><td rowspan="2">单项设备</td><td>农场设备和救护车项目</td><td>瓦努阿图</td></tr>
<tr><td>提供风力发电机</td><td>巴新</td></tr>
<tr><td rowspan="5">2006</td><td rowspan="2">公用民用建筑</td><td>金枪鱼总部办公楼</td><td rowspan="2">密克罗尼西亚</td><td rowspan="5">5</td></tr>
<tr><td>领导人官邸挡土墙</td></tr>
<tr><td>会议大厦</td><td>会议厅</td><td>汤加</td></tr>
<tr><td rowspan="2">单项设备</td><td>提供农学院办公设备和家具项目</td><td rowspan="2">瓦努阿图</td></tr>
<tr><td>提供桑托机场设备项目</td></tr>
<tr><td rowspan="7">2007</td><td rowspan="2">公用民用建筑</td><td>美拉尼西亚先锋集团秘书处办公楼</td><td>瓦努阿图</td><td rowspan="7">7</td></tr>
<tr><td>总督府修缮</td><td>巴新</td></tr>
<tr><td rowspan="2">交通运输</td><td>密丘克州国际机场装修改造</td><td rowspan="2">密克罗尼西亚</td></tr>
<tr><td>第二艘客货两用船项目</td></tr>
<tr><td>渔业项目</td><td>莱城渔业加工厂和冷库项目</td><td>巴新</td></tr>
<tr><td>体育设施</td><td>阿皮亚公园综合体育设施修缮扩建</td><td>萨摩亚</td></tr>
<tr><td>单项设备</td><td>为汤主办第38届太平洋岛国论坛首脑会议提供物资和设备</td><td>汤加</td></tr>
</table>

续表

年份	行业	项目名称	受援国家	建成项目数
2008	公用民用建筑	议会办公楼	萨摩亚	3
	文教卫生	乌达尔大学宿舍扩建	巴新	
		莱城理工大学教学楼改造		
2009	渔业项目	水产品加工厂	瓦努阿图	3
	交通运输	纳务索桥	斐济	
		主岛公路项目	汤加	
2010	文教卫生	乡村诊所	巴新	12
		科斯雷州中学项目	密克罗尼西亚	
		瓦伊特莱小学维修项目	萨摩亚	
		马塔乌图小学项目		
		社区卫生中心	汤加	
		哈派中学项目		
	体育设施	威瓦克体育场	巴新	
	交通运输	第一艘客货两用船维修项目	密克罗尼西亚	
	公用民用建筑	波纳佩州政府办公楼	密克罗尼西亚	
		青年妇女活动中心维修扩建项目	萨摩亚	
		司法部和法院办公楼项目		
	单项设备	为瓦主办太平洋岛国论坛会议援助礼宾用车	瓦努阿图	
2011	公用民用建筑	总统府及植物园围墙	斐济	9
		新政府综合办公楼	萨摩亚	
		国际会议中心		
		卫生部办公楼		
	文教卫生	塔布岛医疗保健中心	汤加	
		瓦瓦乌岛医院扩建		
	交通运输	多用途船	斐济	
	电子政务	电子政务网	斐济	
	单项设备	提供一批药品和医疗器械	巴新	
				合计：53

资料来源：中国商务年鉴编委会编：《中国商务年鉴》（2001—2007 年版），中国商务年鉴出

版社。2007—2011 年的项目，根据中华人民共和国外交部政策研究室所编《中国外交》（2008—2012 年版）相关资料整理而成。

从表 5—4 可知，中国援太平洋岛国成套项目涉及面广，涵盖文教体卫、交通运输、公用民用建筑、广播电信和渔业等社会发展各领域，其中以社会基础设施和公共设施建设为主。进入 21 世纪，中国在南太平洋地区建成的成套项目开始稳步增加。据以上不完全统计，2000—2011 年，中国在南太平洋地区已累计建成成套项目 53 个。

在以成套项目援助为主要方式的同时，技术援助作为一种较灵活、富发展潜力的重要援助方式，在中国对太平洋岛国援助中也占据相当大的比例（参见表 5—4）。

表 5—4　2000—2011 年中国承担援助太平洋岛国技术合作项目情况

年份	行业	承担项目数	受援国家	总计
2000	农牧渔业	1	巴新	3
	文教体育卫生	2	瓦努阿图	
2001	农牧渔业	2	斐济、巴新	2
2003	农林牧渔业	1	汤加	5
	科教文卫体	4	基里巴斯、萨摩亚、瓦努阿图（2）	
2004	农林牧渔业	4	巴新、密克、瓦努阿图（2）	8
	科教文卫体	3	瑙鲁、瓦努阿图（2）	
	其他	1	汤加	
2005	农林牧渔业	3	巴新、瓦努阿图、密克罗尼西亚	7
	科教文卫体	4	斐济、瓦努阿图（2）、萨摩亚	
2006	农林牧渔业	2	瓦努阿图、巴新	7
	科教文卫体	5	瓦努阿图（2）、萨摩亚（2）、密克罗尼西亚	
2007	农林牧渔业	2	瓦努阿图、密克罗尼西亚	5
	科教文卫体	3	瓦努阿图（2）、萨摩亚	

续表

年份	行业	承担项目数	受援国家	总计
2008	农林牧渔业	2	萨摩亚、斐济	7
	科教文卫体	5	萨摩亚（2）、巴新、斐济（2）	
2009	农林牧渔业	2	巴新、汤加	10
	科教文卫体	8	斐济、密克罗尼西亚、萨摩亚（3）、瓦努阿图（3）	
2010	农林牧渔业	6	斐济（2）、巴新、密克罗尼西亚、萨摩亚、汤加	15
	科教文卫体	9	斐济、巴新、密克、萨摩亚（2）、瓦努阿图（3）、汤加	
2011	农林牧渔业	3	斐济、巴新、萨摩亚	11
	科教文卫体	8	斐济、萨摩亚（3）、巴新、瓦努阿图（3）	
合计：80				

资料来源：中国商务年鉴编委会编：《中国商务年鉴》（2001—2007年版），中国商务年鉴出版社。2007—2011年的项目根据中华人民共和国外交部政策研究室所编《中国外交》（2008—2012年版）相关资料整理而成。

如表5—4所示，中国与太平洋岛国的技术合作项目主要集中在农、林、牧、渔和科、教、文、卫、体等领域。形式主要包括农业技术合作、医疗技术合作和体育项目技术合作等。具体做法通常是向受援的岛国派遣医疗队、农业专家组以及体育教练组，以协助岛国的医疗工作、示范农场项目建设以及体育事业的发展，并为岛国培训医疗技术和农业技术人才。自2003年起，中国加大了对岛国的技术援助，双方的技术合作项目呈稳步增加态势。据以上粗略统计，2000—2011年中国承担援助太平洋岛国技术合作项目约80个。

第三节　中国对太平洋岛国援助的案例分析

一、中国对巴新的援助

（一）中国与巴新的关系及中国对巴新援助的总体情况

巴新位于太平洋西南部，西与印度尼西亚接壤，南与澳大利亚隔海相望，是太平洋岛国中陆地面积最大、人口最多的国家，在南太平洋事务中有重要影响力。巴新自然资源丰富，但经济落后，许多山区居民仍过着原始部落自给自足的生活。全国人口中37%生活在国际贫困线（人均1.25美元/天）以下。矿产、石油和经济作物种植是巴新经济的支柱产业。[①] 近年来，巴新政府集中精力发展经济，出台了一系列中长期发展战略规划，加大吸引外资的力度，液化天然气项目、拉姆镍矿等投资项目均取得重要进展，为推动巴新经济持续增长发挥了重要作用。但巴新在医疗卫生、教育等社会其他领域发展仍较为滞后，如医护人员和医疗设施缺乏，霍乱、肺炎、疟疾、痢疾、艾滋病等疾病高发，教育设施和教师数量不足，国民识字率仅为57.8%等。因此，在其经济社会发展中，外来援助依然是巴新政府的重要资金来源之一。政治上，巴新属英联邦成员国，独立建国前曾在澳大利亚的托管之下，与澳大利亚一直保持着特殊而密切的关系。澳大利亚一直是巴新的最大外来援助国，年均援助额超过5亿澳元。巴新每年受援总额的70%左右来自澳大利亚。其他援助方包括中国、新西兰、日本、美国、英国、韩国、欧盟、联合国开发计划署、世界银行、国际货币基金组织和亚洲开发银行等。近年来，巴新政府在继续与澳大利亚、新西

---

① 《巴布亚新几内亚国家概况》，中华人民共和国外交部网站，http：//www.fmprc.gov.cn/mfa_ chn/gjhdq_ 603914/gj_ 603916/dyz_ 608952/1206_ 608978/。

兰等南太平洋国家和欧美国家发展传统关系的同时，进一步拓展与中国等亚洲国家的关系。

中国与巴布亚新几内亚于1976年10月12日建交。建交以来，两国关系发展基本顺利。巴新现已成为中国在太平洋岛国中的最大贸易伙伴①和投资合作的重要对象，中国冶金集团与巴布亚新几内亚方合作开发的拉姆镍矿项目是迄今中国在太平洋岛国地区的最大投资项目。中国自1978年开始向巴布亚新几内亚提供援助。改革开放以来至90年代初，巴新是太平洋岛国中获得中国援助份额最多的国家，在中国在南太平洋地区的外交布局中占据优先地位，并且其重要性延续至今。进入21世纪，作为中国在太平洋岛国地区的重点援助对象，中国继续在力所能及的范围内向巴新提供了规模巨大、形式多样的双边援助，并逐渐加大了援助力度，现已跻身巴新的主要援助国之列，有效地促进了巴新经济发展和社会进步，切实帮助巴新民众脱贫致富，增进了中巴（新）友谊。

（二）中国对巴新援助的具体项目及资金分布

进入21世纪以来，中国通过成套项目、一般物资、技术合作、人力资源开发合作、援外医疗队、紧急人道主义援助、债务减免等方式援助了巴新多个项目，覆盖了社会基础设施、公共设施、工农业、教育、医疗卫生等诸多领域。

21世纪以来，中国在社会基础设施、公共设施、工农业、教育、医疗卫生等领域对巴新开展了援助，资金分布广泛。

巴新基础设施薄弱，陆路交通不发达，公路状况较差，因而在社会基础设施领域，中国援助以新修和维修道路为主，如无偿援建的巴巴利利公路升级和改造项目、尤—亚公路建设项目。

---

① 《巴新成为我太平洋岛国最大贸易伙伴》，中华人民共和国驻巴布亚新几内亚大使馆经济商务参赞处网站，2015年2月19日，http：//pg. mofcom. gov. cn/article/jmxw/201502/20150200901009. shtml。

表 5—5　21 世纪以来中国援助巴新项目及资金情况一览表

	成套项目	一般物资	技术合作	人力资源开发合作	援外医疗队	紧急人道主义援助	债务减免	其他	合计
2000				举办菌草培训班，向当地农户传授菌草栽培技术					
2001			①签署了经济技术合作协定 ②在中国专家援助下建立的旱稻试验和示范基地成功产出稻谷						
2002	①陶洛马军医院的修缮：150 万基纳 ②韦盖体育中心维修		①提供 2000 万元人民币无偿援助的经济技术合作协定 ②试种和推广杂交水稻，中		签署关于中国派遣医疗队赴巴新工作的议定书			提供 100 万美元现汇无偿援助	

续表

	成套项目	一般物资	技术合作	人力资源开发合作	援外医疗队	紧急人道主义援助	债务减免	其他	合计
2002			国提供杂交水稻种子，派遣2名专家并培训巴新技术人员						
2003	①在新爱尔兰省纳马塔纳伊地区援建2所小学 ②移交体育馆维修和拳击台2个项目	①向东新不列颠省3所学校捐赠电脑 ②向巴新国防军提供价值5万基纳的体育器材 ③向巴新政府无偿援助第二批医疗器械和药品	签署了经济技术合作协定		派遣第一批医疗队				无偿援助：2000万元人民币； 无息贷款：2000万元人民币

续表

	成套项目	一般物资	技术合作	人力资源开发合作	援外医疗队	紧急人道主义援助	债务减免	其他	合计
2004	①提供3000万元人民币无偿援助，用于修缮巴新总督府，建设巴巴利利公路、巴新技术大学数学和计算机中心及乌达尔大学教师公寓和学生宿舍 ②交付国防军士兵俱乐部 ③渔业加工厂项目	①提供500万人民币的药品和医疗器械用于支持巴新艾滋病防治工作 ②赠送价值200万元人民币的3辆越野型警车、2辆救护车和1辆越野型公务车 ③向巴新莫尔兹比港总医院赠送价值20万基纳（约50万元人民币）的药品和医疗器械	两次签署经济技术合作协定	①从2004年起，每年提供的研究生奖学金名额由过去的2个增加为4个 ②从2004年起，为巴新培训军官名额从过去的2个增加为5个	派遣第二批医疗队	向巴新MANAM火山灾区捐助1万美元赠灾款，用于购买食品和帐篷		为东新不列颠省圣心国际小学多功能楼建设捐款1万基纳	

续表

	成套项目	一般物资	技术合作	人力资源开发合作	援外医疗队	紧急人道主义援助	债务减免	其他	合计
2004		④向马努斯省ECOM中学捐助2台电脑、1台彩色电视机及一系列有关中国的书籍							
2005	①乌达尔农业大学宿舍楼扩建、莱城理工大学数学与计算机系教学楼重建、总统府修缮与扩建：共1030万美元 ②陶洛马军医院扩建项目：40万美元	提供医疗器械和抗艾滋病药物	①资助恩加省坎德普农业试验站及农业技术合作项目（项目始于1995年） ②小麦、旱稻种植，提供蘑菇种植设备 ③签署经济技术合作协定		派遣9名医生到莫尔兹比港总医院（2002年开始派遣）				610万美元

续表

	成套项目	一般物资	技术合作	人力资源开发合作	援外医疗队	紧急人道主义援助	债务减免	其他	合计
2005	③巴巴利利公路改造项目：320万美元赠款 ④东新不列颠省的约克公爵群岛风力发电机项目：18万美元								
2006	①国家农业发展计划：6450万美元优惠贷款（还款期限为15—20年） ②莱城水产品加工厂和冷库项目：360万美元	提供抗疟疾药物：10万美元	签署了经济技术合作协定		签署了关于中国向巴新派遣医疗队的换文			发展类项目：135万美元赠款	1410万美元

续表

	成套项目	一般物资	技术合作	人力资源开发合作	援外医疗队	紧急人道主义援助	债务减免	其他	合计
2006	③东塞皮克省韦瓦克体育场项目可行性研究：6 万美元								
2007	①陶洛马军营翻新项目：50 万美元 ②国际会议中心援建项目：15 万美元 ③再次追加约 200 万基纳用于陶洛马军医院的修缮	①提供25 万美元特别现汇援助，用于为巴新皇家警察总署购置通讯设备和交通工具 ②捐赠第七批医疗药品和器械，价值 30 万元人民币 ③捐赠 10 台笔记本电脑 ④捐赠价值 100 万元人民		①提供 24 个政府奖学金名额 ②资助 80 名政府工作人员的培训 ③资助媒体工作人员参观访问中国		中国红十字会向巴新北方省水灾地区捐助 3 万美元救灾资金		①项目待定：40 万美元 ②发展类项目：250 万美元	1070 万美元

续表

	成套项目	一般物资	技术合作	人力资源开发合作	援外医疗队	紧急人道主义援助	债务减免	其他	合计
2007		币的抗疟药品 ⑤资助东新不列颠省泊密欧地区民众购买高频无线电通信设备：2.9万基纳 ⑥提供300万元人民币无偿军事物资援助							
2008	为巴新翻新国防军总部大楼	①向巴新警察总署捐赠一批电脑和打印机等办公设备	①耗时12年援建的恩加省坎德普农业试验站及农业技术合作项目交接 ②签订经济技术合作协定:190	①提供30个政府奖学金名额 ②为巴方官员提供为期3年的在华军事课程学习	派遣第四期医疗队（8名医生、1名翻译、1名厨师）到莫尔兹比港总医院开展医疗工作		将已经到期的1200万美元优惠贷款还款期延长10年	①为一系列未公开项目提供的赠款：160万美元 ②无偿援助:370万美元（1000万基纳） ③资助 Taurama	1023万美元

续表

	成套项目	一般物资	技术合作	人力资源开发合作	援外医疗队	紧急人道主义援助	债务减免	其他	合计
2008			万美元（500万基纳）					医院13万美元（35万基纳）	
2009	①提供1.1711亿美元（8亿元人民币）的优惠贷款（2%的利息），用于资助马当省海洋渔业工业园10个金枪鱼加工厂和戈罗卡大学的建设，其中9500万美元用于金枪鱼加工厂的建设，其余用于戈罗卡大学建设	提供体育健身设施	①签订5项经济技术合作协议 ②派遣农业专家抵达巴新实施哈根综合农业技术合作项目	①提供20个大学奖学金名额 ②根据中国—巴新军事交流计划继续从巴新国防军种招收5名高级军官学员	第四批医疗队继续在巴新开展医疗援助			提供小额现汇援助用于巴新自行修建SAMPUN乡村诊所	优惠贷款：1.1711亿美元；无偿援助：439万美元，总计：1.215亿美元

续表

	成套项目	一般物资	技术合作	人力资源开发合作	援外医疗队	紧急人道主义援助	债务减免	其他	合计
2009	②无偿援助439万美元用于国际会议中心的建设 ③威瓦克体育场项目								
2010	①电子政务网项目 ②社区学院远程教育网二期项目 ③尤—亚公路项目		①哈根综合农业技术组试种旱稻第一阶段结束，获得初步成功 ②签署向巴新提供无偿援助和无息贷款的经济技术合作协定		第五期医疗队在巴新展开为期2年的援外医疗工作	中国红十字会向巴新红十字会提供5万美元人道主义援助，用于巴新方抗击霍乱疫情			

续表

	成套项目	一般物资	技术合作	人力资源开发合作	援外医疗队	紧急人道主义援助	债务减免	其他	合计
2011	①东高地省戈洛卡大学二至四期学生宿舍工程（中国政府提供近3亿元人民币优惠贷款） ②太平洋渔业工业园	中国政府向巴新政府捐赠了一批药品和医疗器械，其中包括价值100万元人民币的抗疟药品			第五批医疗队在巴新积极开展工作				
2012	尤—亚公路项目进展顺利				派遣第六批医疗队				
2013		向巴政府提供200万美元的军事援助，用于采购装甲车、运兵车和制服				中国红十字会向巴红十字会提供非紧急人道主义援助物资，包括电脑、打印机、复印机等办公用品及			

续表

	成套项目	一般物资	技术合作	人力资源开发合作	援外医疗队	紧急人道主义援助	债务减免	其他	合计
2013						发电机、蚊帐、毛毯等救灾用品			

资料来源：笔者根据中华人民共和国外交部政策研究室所编《中国外交》（2001—2014 年版），世界知识出版社；中华人民共和国驻巴布亚新几内亚大使馆经济商务参赞处官网：http：//pg. mofcom. gov. cn/；中国外交部官网：http：//www. fmprc. gov. cn/mfa_ chn/；以及网络搜索的相关资料整理而成。

在公共设施领域，中国帮助巴新维修韦盖体育中心，修缮巴新总督府，建成国际会议中心、威瓦克体育场并提供优惠贷款支持巴新电子政务网项目。

在工业领域，中国援助巴新建成莱城水产品加工厂和冷库项目，利用优惠贷款资助马当省海洋渔业工业园10个金枪鱼加工厂和太平洋渔业工业园的建设。

在农业领域，中国相继派遣农业专家组援助巴新的旱稻试验和示范基地、哈根综合农业技术合作项目、恩加省坎德普农业试验站及农业技术合作项目，提供6450万美元优惠贷款支持巴新国家的农业发展计划，在巴新试种和推广杂交水稻，举办培训班，向当地农户传授菌草、小麦和旱稻种植技术，并提供必要的农用物资和农机具，如蘑菇种植设备、风光发电机、风力发电机等。

在教育领域，中国政府每年向巴布亚新几内亚提供政府奖学金，供该国选派赴华留学生，更致力于改善巴新教育基础设施和设备，包括在新爱尔兰省纳马塔纳伊地区援建2所小学，为东新不列颠省圣心国际小学多功能楼建设捐款1万基纳，以及资助莱城理工大学数学与计算机系教学楼重建、戈罗卡大学建设、巴新技术大学数学和计算机中心及乌达尔农业大学教师公寓和学生宿舍楼扩建、社区学院远程教育网二期等项目。

在医疗卫生领域，中国自2003年起向巴新派遣医疗队，在当地开展医护人员培训。2014年底中国派遣了第七批医疗队赴巴新工作，共向巴新赠送了13批次的药品和医疗器械，帮助巴新修建Sampun乡村诊所、修缮陶洛马军医院、资助Taurama医院，对改善巴新医疗基础设施、提升巴新医疗服务水平起着积极作用。

在军事领域，中国与巴新有军事交流计划和军援项目（中国国防部向巴新国防部提供200万元人民币），包括为巴新官员提供为期3年的在华军事课程学习，为巴新翻新国防军总部大楼，援建士兵俱乐部、体育馆维修、拳击台、提供体育器材等一般性项目。2013年中国再次向巴新政府提供200万美元的军事援助，用来采购装甲车、运兵车和制服等。

此外，中国每年均向巴新提供一定的培训名额，帮助巴新培训政府工作人员、医疗人才和军官。一般物资援助和紧急人道主义援助也是中国对巴新援助的主要方式。在一般物资援助方面，中国已相继向巴新提供了越野型警车、越野型公务车、救护车、电脑、打印机、电视机、书籍、体育健身器材、医疗器械和药品、军事物资等多批一般物资。而在巴新面临人道主义灾难时，中国第一时间伸出援手，提供及时有效的无私援助。如：向巴新 Manam 火山灾区捐助 1 万美元赠灾款，用于购买食品和帐篷；向巴新北方省水灾地区捐助 3 万美元救灾资金；向巴新红十字会提供 5 万美元人道主义援助，用于巴新方抗击霍乱疫情等。

中国的援助确实切切实实地在社会基础设施、公共设施、工农业、教育、医疗卫生等领域对巴新的生产能力建设和经济社会发展产生了巨大的推动作用。

二、中国对斐济的援助

（一）中国对斐济开展援助的动因

斐济是南太平洋的政治经济中心，尽管该国面积不大，但影响力却不容小觑。从全球视角出发，2013 年斐济出任七十七国集团轮值主席，并有大量人员在海外执行维和任务。从地区视角出发，斐济是“太平洋岛国论坛”秘书处和“太平洋发展论坛”秘书处的所在地，也是南太平洋大学总部所在地。对中国而言，斐济也是第一个同新中国建交的太平洋岛国，中斐自 1975 年建交以来，两国关系发展顺利。进入 21 世纪，两国的经贸、政治联系以及人文交流不断加强，中国现已跻身斐济主要援助国之列。尤其是 2006 年后，西方国家缩减了对它的直接援助，并纷纷对其实施制裁。而中国则在不干涉内政原则指导下，对斐济政变表现出极大的宽容和理解，并加大对斐援助和投资以填补西方留下的空缺，促使中国与斐济关系不断升温。近 10 年来，中国快速持续的资金援助已经使澳大利亚、新西兰和美国等传统援助国备受压力。因而，中国对斐济的援助意图也一直遭到该地区内外国家的猜疑，被认为是出于扩大中国在南太地区经济、政治影响力的战略目标的考虑。诚然，一个国家对外提供发展援助的性质、目的和作用，主要取决于该国的对外政策和对外经济关系。中国在南太地区拥有多重利益，故中国对包括斐济在内的岛国开展援助是多方面因素综合作用下的结果。总的来说，中国开展对斐济的援助，有着战略和安全、政治、经济等多方面的利益考量。

1. 战略和安全利益

其一，就斐济的地理位置而言，其位于西南太平洋中心，是南太平洋地区的交通枢纽。其国内最大的海港——苏瓦港不但是南太平洋的航运中心，也是重要的国际海港，有南太平洋的“十字路口”之称，可泊万吨巨轮。可见，斐济的战略地位十分重要，是中国走向南太平洋的重要通道，对于中国未来发展海上力量，化解美日“包围圈”，甚至海洋大国战略的推进具有重要意义。因此，加大对斐济的援助不但是中国大洋洲外交的重要一环，也是服务于地缘战略的需求。其二，自2006年斐济发生军事政变后，西方国家纷纷疏远、孤立斐济，甚至对其实施制裁，唯有中国雪中送炭，抓住斐济与其邻国澳大利亚、新西兰关系变冷的机遇，加大对斐济的援助和投资，及时填补西方国家留下的空白。可以说，西方的制裁给中国提供了在斐济乃至太平洋地区增强影响力的空间，中国对斐济的援助只是及时抓住机遇，顺势而为罢了。此外，艰难时期建立起的雪中送炭般的情谊是最稳固和持久的，正如斐济总理姆拜尼马拉马所言：“斐济不会忘记中国对斐济动荡历史的理解”，① 中国对斐济的及时援助有利于增强中斐彼此间的信任和支持，促进两国关系的长远发展。其三，随着综合实力的增强和国际地位的提升，中国越来越多地主动承担起国际义务，践行“维护世界和平，促进共同发展”的对外政策宗旨。在南南合作的框架下，在自身力所能及的范围内，给予包括斐济在内的太平洋岛国必要的援助，正是这一外交宗旨的体现和延伸，充分彰显中国“负责任的大国形象”。

---

① 《习近平斐济之行将进一步深化中国与太平洋岛国的关系》，汇通网，2014年11月21日，http://finance.ifeng.com/a/20141121/13297135_0.shtml。

2. 政治利益

其一，南太平洋地区是联合国的重要“票仓”，争取该区域在国际事务上对中方立场的支持非常重要。而斐济作为南太平洋地区经济实力较强、外交较为活跃且富有影响力的国家，中国与其的友好交往会影响辐射到太平洋多个岛国，起到积极的示范效应和溢出效应，因此斐济可作为中国与太平洋岛国合作的出发点。其二，外交承认问题。外交承认问题的表层下实质上隐藏的是主权问题，这关乎中国的核心国家利益，中国历来在主权问题上是无法让步、决不妥协的。尤其是2003年，台湾当局在南太地区大肆推行“金钱外交”和“贿赂外交”，阴谋破坏中国与太平洋建交岛国的关系。位居西南太平洋的中心以及首个与中国建交的岛国这一双重身份，使斐济理所当然地成为台湾当局“金钱外交”的首要突破口。台湾长期与斐济的精英保持联系，曾企图通过援助计划来重金收买斐济对其的外交承认，并奢望能诱使其他岛国纷纷效仿、倒戈。然而中国对此进行了坚决斗争，最终维护了中斐友好关系大局。可见，太平洋岛国地区尤其是斐济是“台独”势力的活跃地区，因此中国对斐济开展真诚的援助外交，既是对包括斐济在内的太平洋岛国释放善意的举动，同时也能扩大中国在太平洋岛国地区的外交影响力，进一步孤立台湾，挤压其在该地区的生存空间，对于中国和平统一的伟大事业具有现实意义。

3. 经济利益

斐济资源丰富、市场广阔，对促进中国经济快速发展有着重要意义。其一，斐济林业、矿产和渔业资源丰富，体现在：森林覆盖面积93.5万公顷，约占全国土地面积的一半，有开采价值的约25万公顷，出产优质硬木和松木；金矿藏量丰富，还有少量铜、银，铝矾土、石油资源在勘探中。渔业资源丰富，盛产金枪鱼。① 斐济周边海域以及其专属经济区的深海资源也有着巨大的开发潜力。其二，斐济以外向型经济结构为主，重视发展对外经济合作，政策环境宽松、营商环境好，而中国则有资金、技术

---

① 《斐济国家概况》，中华人民共和国外交部网站，2014年10月，http：//www.fmprc.gov.cn/mfa_chn/gjhdq_603914/gj_603916/dyz_608952/1206_609054/。

和市场等优势，这使中斐两国有很大的经贸合作空间。据中国海关统计，1976 年中斐双边贸易额仅 230 万美元，均为中国出口。2012 年中斐贸易额达 2.36 亿美元，斐济成为中国在太平洋岛国（不包括澳大利亚、新西兰）中的第五大贸易伙伴。① 2013 年两国贸易额则已经超过 3 亿美元。大体而言，21 世纪以来，中国对斐济的援助与中斐经贸合作是齐头并进，一同发展扩大的。

（二）中国对斐济援助基本情况

1979 年，中国已开始向斐济提供力所能及的经济技术援助，截至 90 年代初，中国同斐济已签有多个经济技术合作协定和贷款协定，累计向斐提供无息贷款 5500 万元人民币，无偿援助 1186 万元人民币。②

截至 2005 年，在优惠贷款援助项下，中国承担了斐济水电站、农村电网、桥梁、学校、医院、体育馆、公路等成套项目，如布库亚水电站、里瓦河三角洲电力网扩建、库路浮电力网、威尼丘水电站、图里瓦桥、国际会议中心等。在无偿援款项下提供了竹藤编技术培训、纳乌瓦地区水稻种植技术指导、甘蔗种植技术指导、蔬菜种植技术指导、马瑞拉投资有限公司、萨伍萨伍技术培训学校等技术合作项目。此外，还提供了建筑材料，以及医疗器械和用品、计算机、吉普车、办公用品、大米等多批物资。③

进入 21 世纪，中国对斐济的援助额总体上呈不断增长态势，尤其是自 2006 年 12 月斐济政变后。2006 年斐济政变后，中国最先给斐济提供了大量援助，包括立即提供 500 万美元的现金，帮助斐临时政府站稳脚跟。尤其是在西方国家停止资金支持后，中国为斐济援建了几个体育馆，并支持了一个规模 1.58 亿美元的水电站项目。中国的贷款使斐济能够在西方资金撤离后维持对基础设施和其他项目的投资。中国曾连续 7 年为斐济提供资金援助，据罗伊国际政策研究所（Lowy Institute）数据显示，2006—2013

① 《中斐双边贸易》，中华人民共和国驻斐济大使馆经济商务参赞处网站，2013 年 7 月 18 日，http：//fj. mofcom. gov. cn/article/zxhz/sbmy/201307/20130700204869. shtml。

② 田曾佩编：《改革开放以来的中国外交》，世界知识出版社 1993 年版，第 275 页。

③ 同上。

年间，中国向斐济提供了约 3.33 亿美元的援助，在与中国建交的岛国中，斐济接受中国援助最多，约占同期中国对所有 8 个太平洋建交岛国援助总额（10.6 亿美元）的 31%。而与斐济的传统外援国相比，2006—2013 年，中国在斐济所有外援国中位列第一，中国对斐济资金援助总额甚至比澳大利亚（2.5224 亿美元）还多 0.81 亿美元。除了必要的经济和技术援助，中国更致力于改善当地民众的生活，为斐济的减贫事业默默贡献着力量。据斐济妇女、儿童和减贫部提供的数据显示，斐济 2009—2013 年接收外国援助的缝纫机总计约 2800 台，其中中国捐赠的缝纫机就有约 2200 台。[①]而在教育、文化等领域的交流上，中国自 1984 年起向斐提供来华奖学金名额，截至 2010 年，累计共有 61 名斐学生获中国政府奖学金来华留学。自 1986 年起，中方先后向斐派驻汉语教师共 23 人次。[②] 2012 年 9 月，中国在斐济南太平洋大学总部设立了首家孔子学院，并由中国政府提供经费，选派教师，捐赠教学材料，支持孔子学院的日常运作。

此外，中国还资助斐济派多名学员赴华参加 TCDC 培训、经济管理研修班培训等项目，每年向斐济各级官员和技术人员提供培训达 140 多人次，派遣援斐医疗队并提供人道主义医疗服务，以及提供警用物资援助、军事培训交流项目等，并且中国政府还承诺今后仍将增加向斐提供的政府奖学金名额。

2014 年 11 月，习近平主席访问斐济期间承诺：“中方将一如既往帮助斐济发展经济、改善民生，实施好斐方小水电站、农业开发、公路改造、桥梁建设等项目；中方将继续支持和帮助斐济应对气候变化，中方将……继续派遣医疗组到斐济等岛国巡诊。”[③] 同时，中国承诺向斐济提供 1100 万美元赠款，这使斐济成为中国对南太地区新援助计划的最大受益者。

---

① 刘鹏：《中国发展 斐济提质——走进斐济残疾人缝纫培训中心》，新华网，2014 年 11 月 19 日，http：//news. xinhuanet. com/world/2014 - 11/19/c_ 1113315296. htm。

② 《中国同斐济的关系》，中华人民共和国外交部网站，2014 年 9 月，http：//www. fmprc. gov. cn/mfa_ chn/gjhdq_ 603914/gj_ 603916/dyz_ 608952/1206_ 609054/sbgx_ 609058/。

③ 刘华、刘鹏：《习近平同斐济总理姆拜尼马拉马举行会谈 加强交流合作 推动中斐关系不断向前发展》，新华网，2014 年 11 月 22 日，http：//news. xinhuanet. com/world/2014 - 11/22/c_ 1113357740. htm。

表 5—6　21 世纪以来中国援助斐济项目及资金情况一览表

	成套项目	一般物资	技术合作	人力资源开发合作	援外医疗队	紧急人道主义援助	援外志愿者	其他
2000		向斐济军队提供体育器材等军事后勤物资		斐济军队少校马拉来中国参加军事培训学习				
2001	多功能体育馆		签署了经济技术合作协定		签署了医生劳务协议			
2002			签署了 2 个经济技术合作协定					
2003			签署了经济技术合作协定（数额不明）			在斐济遭受热带风暴袭击后提供价值 200 万元人民币的物资援助		
2004			签署了经济技术、信息通讯和植物检疫等领域合作的协议					

续表

	成套项目	一般物资	技术合作	人力资源开发合作	援外医疗队	紧急人道主义援助	援外志愿者	其他
2005		①中国国务院侨办向斐济逸仙学校赠送一对大型汉白玉石狮子 ②中国全国人大向斐济议会捐赠10台笔记本电脑 ③赠送价值100万美元的实物援助用于多功能体育馆的后续维护	签署了《中斐经济技术合作协定》（数额不明）					
2006	①电子政务项目：2000万美元的优惠贷款（偿还期为20年，含5年宽限期，利率为2%） ②苏瓦 Rokobili	①升级纳务索农校设备项目：120万美元（实物援助性质的赠款） ②斐济农村社区援助项目：18万	①三次签署了《中斐经济技术合作协定》 ②签署旨在帮助斐济提升检疫能力的协议：数额不明					

续表

	成套项目	一般物资	技术合作	人力资源开发合作	援外医疗队	紧急人道主义援助	援外志愿者	其他
2006	集装箱码头项目 ③斐济船舶重工业公司修船滑道更新改造工程项目	美元（实物援助性质的赠款）						
2007	①用于基础设施和安置项目的优惠贷款：1.503亿美元（偿还期为20年，含5年宽限期，利率为2%，可根据具体案例情况将贷款转化成赠款） ②道路改善和其他基础设施项目：500万美元现金赠款	①中国政府向斐济教育部捐赠体育用品 ②中国驻斐济使馆向斐济妇女协会捐赠1辆客货两用汽车 ③向斐济纳西奴地区穆瓦尼科索村捐赠建筑材料	①签署中斐经济技术合作协定：260万美元（实物援助性质的赠款 ②中国向斐济派遣8名懂英语的高级工程师	①资助7名斐济和汤加航空官员和技术人员在中国民航大学参加南太国家航空运输业务培训班（实物援助性质的赠款）：数额不明 ②资助媒体工作人员参观访问中国：数额不明				

续表

	成套项目	一般物资	技术合作	人力资源开发合作	援外医疗队	紧急人道主义援助	援外志愿者	其他
2007	③多用途渔船援建项目：340 万美元赠款							
2008	①纳务索桥 ②纳德瑞瓦图水电站	①中国驻斐济大使馆向斐济—中国贸易委员会捐赠办公设备 ②中国国务院侨务办向斐济华侨华人文体社团捐赠体育用品和服装道具		①斐学生使用中国政府奖学金来华留学 ②斐技术、管理人员来华短期培训		中国红十字会向斐济红十字会捐赠赈灾款帮助斐济应对飓风“吉恩”	向斐济派驻汉语教师	向斐济瑞瓦省罗马尼科罗村提供捐款，以供该村修建一个具备社会培训中心、计算机和互联网中心、图书馆及紧急避难场所等功能的资源中心
2009	总统府及植物园围墙项目			①向斐济提供 9 个政府奖学金名额 ②资助 100 名斐济政府公务员到中国参加培训		中国红十字会在斐济发生暴雨水灾和飓风袭击后两次分别向斐济提供 3 万美元人道主义援助		2 个银行协议：293 万美元（2000 万人民币）赠款，每个协议 1000 万人民币

续表

	成套项目	一般物资	技术合作	人力资源开发合作	援外医疗队	紧急人道主义援助	援外志愿者	其他
2010	①纳务瓦医院 ②低造价住宅项目 ③公共租赁住宅项目 ④索摩索摩水电站	①中国全国人大常委会赠斐济共计近百台台式计算机、便携式电脑、打印机和数字复印机等办公设备，价值合计50万元人民币 ②中国政府向斐赠送1175吨化肥物资 ③中华全国妇女联合会赠斐700台手动缝纫机 ④中国驻斐济使馆代表国家汉办向斐济逸仙学校赠送汉语教材，	①派遣专家援助斐济的食用菌养殖项目 ②新签署了中国政府向斐济政府提供无偿援助的经济技术合作协定	中方向斐派遣太极拳教练，开办为期3个月的太极拳培训教程，培训人员超过500人		中国红十字会提供5万美元、中国驻斐济大使馆提供5万斐元紧急人道主义援助帮助斐济应对飓风灾害“托马斯”		

续表

	成套项目	一般物资	技术合作	人力资源开发合作	援外医疗队	紧急人道主义援助	援外志愿者	其他
2010		包括300套《快乐汉语》教科书和教学光盘						
2011	①基务瓦村海岸防护工程 ②总统府和瑟斯顿植物园围墙项目的增项工程 ③4条农村公路升级改造项目，30公里长的Buca Bay路段工程、15公里长的Sigatoka Valley路段工程和19公里长的Sawani Serea路段工程相继开工	①中国援助斐济31个类别的48套民用工程机械设备，包括装载机、平地机、压路机等4台设备，总计价值1500万元人民币 ②中国援助斐济共数10台笔记本电脑、台式电脑、平板电视和数码相机等新闻办公设备	派出技术工作组赴斐开展机械设备的安装、培训等技术服务	中国体育总局派遣武术教练赴斐执教，并在斐举办为期2个半月的中国武术培训项目				中国驻斐济使馆就斐济大学生运动协会派团参加2011年深圳大运会提供赠款

续表

	成套项目	一般物资	技术合作	人力资源开发合作	援外医疗队	紧急人道主义援助	援外志愿者	其他
2012	①Moto 路段升级改造工程（包括一条 5 公里的公路和一座 119 米长的桥梁） ②公共服务委员会办公场所总长近 1400 米的围墙项目	中国全国人大常委会向斐济赠送液晶电视、计算机、打印机和复印机等共计上百台办公设备		中国在福州为斐济学员举办了援斐双边成衣加工培训班				
2013	70 公里长的北岛纳布瓦鲁—德瑞凯帝公路升级改造项目	①20 辆红旗公务轿车以及部分备件、故障诊断仪及专用维修工具等，总价值约 230 万美元 ②中国驻斐济大使馆及南太平洋大学孔子学院向				①中国红十字会向斐济红十字会提供 5 万美元紧急援助帮助斐济应对飓风“伊万”的侵袭 ②中国政府向斐济政府提供 5 万美元捐款以帮助		

续表

	成套项目	一般物资	技术合作	人力资源开发合作	援外医疗队	紧急人道主义援助	援外志愿者	其他
2013		苏瓦市立图书馆赠送图书200余本 ③中国驻斐济大使馆向南太平洋大学孔子学院赠送图书 ④中国驻斐济大使馆向逸仙学校捐赠8048本汉语教材				斐济应对登革热疫情		
2014	辛加托卡道路升级改造工程	①中国驻斐济大使馆向逸仙学校提供一批含笔记本电脑、投影仪、打印机和汉语有声教学挂图等的教学设备	①菌草示范及技术合作中心 ②北岛农业发展项目	①迄今中方已安排斐济50名警官分4批赴华接受短期警务培训 ②开展菌草技术培训班，推广菌草技术，为斐济	中国海军和平方舟医院船在斐济开展为期8天的人道主义医疗服务			8月，中国落实对斐援助8000万元人民币，11月两国政府签署了中斐经济技术合作协定，并宣布再追加7000万

续表

	成套项目	一般物资	技术合作	人力资源开发合作	援外医疗队	紧急人道主义援助	援外志愿者	其他
2014		②中国驻斐济大使馆向斐新闻及国家档案部以及斐教育、国家遗产及文化部赠送1000余本图书 ③中国驻斐济使馆向逸仙学校图书馆赠送4547本图书 ④中国红十字会向斐济红十字会援助充气艇、链锯、家庭包、救生衣、救援头盔和手电筒等救灾物资，以及数码相机、投影仪、文		培养农业技术人才				元人民币援助，对斐援助总额共计1.5亿元人民币

续表

	成套项目	一般物资	技术合作	人力资源开发合作	援外医疗队	紧急人道主义援助	援外志愿者	其他
2014		件柜等办公设备 ⑤提供应对气候变化的物资 ⑥援助斐济警察部毒品检测、道路监控和防暴器材等警用物资						

注：在计算中国政府对斐济的援助额时，使用的是中国承诺的金额。

资料来源：根据中华人民共和国外交部政策研究室编：《中国外交》（2001—2012 年版），世界知识出版社；中华人民共和国驻斐济大使馆经济商务参赞处官网：http：//fj. mofcom. gov. cn/；中国外交部官网：http：//www. fmprc. gov. cn/mfa_ chn/；Fergus Hanson，“The dragon looks south”，*Analysis*，Lowy Institute for International Policy，June 2008；Fergus Hanson、Mary Fifita，“China in the Pacific：The New Banker in Town”，Lowy Institute for International Policy，April 2011；以及网络搜索的相关资料整理而成。

根据5—6所示的中国援助斐济的具体项目及资金情况，可从援助方式、援助领域、援助规模及其变化等方面总结出中国对斐济援助的特点，主要有以下几点：

从援助方式上看，中国对斐济的援助方式主要包括成套项目、一般物资、人力资源开发合作、技术合作、援外医疗队、紧急人道主义援助、援外志愿者和债务减免等八种。其中以优惠贷款形式（90%）的成套项目为主，小型成套项目（投资额度一般低于2000万元人民币）通常提供无偿赠款，侧重于社会基础设施和公共设施建设。其次，一般物资捐赠也占据较大比例。21世纪以来，中国已先后为斐济提供了军事后勤物资、救灾物资、各类办公设备、教学设备以及图书等多批一般物资援助。

从援助领域上看，中国对斐济援助一向偏重于基础设施建设，绝大部分的援助资金都用于这一类的成套项目上，在其他领域的援助略显薄弱。在教育领域，增加政府奖学金名额，致力于改善教育基础设施和设备，提高斐济的教育服务水平；在政府治理方面，开展警务合作，培训斐济政府工作人员；在医疗卫生领域，向斐济派遣医疗队，提供人道主义医疗服务，为斐济援建医院，帮助其培训医疗人才。为斐济军队高层提供军事培训学习；捐赠军事后勤物资；为斐济军队翻新营房；提供48套价值1500万人民币的民用工程机械设备，以援助斐济军方用于道路建设和道路维修；增加在车辆、制服和办公器材以及对国防人员的培训方面的援助等等。中国给予斐济的军事援助还是非常有限的，仅限于军事培训和一般性物资，外界不宜过度解读。

此外，近年来，中国对斐济援助还呈现出更注重基层民生和培养斐济自主发展能力的新特点，关注的重点更多地转向医疗卫生、农村基础设施和保障性住房等领域。如：向纳西奴地区穆瓦尼科索村捐赠建筑材料，用于帮助该村修建乡村礼堂；向瑞瓦省罗马尼科罗村提供捐款，以供该村修建一个具备社会培训中心、计算机和互联网中心、图书馆及紧急避难场所等功能的资源中心；为斐济低造价住宅和公租住宅项目提供优惠贷款等等，无不是注重民生的表现。而在人力资源开发合作上，中国加大了对斐济的人才培训力度，为斐济培养各类技术和管理人才。同时，中斐加强农业技术合作，中国派遣专家援助斐济的菌草技术示范中心，并在当地开展菌草技术培训班，推广菌草技术，为斐济培养农业技术人才，不但为大多数穷人提供了生计，而且使之更好地服务于斐济的经济和社会发展，有利于提高斐济的自主发展能力。

作为中国在太平洋岛国地区的重点援助对象，进入21世纪，中国对巴新和斐济的援助随着中国对该地区的愈加重视而迅速增长。通过对巴新和斐济进行案例分析，我们可发现中国对巴新和斐济的援助在发展势头、援助形式、援助领域和重点方面与中国对整个太平洋岛国地区的援助是高度吻合的。总之，中国提供的援助能有效地促进巴新和斐济经济社会的发展，使包括巴新和斐济在内的所有太平洋岛国受益。

第六章

欧盟国家对太平洋岛国的援助

欧盟是世界上较早发展对外援助的国际政治行为体之一，欧盟层面及其成员国所提供的官方援助涵盖了世界上绝大部分国家和地区，一直以来被认为是世界上最大的援助方。非加太地区长久以来是欧盟对外援助的优先地区之一，在实施对外援助的过程中，欧盟/欧共体及其成员国的对外发展援助有大量的经验与教训。在历史上，太平洋岛国的宗主国都是欧洲国家，双方保持较为密切的关系。

第一节　欧洲国家与太平洋岛国关系的演变

太平洋岛国曾长期与外界隔离，在16世纪以前，居住在这里的原始土著对外界一无所知，直到欧洲殖民者踏入该地区之后，西方文明才以绝对优势渗入，这一地区被强行带入全球化的发展范畴。

早在古希腊时期就有学者推测，南半球应当有一个大陆，以保持南北两个半球的平衡。公元150年，著名学者托勒密凭借其渊博的知识和丰富的想象力在所绘制的地图上的印度洋南面画了一块标有“Terra Australis Incognitia”字样的大陆，即“未知的南方大陆”。从此，“澳大利亚”就成为欧洲冒险家心心念念的神秘地域。从1519年起，为了证实“南方大陆”的存在，葡萄牙人频繁进入太平洋，但都无功而返。直至1567年11月，一心寻找黄金的西班牙航海家阿·门达尼亚率领探险队从秘鲁出发西行，在经历了几个月的航行后，终于找到一个有土著人居住的海岛。尽管在这里并没有找到黄金，但门达尼亚仍对自己的发现很得意。在他眼里，这里就像神话传说中所罗门国王的奥菲尔金矿一样，因此他为这里取名“所罗门群岛”。在1595年，所罗门群岛成为西班牙的殖民地。1874年，斐济被无条件地割让给英国。1886年，英德两国在新几内亚达成保护国范围协议，德国占领该岛东北地区及附近岛屿，称“德属新几内亚”，英国占领该岛东南地区及附近岛屿，称“英属新几内亚”。同年，英国完成对吉尔伯特群岛的占领（即现在的基里巴斯）。1888年，瑙鲁被德国吞并。1899年，美德瓜分萨摩亚，西萨摩亚归属德国，而东萨摩亚则由美国统治。1900年，汤加也沦为英国的保护国。在殖民统治初期，种植园经济是这一地区的主要经济形式，殖民者利用当地赋闲的土地和廉价的劳动力发展当地的优势农作物，如斐济的甘蔗种植园、萨摩亚的椰子种植园等。同时，这些岛屿丰富的矿产资源也成为殖民者觊觎的重要原材料之一，如瑙鲁的磷酸盐、新几内亚的金矿和石油等。这些岛屿的经济随着殖民权威的建立开始逐渐依附于殖民统治者，它们不仅为西方工业国家发展提供原材料和廉价的劳动力，而且成为其商品的倾销市场，从而形成了单一的殖民地经济形态。除了对当地资源进行剥夺以外，欧洲殖民者还在太平洋岛屿之间进行奴隶贸易，虽然数量和规模都远低于非洲的奴隶贸易，但却长期盛行，对当地人民造成严重的伤害。伴随着武力征服，西方宗教势力也开始向该地区渗入。基督教会的传教士孜孜不倦地向太平洋岛屿传播基督教义，有意识的宗教传播逐步改变了当地居民的信仰和传统的生活方式。

第二次世界大战中，太平洋战场成为主战场之一，在抗击日本法西斯势力的过程中，太平洋岛国的民族意识受到激励和鼓舞。第二次世界大战后，以英国为主的殖民国家的势力都受到极大的削弱。同时，联合国方面的督促也在客观上加快了该地区自治和独立的进程。这些岛国先后于20世纪 60—80 年代取得了独立地位。由英国树立的非殖民化模式被新西兰第一个应用于西萨摩亚。西萨摩亚于 1962 年 1 月 1 日取得了独立，成为战后大洋洲第一个宣布独立的岛国。库克群岛于 1965 年建立了完全的内部自治政府，并与新西兰政府保持自由的松散联系。瑙鲁于 1968 年赢得了独立。斐济和汤加分别于 1970 年建立了自己的民族国家。1974 年，纽埃获得了自治地位，并同新西兰保持自由联系。1975 年巴布亚新几内亚正式结束了澳大利亚的托管，开启了独立的新时代。所罗门群岛、图瓦卢、基里巴斯、瓦努阿图也先后在 1978 年至 1980 年间建立了自己的国家。至此，太平洋 14 个岛国先后走上独立的道路，并致力于发展本国经济，但由于历史上受到殖民者的剥削，该地区的经济仍存在结构单一、发展不均且依赖于原宗主国的经济援助等问题。这些岛国由于新兴的民主力量不足以及英帝国维持自身利益的需要，大多数在独立后建立了所谓以党派为政治基础的“议会制”，并举行选举，但该地区的议会制大多存在名不副实的现象。这些岛国大多维持着与宗主国的联系，部分国家现在仍然是英联邦国家成员，有的甚至仍奉英国女王为国家元首。①

1975 年，斐济、汤加和萨摩亚成为太平洋岛国中第一批签署《洛美协定》的国家，成为欧共体发展对外援助的优先发展对象之一。随着 2000 年《科托努协定》的制定，非加太国家集团中的太平洋岛国升至 15 个（包括东帝汶）。在欧共体方面，欧盟议会、委员会、理事会三方发布的政治声明——《科托努协定》以及“欧洲共识”，为欧盟—太平洋岛国的合作提供了新的基础和动力。《科托努协定》加强了欧盟—非加太国家合作关系的政治维度，允许与合作伙伴进行政治对话；“欧洲共识”则强调了以消除贫困、可持续发展为核心和首要目标。2008 年，欧盟制定了《欧盟与太平洋岛国关系——加强伙伴关系的政策》的相关文件。

从欧盟与太平洋岛国之间千丝万缕的历史联系中可以看出，在西方殖民国家近代化发展的过程中，太平洋岛国的原材料、廉价的劳动力和市场

---

①　钱乘旦主编，王宇博、汪诗明、朱建君著：《世界现代化历程——大洋洲卷》，江苏人民出版社 2012 年版，第 417—421 页。

为西方殖民国家的发展提供了动力并为此付出了沉重的代价。这些岛国虽然先后取得了独立的政治地位，但自身的低发展水平以及对宗主国的经济依赖仍成为阻碍该地区经济发展的主要问题。这种长期的关系是基于共同的历史遗产、共同的价值观以及经贸合作。双方保证将延续这种合作关系，并为大洋洲岛国建立一个更加完善的政策。①

21 世纪欧盟对太平洋岛国的援助，基于以下政策考虑。

一、全球性的自然资源以及气候挑战

太平洋地区覆盖地球表面的 1/3，这意味着太平洋地区的环境变化对全球范围都将起到重大影响，如世界未来的渔业资源以及气候变化。而且，保护太平洋地区巨大的生物多样性也符合人类长远的发展利益，这其中包括大量人类尚未发现或了解的生物。该地区拥有世界上唯一的尚未过度捕捞的渔业资源，这其中也包括世界上最大的吞拿鱼渔业资源。

太平洋地区特别容易受到自然灾害的侵袭，如地震、海啸和飓风。自 1950 年以来，太平洋岛国受到自然灾害影响的人超过 380 万。仅仅在 20 世纪 90 年代，该地区的自然灾害就造成约 28 亿美元的损失。1990—1999 年，该地区是世界上自然灾害造成死亡率、人均损失最高的地区。例如在 2016 年 2 月，热带气旋“温斯顿”席卷了斐济大部分地区，造成超过 35 万人和大片农田受灾。自 2015 年起，一些太平洋岛国特别是巴布亚新几内亚，受到厄尔尼诺现象的影响，当地农作物受到广泛的负面影响。②

对自然资源和气候变化的关注长久以来根植于欧盟对外援助的理念中，由于欧洲自身的自然资源不是十分丰富，对自然资源的需求成为欧盟发展对外援助中一个现实的考量。随着全球化的发展，欧盟已经意识到环境问题不是少数几个国家能够解决的问题，需要全球各方支持。从

---

① EU relations with the Pacific islands-A strategy for a strengthened partnership, Commission of the European Communities, Brussels, 29. 5. 2006, COM (2006) 248 final. p. 2.

② http://ec. europa. eu/echo/where/asia-and-oceania/pacific_ en.

上世纪 90 年代开始，气候援助已经开始成为欧盟对外援助的一个重要领域，这是出于欧盟对太平洋岛国人民利益的关切，带有浓厚的理想主义色彩。

二、发展与安全

欧盟认为解决贫困、退化、不平等的资源分配、治理薄弱等问题的根源就是采取良治，尊重人权，推行民主政治。其中良治是实现可持续发展至关重要的先决条件。良治的核心部分是加强可信的机构，如议会、司法和公共财政管理系统，欧盟将继续与其他援助国合作，推进太平洋岛国的民主化进程。① 欧盟对外援助中所倡导的“良治”理念出于对当地经济发展的关切，带有理想主义色彩，同时也是欧洲政治理念的一种输出，是欧盟加强国际影响力的一种现实手段。

三、地缘政治的重要性日益凸显

欧盟与太平洋岛国的关系主要是基于过去的殖民统治，法国在该地区都拥有领地，英国的政治制度和传统也影响深远，至今仍有许多国家是英联邦的成员国，甚至仍奉英国女王为国家元首。法国作为一个地区性大国，在该地区仍保留着重要的军事存在，并对该地区进行一系列外交交涉，现在越来越重视和澳大利亚的合作，也开始从事与太平洋岛国（如瓦努阿图）的合作。基于亚太地区日益凸显的地缘政治特征，欧盟成员国正在加强与太平洋岛国的官方接触。此外，许多欧盟成员国在该地区通过科学研究或者一些非政府组织（主要是环境或宗教）与当地进行接触，特别是英国、法国、德国、意大利和荷兰等国。

---

① *EU Relations with the Pacific Islands-A Strategy for a strengthened partnership*, Brussels, 29. 5. 2006. p. 6.

第二节 21 世纪欧盟对太平洋岛国援助的发展

进入21 世纪以来，欧盟进一步调整了与太平洋岛国的关系，增加了对其的官方援助。

一、欧盟对太平洋岛国援助的政策文件

（一）《科托努协定》

《科托努协定》作为欧盟对发展中国家开展官方援助的主要文件，为欧盟在对发展中国家进行官方援助制定了基本纲领和总体框架。在《科托努协定》中关于太平洋地区的部分，欧盟主要强调了以下 5 个方面：（1）加强政治维度；（2）发展公民社会、私营部门和其他非国家参与者；（3）减少贫困；（4）经济发展和贸易合作；（5）金融工具的合理化和规划制度。

（二）《欧盟与太平洋岛国关系——加强伙伴关系的战略》①

随着太平洋岛国制订的“太平洋计划”的出台，欧盟认为该计划为欧盟加强与该地区的合作提供了一个良好的发展前景，并就此做出积极的反应——制定了《欧盟与太平洋岛国关系——加强伙伴关系的战略》。

该政策文件的主体分为四个部分：对欧盟与太平洋岛国发展援助历史的简单回顾；欧盟对太平洋岛国进行官方援助的主要原因；欧盟制定加强伙伴关系的政策；对欧盟与太平洋岛国关系的总结。

该文件在第一部分指出，欧盟对太平洋岛国进行官方援助有长达30 年

---

① *EU Relations with the Pacific Islands-A Strategy for a strengthened partnership*, Brussels, 29. 5. 2006.

的历史，并认为在欧盟发展对太平洋岛国的官方援助过程中，双方的需要与政策是发展援助的重要动力。同时，该文件也指出，太平洋岛国论坛 2005 年制定的“太平洋计划”是欧盟加强与太平洋岛国伙伴关系的重要动力。第二部分，在欧盟对太平洋岛国进行官方援助的主要原因中，该文件指出欧盟对该地区的援助建立在该地区的需要以及欧盟的主要关切的基础上。第三部分，欧盟在制定加强与太平洋岛国的伙伴关系的政策中，与《科托努协定》有相似之处，但该政策更强调欧盟加强与太平洋岛国的政治对话、加强区域发展、加强援助的有效性（尤其是加强与澳大利亚和新西兰的合作）三个方面。在同时期对应的欧洲发展基金（第九期后两年、第十期以及正在实施的第十一期）的制定过程中，可以看出欧洲在制定基金的发展方向上符合本政策文件中强调的领域。在第四部分，文件对欧盟与太平洋岛国的发展做了简要的总结。

该文件的附录分为两部分，包括太平洋地区简述和欧洲与太平洋岛国关系的简述。第一部分分为 5 个要点：（1）对该地区的主要国家（澳大利亚和新西兰）的简介；（2）日益重要的政治全球化和经济全球化对该地区的影响；（3）该地区发展所面临的重要挑战；（4）该地区合作趋势加强；（5）澳大利亚、新西兰、美国、日本、中国以及台湾地区等该地区的主要合作伙伴与该地区的关系简介。在第二部分，该文件强调了欧洲与太平洋岛国的历史联系以及双方发展合作关系的现状及所面临的挑战。

二、欧盟对太平洋岛国援助的地域分布

欧盟是对太平洋岛国提供官方援助范围最广的国际行为体，其援助范围涵盖了 14 个太平洋岛国。然而基于欧盟与太平洋岛国关系的不同类别以及欧盟优先发展援助的领域的不同，欧盟对太平洋岛国提供的官方援助仍有些许差别。根据经济合作与发展组织提供的官方数据，2001—2014 年间，欧盟向太平洋岛国共提供了 865. 32 百万美元（参见表 6—1）。

表 6—1　21 世纪初欧盟对太平洋岛国的官方援助（2001—2014）（单位：百万美元）

	2001	2002	2003	2004	2005	2006	2007	2008	2009	2010	2011	2012	2013	2014	合计
库克群岛			0. 58	1. 19		1. 08	0. 37	0. 06	0. 3	0. 11	1. 63	0. 73	0. 4	1. 33	7. 78
斐济	0. 85	0. 98	4. 03	21. 98	19. 79	8. 98	10. 74	6. 03	12. 8	6. 23	7. 24	7. 63	12. 87	9. 28	129. 34
基里巴斯	0. 37	0. 86	2. 74	3. 76	4. 39	5. 09	3. 85	6. 22	1. 94	0. 79	3. 66	2. 53	3. 72	6. 88	46. 8
马绍尔群岛						0. 04	1. 41	1. 71	1. 4	0. 55	0. 09	0. 12	0. 3	0. 77	6. 39
密克罗尼西亚						0. 07	0. 69	4. 29	1. 65	0. 5	1. 66	0. 07	0. 91	0. 52	10. 36
瑙鲁						0. 02	0. 24	1. 52	0. 91	1. 09	0. 1	1. 39	1. 13	1. 13	7. 53
纽埃					0. 62	0. 15	0. 48	1. 6	0. 34	1. 12	0. 98	0. 62	0. 54	0. 78	7. 23
帕劳						0. 02	0. 33	1. 28	0. 59	0. 69	0. 07		0. 05	0. 01	3. 04
巴布亚新几内亚	12. 37	12. 08	8. 97	12. 73	16. 42	20. 41	24. 13	25. 44	32. 39	50. 06	19. 87	15. 59	8. 01	14. 4	272. 87
萨摩亚	10. 16	6	1. 7	2. 14	3. 08	4. 01	2. 51	10. 22	8. 97	11. 42	21. 92	9. 11	4. 35	8. 65	104. 24
所罗门群岛	31. 73	4. 25	4. 99	3. 27	22. 84	20. 19	3. 22	7. 19	3. 67	24. 97	5. 96	12. 66	8. 39	6. 35	159. 68
汤加	0. 22	0. 71	2. 55	4. 15	3. 28	1. 06	0. 27	0. 81	0. 76	1. 62	9. 06	0. 78	0. 66	5. 25	31. 18
图瓦卢	1. 27	0. 32		2. 53	2. 86	1. 31	1. 41	0. 32	0. 41	0. 24	4. 77	0. 82	2. 53	1. 61	20. 4

续表

	2001	2002	2003	2004	2005	2006	2007	2008	2009	2010	2011	2012	2013	2014	合计
瓦努阿图	4. 44	4. 2	4. 22	3. 24	6. 04	7. 92	5. 08	4. 1	2. 78	2. 05	2. 86	5. 21	5. 04	1. 3	58. 48
总计	61. 41	29. 4	29. 78	54. 9	79. 32	70. 35	54. 73	70. 79	68. 91	101. 44	79. 87	57. 26	48. 9	58. 26	865. 32

资料来源：根据 OECD statistics http：//stats. oecd. org/# 翻译制作。

根据表 6—1 所示，太平洋 14 个岛国在 2001—2014 年这 14 年间，共收到欧盟提供的 865. 32 百万美元，虽然绝对值并不是十分大，但考虑到太平洋岛国的人口密度，这一数值仍然非常可观。按照金额从高到低的排列，依次是：（1）巴布亚新几内亚为 272. 87 百万美元；（2）所罗门群岛为 159. 68 百万美元；（3）斐济为 129. 34 百万美元；（4）萨摩亚为 104. 24 百万美元；（5）瓦努阿图为 58. 48 百万美元；（6）基里巴斯为 46. 8 百万美元；（7）汤加为 31. 18 百万美元；（8）图瓦卢为 20. 4 百万美元；（9）密克罗尼西亚为 10. 36 百万美元；（10）库克群岛为 7. 78 百万美元；（11）瑙鲁为 7. 53 百万美元；（12）纽埃为 7. 23 百万美元；（13）马绍尔群岛为 6. 39 百万美元；（14）帕劳为 3. 04 百万美元。

从受援国接受援助资金的排名来看，受到欧盟国家重视的国家主要为：（1）英联邦国家或历史上与英、法等国有密切往来的国家，如巴布亚新几内亚、所罗门群岛、斐济、萨摩亚、基里巴斯、汤加及图瓦卢、瓦努阿图（历史上与英法关系紧密）；（2）较不发达或最不发达的国家，如巴布亚新几内亚、所罗门群岛、萨摩亚、基里巴斯、汤加及图瓦卢；（3）资源丰富的国家，如巴布亚新几内亚，该国森林资源丰富，热带原始森林覆盖面积达 3600 万公顷，约占国土面积的 77%，林木总蓄积量约 29 亿立方米，可采蓄积量为 5 亿立方米。[①] 萨摩亚、所罗门群岛、汤加和瓦努阿图，这些国家

① 中国驻巴布亚新几内亚大使馆经济商务参赞处：《对外投资合作国别（地区）指南——巴布亚新几内亚》，商务部出版社 2013 年版，第 2—3 页。

大多面临森林过度采伐所带来的环境困境，其中基里巴斯拥有世界上最大的海洋保护区，但受全球气候变暖影响，导致海平面上升可能会被淹没。

三、欧盟对太平洋岛国援助的重点领域

（一）区域一体化与经济发展

“太平洋计划”的制订为欧盟加强与该地区合作提供了一个良好的背景，作为对“太平洋计划”的回应，2006 年欧盟决定与太平洋地区的国家加强战略伙伴关系。① 欧盟委员会采取政策和财政支持并举的方式，推动欧盟加强与该地区国家合作的战略实施。欧盟委员会采取的措施是：（1）增加对太平洋地区和国家的发展援助；（2）通过参与年度论坛会议以及部长级会议，加强欧盟与大洋洲国家的政治对话，对话涵盖地区安全和治理、经济稳定增长、国际贸易、环境、气候变化等议题。（3）与澳大利亚和新西兰进行三边对话，包括该地区的和平与安全、气候变化、贸易援助、能源等议题。

欧盟对太平洋岛国的援助从欧洲发展基金第九期向第十期过渡期间（2008—2013 年）开始增加。2008 年签署的第十期欧洲发展基金区域和国家项目提供了 475.3 百万欧元，相比于第九期欧洲发展基金增长了 60%。第十期欧洲发展基金用于区域经济一体化的部分为 45 百万欧元，另外为了帮助太平洋岛国应对金融危机，提供了额外的 27.7 百万欧元。② 在第十一期欧洲发展基金计划（2014—2020 年）中，欧盟仍将区域经济一体化作为优先援助领域，并提供了 50 百万欧元的支持，主要用于以下方面：（1）加强区域贸易和商业环境，包括贸易便利化方面的改进和对私营部门监管框架的改进。这将促进国家贸易政策和出口战略与区域目标一致，促进区域一体化。贸易便利化将减少成本，增加贸易，有助于改善投资环境。对私营部门监管框架的改进也将有助于加强企业和政府之间的相互作用，促

---

① http：//europa. eu/rapid/press-release_ MEMO－10－360_ en. htm.

② Ibid.

使经营成本降低和提高竞争力。（2）加强私营部门参与经济一体化。加强私营部门作为合作伙伴的需求，目的在于促进出口，确保扶贫、绿色增长和增加就业机会。传统行业的企业将通过培训、支持技术援助和融资的渠道进行援助支持。[①] 在区域发展和一体化的进程中，基础设施建设显得尤为重要。然而该地区经济技术水平落后，基础设施的大量资金投入和技术需求离不开国际投资合作伙伴的援助。欧盟提供46百万欧元的赠款，用于确保私营部门或公私部门进行有效合作，以发展当地的基础设施建设。[②] 支持私营部门发展可以促进经济的可持续发展，并促使经济效益外溢作用于社会或国家层面。

（二）维持生物多样性与应对气候变化

长久以来，环境问题一直是欧盟对太平洋岛国进行援助的重点领域。气候变化问题已经严重影响到太平洋地区的居民，如太平洋海平面上升导致岛屿被淹没，海水侵入地表引起淡水供应紧张等一系列变化。这些都在影响岛国居民的正常生活和维持生计的活动，如狩猎、捕鱼，并且影响着岛国的基础设施、食品和住房的可用性。此外，岛国受表层和次表层海水温度变化的影响，海洋酸化和珊瑚白化，虫害和传染性疾病也有所增加。气候变化将进一步恶化这个地区本来就十分脆弱的生态发展。第十期欧洲发展基金（2008—2013 年）为该地区提供 45 百万欧元的经济援助用于维持自然资源的可持续管理以及应对气候变化。[③] 另外，欧盟委员会通过全球气候变化联盟（GCCA）批准了 4 个气候项目，资金共为 20. 4 百万欧元。[④] 同时，欧盟根据岛国需要为其提供环境方面的支持。例如，欧盟为基里巴斯提供6. 8 百万欧元用于升级现有的水利基础设施，同时对当地进行水电地质评估，结合当地的环境卫生条件与当地进行协商，以安装水泵

---

① European Union-The Pacific Islands Forum Secretariat Pacific Regional Indicative Program for the period 2014 – 2020. p. 4.

② Ibid. , p. 11.

③ http: //europa. eu/rapid/press-release_ MEMO – 10 – 360_ en. htm.

④ http: //eeas. europa. eu/delegations/new _ zealand/press _ corner/all _ news/news/2012/20120613_ pacificislands. htm.

和卫生基础设施，家庭获得改善水源的比例从 2013 年的 53% 升到 75%。① 第十一期欧盟发展基金（2014—2020 年）仍把自然环境的可持续保护和垃圾处理作为欧洲对太平洋岛国提供援助的优先发展领域，欧盟将为岛国提供 52 百万欧元的资金支持。这些资金将用于：（1）提高海洋和珊瑚的可持续管理所带来的经济、社会和环境效益，并使用基于生态系统的管理方法；（2）提高可持续发展管理，减少浪费和污染；（3）加强太平洋岛国管理海洋和沿海资源的能力。②

（三）政府治理与保障人权

从 20 世纪 90 年代开始，欧盟在对外援助中逐渐加入了政治条款，如政府有效治理及尊重人权等。进入 21 世纪，欧盟通过《科托努协定》把这些政治条款法律化、规范化。在对太平洋岛国的援助中，欧盟同样强调政府治理的重要性。欧盟指出，将与其他捐助者进行合作，继续为太平洋岛国的民主化提供支持。③ 在第十一期欧洲发展基金中，包容性和负责任的治理以及对人权的尊重是欧盟对太平洋岛国进行援助的第三个重点领域，欧盟为此提供 18 百万欧元的资金支持。这部分资金主要用于国家级别和地区各个级别的政府治理方面（特别是公共财政管理和统计），并充分考虑其他相关问题。④ 在政府治理及尊重人权方面提供必要的技术支持，其中，如性别平等被认为是实现可持续发展的一个关键性问题。强调通过性别平等政策响应加强政府治理的需要，提高妇女参与发展的各个领域。⑤

从欧盟对太平洋岛国援助的优先领域来看，区域经济一体化和维护生物多样性、应对气候变化是欧盟对太平洋岛国援助的重点区域，而政府治

① http：//eeas. europa. eu/delegations/new_ zealand/documents/press_ corner/news/20120613_ mediarelease_ pacificislands. pdf.

② European Union-The Pacific Islands Forum Secretariat Pacific Regional Indicative Programme for the period 2014 – 2020. p. 4.

③ EU Relations with the Pacific Islands-A Strategy for A strengthen partnership. brussels, 29. 5. 2. 2006 p. 6.

④ European Union-The Pacific Islands Forum Secretariat Pacific Regional Indicative Programme for the period 2014 – 2020. p4

⑤ Ibid. , p. 12.

理和尊重人权是欧盟对前两个领域的辅助政策，可通过有效的治理和发挥公民的能动性来确保前两个优先领域的有效实施。

第三节　欧洲主要国家——英、法对太平洋岛国的援助

英、法两国是欧洲国家中对外提供官方发展援助较多的国家，加之两国与太平洋岛国有着千丝万缕的历史联系，它们成为对太平洋岛国提供官方援助最多的国家。

一、英国对太平洋岛国官方援助

在太平洋岛国中，绝大部分是英联邦国家。然而，英国长期以来并没有对太平洋岛国给予过多的关注。直至2006年，英国增加了对该地区的关注，并逐年提高了对该地区的经济援助，2006—2014年间向该地区共提供了23.71百万美元（参见表6—2）。

表6—2　21世纪初英国对太平洋岛国的官方援助

（2001—2014年）（位：百万美元）

	2001	2002	2003	2004	2005	2006	2007	2008	2009	2010	2011	2012	2013	2014	合计
斐济						0.5	0.64	0.75	0.58	0.53	0.21	1.06	1.49	1.79	7.55
基里巴斯						0.09	0.07	0.03	0.03	0.06	0.03	0.03	0.02	0.03	0.39
马绍尔群岛											0.01	0.01	0		0.02

续表

	2001	2002	2003	2004	2005	2006	2007	2008	2009	2010	2011	2012	2013	2014	合计
纽埃										0. 01				0. 02	0. 03
帕劳								0. 1		0. 02					0. 12
巴布亚新几内亚						−0. 42	0. 96	1. 07	0. 98	1. 03	−0. 32	2. 1	1. 6	1. 81	8. 81
萨摩亚								0. 2	0. 18	0. 23	0. 41		0. 27		1. 29
所罗门群岛						0. 17	0. 27	0. 25	0. 23	0. 22	0. 19	0. 36	0. 67	1. 29	3. 65
汤加								0. 5	0. 01	0. 15	0. 03	0. 03	0. 03	0. 01	0. 76
图瓦卢										0. 04	0. 05	0. 03			0. 12
瓦努阿图						0. 04	0. 04	0. 09	0. 1	0. 09	0. 11	0. 03	0. 09	0. 02	0. 61
合计						0. 74	1. 98	2. 99	2. 11	2. 38	0. 72	3. 65	4. 17	4. 97	23. 71

资料来源：根据 OECD statistics，http：//stats. oecd. org/翻译制作。

根据表 6—2 所示，从 2000 年至 2014 年的 14 年间，英国共向太平洋岛国提供官方援助 23. 71 百万美元。按援助金额从高到低排列受援国家依次为：（1）巴布亚新几内亚：8. 81 百万美元；（2）斐济：7. 55 百万美元；（3）所罗门群岛：3. 65 百万美元；（4）萨摩亚：1. 29 百万美元；（5）汤加：0. 76 百万美元；（6）瓦努阿图：0. 61 百万美元；（7）基里巴斯：0. 39 百万美元；（8）帕劳、图瓦卢：各 0. 12 百万美元；（9）纽埃：0. 03 百万美元；（10）马绍尔群岛：0. 02 百万美元。

二、英国对太平洋岛国提供援助的领域

从英国援助资金的部门流向来看，其对太平洋岛国的援助分布在教育、健康、公共管理、环保、人道主义援助、援助国的财政开支等6个部门（参见表6—3）。

表6—3　英国对太平洋岛国提供官方援助的重点部门
（以2014年为例）（单位：百万美元）

	库克群岛	斐济	基里巴斯	巴布亚新几内亚	所罗门群岛	汤加	瓦努阿图	总计
教育		0.150		0.110	0.045	0.012		0.317
健康				0.859				0.859
公共管理		0.036	0.08	0.160	0.035			0.311
环保		0.162		0.135				0.297
人道主义援助					0.494			0.494
援助国的财政开支		1.440	0.021	0.543	0.717		0.020	2.741
总计		1.788	0.101	1.807	1.291	0.012	0.020	4.97

资料来源：根据OECD statistics，http：//stats. oecd. org/翻译制作。

根据表6—3所示，2014年英国向太平洋岛国的援助主要集中在财政开支方面，总额为接近60%，其他方面较小，如2.741百万美元，在健康方面提供0.859百万美元，在人道主义援助方面提供0.494百万美元，在教育方面提供0.317百万美元，在政府方面提供0.311百万美元，在环保方面提供0.297百万美元，共计5.019百万美元。

三、法国对太平洋岛国官方援助

随着法国在印度支那殖民势力的被迫退出，太平洋岛国一直是法国维持自身在远东太平洋地区影响力的重要支点。法国一直对该地区提供较多的经济援助，在2001—2014年间，共为太平洋岛国提供了88.1百万美元

的官方援助（参见表6—4）。

表 6—4　21 世纪初法国对太平洋岛国的官方援助
（2001—2014 年）（单位：百万美元）

	2001	2002	2003	2004	2005	2006	2007	2008	2009	2010	2011	2012	2013	2014	总计
库克群岛				-0.11	-0.11	-0.11	-0.12	-0.09	-0.16	-0.12	-0.12	-0.08	-0.1	-0.08	-1.2
斐济	0.61	0.75	0.83	1.72	1.02	1.29	1.11	0.97	-0.68	0.97	0.78	0.89	0.83	0.8	11.89
基里巴斯		0.06	0.04	0.04											0.14
马绍尔群岛					0.01		0.01								0.02
密克罗尼西亚		0.01	0.02	0.01									0.02		0.06
瑙鲁			0.01	0.01											0.02
纽埃		0.06		0.68											0.74
巴布亚新几内亚	0.34	0.6	0.26	0.24	0.12	0.09	0.05	-0.06	0.13	0.16	0.11	0.22	0.16	0.26	2.68
萨摩亚	-0.02	0.18	0.01		0.02	-0.01	0.04	0.05	-0.01	-0.03	0.22	-0.01		0.02	0.46
所罗门群岛	-0.37	-0.01	-0.02	-0.21	-0.6	0.03	0.03	0.02			0.54	0.03		0.01	-0.55
汤加	-0.07	0.02	-0.05	-0.05	-0.07	-0.07	-0.08	-0.08	-0.08	0.05			0.09	0.18	-0.21

续表

	2001	2002	2003	2004	2005	2006	2007	2008	2009	2010	2011	2012	2013	2014	总计
图瓦卢			0.04		0.07										0.11
瓦努阿图	6	5.54	4.14	5.51	4	5.14	10.54	11.07	6.14	3.56	2.16	2.83	3.57	3.74	73.94
总计	6.49	7.21	5.28	7.84	4.46	6.36	11.58	11.88	5.34	4.59	3.69	3.88	4.57	4.93	88.1

资料来源：根据 OECD statistics，http：//stats. oecd. org/翻译制作。

根据表 6—4 所示，从 2001 年至 2014 年的 14 年间，法国共向太平洋岛国提供官方援助 88.1 百万美元。按照援助金额从高到低排列依次为：（1）瓦努阿图：73.94 百万美元；（2）斐济：11.89 百万美元；（3）巴布亚新几内亚：2.68 百万美元；（4）纽埃：0.74 百万美元；（5）萨摩亚：0.46 百万美元；（6）基里巴斯：0.14 百万美元；（7）图瓦卢：0.11 百万美元；（8）密克罗尼西亚：0.06 百万美元；（9）马绍尔群岛、瑙鲁：各 0.02 百万美元；（10）汤加：－0.21 百万美元；（11）所罗门群岛：－0.55百万美元；（12）库克群岛：－1.2 百万美元。

四、法国对太平洋岛国援助的领域

从法国援助资金的部门流向来看，主要集中在教育、健康、政府、其他社会建设、农林渔业、环保、其他多部门、人道主义援助、援助国的政府财政开支等 9 个部门（参见表 6—5）。

表 6—5　法国对太平洋岛国提供官方援助的重点部门（以 2014 年为例）（单位：百万美元）

	库克群岛	斐济	巴布亚新几内亚	萨摩亚	所罗门群岛	汤加	图瓦卢	瓦努阿图	总计
教育	0.003	0.123	0.034	0.020	0.012	0.024		2.363	2.579

续表

	库克群岛	斐济	巴布亚新几内亚	萨摩亚	所罗门群岛	汤加	图瓦卢	瓦努阿图	总计
健康								0.005	0.005
公共管理								0.073	0.073
其他社会建设		0.318	0.011					0.113	0.442
农业森林渔业								0.577	0.577
环保		0.004	0.134			0.013		0.503	0.654
其他多部门	0.037	0.125				0.100		0.359	0.621
人道主义援助		0.066				0.040			0.106
受援国财政开支		0.168						0.331	0.499
总计	0.04	0.804	0.179	0.020	0.012	0.177		4.324	4.93

资料来源：根据 OECD statistics，http：//stats. oecd. org/翻译制作。

根据表6—5所示，在具体资金分配方面，2014年法国向太平洋岛国在教育方面提供的援助最多，为2.579百万美元，占总额的60%以上。其次，在环保方面提供0.654百万美元，在其他多部门提供0.621百万美元，在农林渔业方面提供0.577百万美元，在援助国的财政开支方面提供0.499百万美元，在其他社会建设方面提供0.442百万美元，在人道主义援助方面提供0.106百万美元，在公共管理方面提供0.073百万美元，在健康方面提供0.005百万美元，共计5.556百万美元。

五、英、法对太平洋岛国援助的比较

从英法两国对太平洋岛国提供官方援助的相关数据对比来看：（1）从总体金额来说，法国对太平洋岛国的援助远远超过英国。（2）从援助范围来看，英法两国对太平洋岛国的援助几乎都涵盖了大洋洲全部岛国。（3）英国对太平洋岛国提供援助金额的排序基本与欧盟提供的官方数据保持一致，重点仍然集中在英联邦国家或与英有密切交往历史的国家、较不发达或最不发达的国家、与气候变化相关的国家；而法国对太平洋岛国提供官方援助的重点国家相对集中，主要为瓦努阿图、斐济、巴布亚新几内亚。（4）英国自2006年起对太平洋岛国的援助呈螺旋上升的趋势，而法国则长期为太平洋岛国提供一定数量的官方援助。

随着近些年来亚太地区政治经济形势的发展，法国对太平洋地区高度重视，法国国内甚至出现对太平洋地区的研究热。太平洋岛国是法国维持自身在亚太地区影响的一个落脚点，法国长期对该地区提供经济援助，在20世纪后半叶一直是该地区的主要援助大国。以20世纪90年代为例，从1990年至1999年的10年间，法国共向大洋洲地区提供了7406百万美元，其中向其海外领地波利尼西亚提供3519.21百万美元，向新喀里多尼亚提供3569.17百万美元；另外法国在大洋洲地区至今仍保留海外地区（瓦利斯和富图纳群岛），并向其提供大量援助，于2001—2014年间向其提供1325.8百万美元。① 法国是除美国、日本、中国、澳大利亚、新西兰以外另一个在太平洋岛国地区有重要影响力的大国。而且，法国在处理该地区事务时基本都采取独立政策，在处理与斐济的关系方面表现得更为明显。自斐济2006年政变以来，美国、澳大利亚以及新西兰都想通过孤立的方式向其施加压力，而法国却对其更加友好。美国支持的“太平洋岛国论坛”于2006年中止了斐济的参会资格，而“美拉尼西亚先锋集团”为斐济提供了另一条出路，法国恰恰是该组织的支持者之一。法国加强了与斐济的贸易联系。②

从援助领域来看，英法两国在对太平洋岛国进行援助时存在交叉领域，如教育、环保、援助国的财政开支、人道主义援助、政府以及健康等6个部门。

相比之下，法国比英国援助的部门更多，除上述6个部门外，法国还对其他社会建设、农林渔业以及其他多部门进行援助。另外，英国在对太平洋岛国的援助中，援助国的财政开支是其援助重点，而法国则集中在教

---

① 数据均根据 OECD statistics，http：//stats. oecd. org/计算所得。

② 姜红：《法国在太平洋地区的力量不如小觑》，《中国社会科学报》2013年1月4日，第A03版，第1页。

育部门。

总之，欧盟及欧洲主要国家——英国和法国在向太平洋岛国提供援助时存在一定的共性与差异性，欧盟援助的重点领域相对集中，而英法两国援助的重点部门则有极大的互补性。总而言之，欧盟层面与其成员国层面共同构成了对太平洋岛国的官方援助，并在援助过程中相辅相成。

第七章

联合国开发计划署对太平洋岛国的援助

联合国开发计划署（UNDP）属于联合国框架下的一个重要的全球性多边援助机构，也是联合国发展系统中最大的多边援助机构。进入21世纪以后，该机构致力于运用技术援助手段加速太平洋岛国“2000年千年发展目标”以及“2030年可持续发展目标”的实现。UNDP在对太平洋岛国多年的援助过程中，形成了独特的援助机制、关注领域、援助特点及重点援助国家，其多边援助活动在太平洋岛国地区也产生了重要的影响。

第一节　联合国开发计划署对太平洋岛国的援助概况

UNDP对太平洋岛国的发展援助已经超过50年。新世纪以来，随着形势的变化与援助工作的推进，UNDP在太平洋岛国的多边发展援助也进行了细微的调整。本章主要分析援助情况，UNDP在太平洋岛国发展援助的运行机制、援助政策与援助领域的调整。

作为广泛分散在太平洋上的岛群，太平洋岛国经济基础薄弱，严重依赖外援；地理位置相对隔绝，面对气候变化、海平面上升和其他一系列灾害，极具脆弱性。UNDP 成立之初就开始了对太平洋岛国的多边发展援助，截至 2014 年，共有 15 个太平洋岛国和地区成为 UNDP 多边发展援助的受益对象。根据 OECD 的统计，从 2000 年至 2014 年的 15 年间，UNDP 对太平洋岛国的援助总额达到 86. 54 百万美元。按照援助金额由高到低排列，UNDP 对太平洋岛国的援助依次是：（1）巴布亚新几内亚，38. 37 百万美元；（2）斐济，19. 8 百万美元；（3）所罗门群岛，10. 56 百万美元；（4）萨摩亚，10. 02 百万美元；（5）汤加，2. 51 百万美元；（6）托克劳，1. 33 百万美元；（7）基里巴斯，1. 12 百万美元；（8）瓦努阿图，1. 05 百万美元；（9）图瓦卢，1. 09 百万美元；（10）库克群岛，0. 89 百万美元；（11）纽埃，0. 73 百万美元；（12）马绍尔群岛，0. 55 百万美元；（13）密克罗尼西亚，0. 37 百万美元；（14）帕劳，0. 21 百万美元；（15）瑙鲁，0. 1 百万美元（参见表 7—1）。

由表 7—1 可知，巴布亚新几内亚、斐济、所罗门群岛和萨摩亚是 UNDP 在太平洋岛国的重点援助国家。而且，自 21 世纪以来，巴新、斐济和萨摩亚三国是 UNDP 在该区域的发展援助从未中断的国家。其中，又以巴布亚新几内亚为重中之重，2000—2014 年，累计接受援助额达 38. 37 百万美元，约占 UNDP 在该区域总援助额的 44%。

表 7—1　2000—2014 年 UNDP 对太平洋岛国援助国别统计（单位：百万美元）

	2000	2001	2002	2003	2004	2005	2006	2007	2008	2009	2010	2011	2012	2013	2014	合计
库克群岛	0. 21	0. 13	0. 09	0. 09	—	—	0. 01	0. 11	—	0. 07	0. 06	0. 08	0. 04	—	—	0. 89
斐济	0. 28	0. 22	0. 14	0. 15	1. 43	2. 38	3. 23	2. 53	2. 3	3. 44	2. 79	0. 07	0. 28	0. 13	0. 43	19. 8
基里巴斯	0. 6	—	0. 11	—	—	—	—	—	—	—	—	0. 2	0. 14	0. 02	0. 15	1. 12
马绍尔群岛	0. 15	0. 11	0. 11	0. 08	—	—	—	—	—	—	—	0. 03	—	0. 04	0. 03	0. 55

续表

	2000	2001	2002	2003	2004	2005	2006	2007	2008	2009	2010	2011	2012	2013	2014	合计
密克罗尼西亚	0.22	0.02	0.03	—	—	—	—	—	—	—	—	0.08	—	0.02	—	0.37
瑙鲁	—	—	—	—	—	—	—	—	—	—	—	0.03	0.04	—	0.03	0.1
纽埃	0.18	0.05	0.08	0.03	—	—	—	0.25	—	0.07	0.01	0.03	0.02	—	0.01	0.73
帕劳	—	0.02	0.14	0.01	—	—	—	—	—	—	—	—	—	0.02	0.02	0.21
巴布亚新几内亚	3.02	0.52	2.41	1.17	2.73	2.61	2.27	2.41	3.71	4.92	4.11	2.71	2.19	2.02	1.57	38.37
萨摩亚	0.9	0.55	0.39	0.43	0.76	0.82	0.95	0.6	0.49	0.63	0.77	0.66	0.38	0.6	0.49	10.02
所罗门群岛	0.82	1.7	0.48	0.32	—	—	—	—	—	0.42	0.93	1.89	1.79	1.24	0.97	10.56
托克劳	0.12	0.11	0.14	0.16	—	—	0.15	0.31	—	0.17	01	0.01	0.01	—	0.05	1.33
汤加	0.18	0.02	0.18	0.03	—	—	—	—	—	—	—	0.19	0.13	0.02	0.18	2.51
图瓦卢	0.24	0.22	0.14	0.01	—	—	—	—	—	—	—	0.25	0.08	0.07	0.08	1.09
瓦努阿图	0.16	0.22	0.09	0.08	—	—	—	—	—	—	—	0.15	0.12	0.11	0.12	1.05
合计	7.08	3.89	4.53	2.56	4.92	5.81	6.61	6.21	6.5	9.72	8.77	6.38	5.22	4.23	4.11	86.54

注：作者根据 OECD 统计数据整理制作，数据仅为 UNDP 的支出，合作方的赠款部分不纳入计算范围。

第二节　联合国开发计划署对太平洋岛国援助的运行机制

UNDP 在太平洋岛国通常有两种形式的援助框架。一种是国家间援助计划，针对斐济的多国代表处和萨摩亚的多国代表处，分别统筹 10 个国家和 4 个国家的援助事务，因此需要协调国家间的资源分配与援助合作。一种是国别援助方案，参照联合国国别援助框架，方案通常包含对该岛国的国情分析、上阶段援助总结、重点领域计划、项目资金分配、援助效果评估等内容。

其次，UNDP 对太平洋岛国的多边援助实行分区管理。斐济、所罗门群岛、马绍尔群岛、基里巴斯、帕劳、瑙鲁、瓦努阿图、图瓦卢、汤加、萨摩亚 10 个岛国的援助由 UNDP 驻斐济的多国代表处负责管理。从太平洋岛国传统的划分来看，萨摩亚、纽埃、库克和托克劳同属波利尼西亚次区域，这些国家和地区在历史、经济和政治上有相似之处，因此 UNDP 在萨摩亚另设一个子代表处统筹这 4 个国家的援助事务。巴布亚新几内亚是 UNDP 援助最多的重点援助国，因此 UNDP 在巴新单独设立了一个代表处管理援助事务。

UNDP 对在太平洋岛国的援助项目实施定期和不定期的跟踪或检查，以便及时掌握项目的进程，了解项目投入是否及时到位、项目活动是否按期举行、项目目标和效果是否合理等。不定期的监督一般由 UNDP 和当地执行机构以及派遣的项目专家进行实地调查和走访；定期的监督则一般由评估和审计组成。

评估是客观公正、系统全面地对已经结束和正在进行的项目进行评估。UNDP 对太平洋岛国的援助评估通常由以下几个方面构成：（1）相关性，即太平洋岛国地区援助项目的设计是否能发挥预期的作用、是否与当地的环境和发展形势同步、前期的项目设计是否仍然合适；（2）项目执行情况，即项目是否在按进度执行、执行的质量与效果是否达到预期；（3）成功度，即援助项目产生了何种效果和影响、短期目标与中长期目标的实现情况。

UNDP 对太平洋发展援助的评估一般有内部评估和外部评估两种形式。内部评估由 UNDP 驻太平洋岛国各代表处在年度大会上，将一年来开展援助的情况和存在的问题做报告和交流。外部评估则是在每期援助项目终结的时候，邀请没有参与任何援助项目的外部专家，在了解项目文件、走访调查和采访负责执行的专业人员的基础上，对援助项目的进展和成果进行评估，评估报告在下一期的援助框架文件中予以呈现。而对于外部监督发现的问题，UNDP 必须做出相应的整改或提出整改意见，同样在下一期的援助框架文件中予以呈现。外部监督的展开为 UNDP 对太平洋岛国的援助落到实处发挥了重要作用。

第三节　联合国开发计划署对太平洋岛国援助的实施

由于太平洋区域岛国林立，每个国家需要解决的问题有共性也有特性。依据各岛国的国情特征，UNDP 的援助项目在细分到国家层面的时候就出现了向不同领域倾斜的情况。

一、UNDP 驻斐济多国代表处

UNDP 在太平洋岛国的援助，倡导利用知识、经验和资源，与各国政府和人民合作，解决国家发展及全球性问题。斐济多国代表处统筹包括斐济在内的 10 个太平洋岛国的援助事务，其援助宗旨强调 UNDP 将致力于在国家层面协调联合国行动并提供“加速实现千年发展目标”、“包容性增长和减贫”、“政治经济治理”、“性别平等”、“环境管理”、“气候变化”以及“灾害风险管理”等领域的直接政策建议，以此支持太平洋岛国的发展。此外，它还负责与10个国家的政府部门、社区、民间社会组织、私营部门、学术团体、媒体、捐助者和利益相关者在项目执行和政策对话的过程保持联络。

从援助项目支出额的差异来看，UNDP对不同国家的援助力度不同。以图7—1提供的数据来看，斐济多国代表处中援助项目实际支出金额最大的是斐济，其次是所罗门群岛和图瓦卢，这三个岛国的实际支出金额占了总支出金额的约87%。

从援助项目数量来看，2014年最多的是斐济（39个），其他的依次是所罗门群岛（19个）、图瓦卢（5个）、帕劳（5个）、瓦努阿图（5个）、基里巴斯（5个）、汤加（5个）、瑙鲁（4个）、马绍尔群岛（3个）。此外，不同国家之间UNDP项目的赠款数额和资金类型也有较大差别。

从资金在项目中的分配来看，UNDP在不同国家有不同的援助重点，但关注的领域大致相同。如图7—1显示，从2014年UNDP在斐济代表处10个岛国援助项目的资金分配情况来看，UNDP在这10个国家的援助项目都集中在“民主政治”、“包容性和可持续性增长”、“南南合作”、“发展效益”、

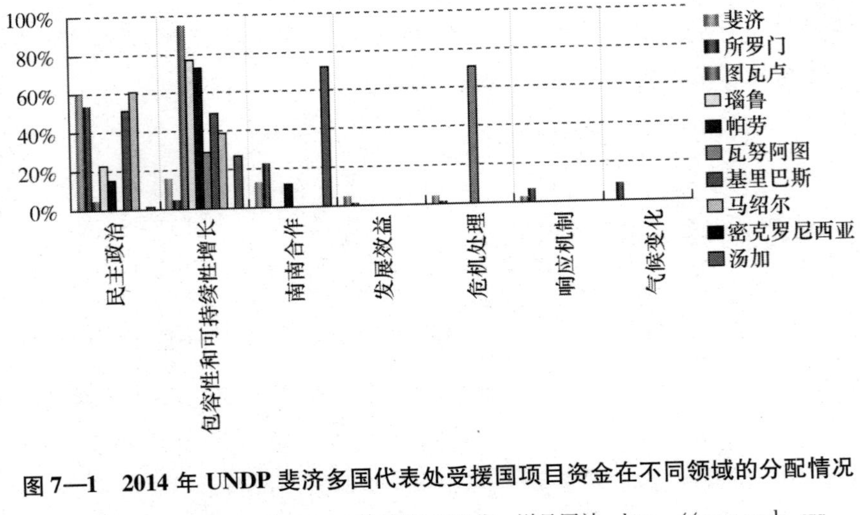

图7—1　2014年UNDP斐济多国代表处受援国项目资金在不同领域的分配情况

注：作者根据UNDP项目数据库官网数据整理制作，详见网站：http：//open. undp. org。

“危机处理”、“响应机制”以及“气候变化与自然灾害”领域。虽然关注的领域大致相同，但是在具体的资金分布上却存在较大差异。

UNDP 试图通过加强斐济多国代表处 10 个岛国的民主政治机制，帮助这些国家实现长期的经济和社会可持续发展，以建立一个对基层人民和边缘群体来说更为公平的公共资源分配机制。自 2003 年以来，UNDP 每年都向 10 个岛国的国家议会提供资金援助，为议员们提供有针对性的培训，以培养他们有效履行财政、监督、立法的能力。在斐济、萨摩亚和瓦努阿图，青年参与政治的意识和能力正在提升。在所罗门群岛 2013 年青年论坛中，青年代表们关于气候变化对低洼岛国的影响的建议被纳入国家政策。中断 20 年之久的斐济全国青年委员会在 UNDP 的援助下重建，并在 2014 年斐济大选之后投入运营。UNDP 在太平洋岛国地区广泛开展各级政府的能力建设，其中在所罗门群岛援助筹建的省级政府能力发展基金已经在 2012 年投入运作，为增加当地的教育医疗服务提供资金支持。

长期以来，太平洋岛国经济发展速度慢，普遍处于高度贫困当中，减贫既是千年发展目标的要求，也是可持续发展目标的要求。包容性和可持续性增长主题的援助项目旨在增加岛国经济社会发展的主动性，真正实现减贫脱贫。21 世纪以来，在 UNDP 的援助下，10 个太平洋岛国都制定了国家千年发展目标报告。斐济、瑙鲁、所罗门群岛、汤加、图瓦卢和瓦努阿图已经将实现千年发展目标纳入国家发展规划当中。斐济、汤加和图瓦卢改善并加强了数据系统，图瓦卢还在社区层面将弱势群体纳入监测系统。所罗门群岛为了提高信息的收集、跟踪、分析和规划，在 2012 年建立了发展援助数据库，以便更好地服务于发展基金。通过 UNDP 在瓦努阿图的政策支持，2012 年一个针对农村地区国家的贸易政策得以确立，该政策致力于将瓦努阿图农村融入地区贸易与全球贸易。图瓦卢和基里巴斯在 UNDP 的帮助下进行了贸易政策的可行性探讨，为确保扶贫政策和包容的贸易政策的发展奠定了良好的基础。

在环境与能源领域，UNDP 与太平洋岛国共同致力于完善可持续发展的法律制度框架，以填补环境立法的空白。同时，在应对和缓解气候变化、保护生物多样性、减少土地退化、确保有效和公平的水资源管理、提供卫生服务、实施固体废物管理计划、增加电力供应、建设可持续交通以及在国家和社区层面提供清洁能源等方面，UNDP 也提供持续的援助。2009 年、2010 年所罗门群岛海啸和洪水之后，UNDP 援助所罗门群岛建立国家灾难管理办公室，以应对灾后重建事务。2009—2012 年，斐济、汤加多次遭受飓风和洪水袭击，UNDP 援助两国社区建立应急机制。在 UNDP 的支持下，帕劳国家银行于 2011 年成立了一个可再生能源基金窗口，赋予发展可再生能源更大的空间；在立法工作中，斐济、马绍尔群岛、瑙鲁、汤加和图瓦卢将气候变化政策框架纳入国家灾害风险管理机制。通过 UNDP 的技术指导，图瓦卢新增加 800 公升储水能力，4 个岛屿的约全国 35% 的人口获益。

另外，性别平等也是千年发展目标重要的一环。UNDP 在太平洋 10 国的援助工作中将对性别平等的援助分散到民主政治和环境与能源领域的具体项目当中，以确保女性在国家部门、地方政府、社区机构、司法机关、公民社区组织以及私营部门中能平等地参与公共对话、影响决策等。2009—2010 年，在汤加、所罗门群岛的灾后重建计划实施过程中，女性在危机处理中平等参与决策、灾害前后不同人群对性别敏感的反应，已经在社群层面和政策层面得到重视。在汤加海啸之后，纽阿托普塔岛的妇女通过生产和销售传统手工艺品促进了当地经济的复苏，UNDP 与汤加国家妇女组织合作，在现金支付薪酬项目中支持了当地 60% 的女性。2010 年 UNDP 在斐济克罗村援助的生物燃料照明项目，给当地男性提供了就业机会，以生产能产生经济收益的传统手工制品。

UNDP 在斐济多国代表处 10 个太平洋岛国众多的援助项目，给当地社会带来了各方面的影响，若单从资金投入和完成项目的数量来说，UNDP 的多边发展援助显然微不足道，但这些参数难以正确评估技术援助给当地带来的变化。通过 UNDP 在斐济多国代表处 10 个太平洋岛国援助项目参与者、岛国政府官员、媒体对援助项目的一些评价，可以对 UNDP 在这些岛国的援助绩效进行一些评估。

表 7—2　部分 UNDP 斐济多国援助项目评价

项目评价者	评价内容	相关项目	时间
Honourable Tangariki Reete（基里巴斯议会 4 位女性议员之一）	“这是我第一次被任命为 PAC 的主席，我所学习的东西将运用到我的工作当中。在基里巴斯，让女性寻求进步有更为重要的意义。”	UNDP 2009—2012 年基里巴斯议会援助项目	2012
Anare Drauna（斐济卡考德罗韦省省长助理）	“SiSi 团队的获奖为造福 Natewa 和 Tunuloa 打开了大门，因为 SiSi 不仅将这两个社区出现在了全球地图上，还将斐济联为一个整体。”	UNDP 与 GEF 小额赠款计划①	2013
Fred Maeliau（所罗门 Fa’alu 小学老师、Fa’alu SWoCk 委员会成员）	“我们对这项农业新技术的前景非常看好，这项农业技术的成果最终将满足我们对粮食安全问题的需要。”	UNDP 与京都适应基金 SWoCK 项目②	2013
Brett Aldam（澳大利亚驻汤加高级专员）	“这个项目重点支持汤加议会和政府履行促进汤加可持续发展的责任，澳大利亚非常愿意与 UNDP 合作共同支持该项目。”	UNDP 汤加政府治理强化计划③	2013
Lela Largie（图瓦卢 Tefea 省 Aniwa 社区 Mamas 合作社经理）	“过去家庭农作物和海产只用于维持基本生存，如今我们有一个中心出售我们的农作物和海产品，这让我们的社区有充足的食物，并在更大程度上创造经济效益并维持生活。我们现在有 40 个注册会员，将来会有更多感兴趣的人加入。我们要真诚地感谢 UNDP 和其他合作伙伴对我们的支持，使我们的梦想成真。”	UNDP、UNICEF、FAO 瓦努阿图社区恢复项目 ④	2015

① SiSi 倡议计划由 GEF 和 UNDP 小额赠款计划资助，旨在保护 Natewa、Turuloa 半岛重要的鸟类和野生动物。

② SWoCK 项目是由京都适应基金在 2010—2014 年期间提供 550 万美元资金，由 UNDP 和所罗门群岛农业部、牲牧业部门和环境部门、灾害管理部门执行的援助项目。除了气候适应作物的引入和农业系统的加强外，该项目还支持一系列其他可行的适应措施，如适应气候变化的土地利用规划、气候预警信息系统、农业食品储存、国家土壤退化评估机制、食品加工和存储技术等。

③ UNDP 汤加政府治理强化计划旨在提高汤加议会选举委员会和公民社会治理的有效性，建立社区对他们的角色的理解。

④ 瓦努阿图社区恢复项目的目标是建立和加强瓦努阿图人民抵抗自然灾害不利影响的能力，UNDP 负责减少灾害风险、适应气候变化，而 UNICEF 和 FAO 负责水和卫生设施及改善食品安全。

续表

项目评价者	评价内容	相关项目	时间
Peter Moran（瓦努阿图 Camp Shining Light 锯木营队长）	“我非常感激能收到足够的木材重建我的家园，为了在项目中获得更多自主权，我们应尽可能多地参与这个项目。”	UNDP 帕姆飓风灾后重建与废弃物管理计划①	2015
Rachel Waidabu（瑙鲁 21 岁的单亲母亲、杂货店店主，在培训之前没有工作，靠大家庭援助） Frauline Limen（瑙鲁裁缝）	“我非常努力写我的商业计划书，我也觉得非常幸运这个培训为我提供了机会，现在我的生意足以为我女儿提供一日三餐。” “这个培训帮助我进行自我评估并教我如何负责任地花钱以经营我的生意，在这个计划的协助下，我打算扩展我的工作室以吸引更多的顾客。”	UNDP、AusAid 瑙鲁创业发展计划②	—

注：根据 UNDP 驻斐济多国办公室新闻中心资料整理。

资料来源：http：//www. fj. undp. org/content/fiji/en/home/presscenter.

表 7—2 所列的 UNDP 在该代表处的援助项目涉及民主政治、环境与气候、包容性增长以及性别平等多个领域，评价的主体包括援助项目的执行者、受益者、当地政府官员以及域内其他援助方。虽然从调查的数量和范围来看，表中评价并不足以判断 UNDP 在太平洋岛国的援助绩效，但这些评价从侧面反映出，UNDP 的援助项目的确给当地带来了积极的影响，也得到了国际社会一定的认可。

二、UNDP 驻萨摩亚多国代表处

萨摩亚多国代表处始设于 1979 年 7 月 1 日，覆盖了包括库克群岛、纽埃、托克劳及萨摩亚群岛在内的 4 个国家和地区，UNDP 在该区域的援助机制遵循

① Shining Light 锯木营是 UNDP 帕姆飓风灾后重建与废弃物管理计划的一环，旨在帮助当地受灾群众利用被飓风刮倒的树木重建被摧毁的房屋，往年的做法一般是焚烧这些废弃的树木。

② UNDP、AusAid 以及瑙鲁政府联合举办的瑙鲁创业发展计划以企业资源中心的方式为瑙鲁当地人提供技能、创业、商业等的培训，帮助他们获得经济收入，提高生活水平。

联合国波利尼西亚次区域援助框架。UNDP 在该区域的援助宗旨强调“为太平洋地区人民的生活做出改变”，援助领域集中在减贫、民主治理、灾害风险管理、环境与能源、女性权利等。

太平洋岛国是世界上最不发达的地区之一，尽管国际社会在过去的 30 年里投入了大量资源进行建设，该地区的经济和社会进展仍旧缓慢和不平衡。库克群岛、纽埃岛、萨摩亚和托克劳的发展受到国土面积小、国内市场小、远离国外市场、生活成本高、缺乏自然资源、自然灾害频繁、基础设施不足和人力资源匮乏等不利因素的影响，千年发展目标的实现进度并不理想。

尽管同属波利尼西亚区域，四国的政治形势却有不同。国体上，萨摩亚是一个独立的国家；库克群岛和纽埃与新西兰是自由联系国；托克劳则是一个由新西兰托管的非自治地区。在政治治理的效率上，库克群岛、纽埃岛因政府选举而处在间歇性的变化之中，萨摩亚和托克劳则相对稳定。

性别不平等在这 4 个国家也很常见，对女性的性暴力、家庭暴力普遍存在，女性在政府及公共决策当中没有参与权与影响力。没有可靠的数据表明 4 个国家 HIV 的感染率，然而许多潜在因素很容易引起该问题的爆发。

自然灾害尤其是飓风对这 4 个国家存在几乎是毁灭性的影响。2004 年，飓风 Heta 对纽埃岛造成了严重的破坏，经济损失约 7000 万美元。2005 年，5 个飓风给库克群岛、萨摩亚和托克劳造成价值约 200 万美元的基础设施损失。四国同样面临气候变化、海平面上升、海洋资源破坏等一系列环境问题。

从 UNDP 核心资源的分配来看，21 世纪以来，在该代表处 4 个受援岛国当中，萨摩亚获得了 UNDP 相对较高的资金支持。从援助项目数量来看，萨摩亚每年平均约有 20 个项目以上，远远多于库克、纽埃和托克劳。从 UNDP 在 4 个受援国的援助项目获得的合作伙伴赠款来看，萨摩亚也具有绝对优势。由于 UNDP 对库克群岛、纽埃和托克劳的援助金少、项目设置少，因此本章不做特别探讨，只对 UNDP 在萨摩亚的援助活动进行一些观察。

第一，UNDP 在萨摩亚援助框架的制定充分考虑了萨摩亚政府的发展规划。据 UNDP 援助框架资料显示，该框架在制定之前征询了萨摩亚总理和内阁的建议，多项援助项目直接对应政府发展规划，在项目实施过程中发动当地组织共同参与项目的开展。

第二，UNDP 在萨摩亚的援助项目资金来源多样，不同性质的项目往往收到不同捐赠者的赠款。从表 7—3 来看，2012—2016 年间，UNDP 在萨摩亚的援助项目获得了一些域内外国家和组织的赠款。在这些捐赠国中，作为太平洋岛国地区传统的援助大国，澳大利亚和新西兰是比较积极的捐赠者。

表 7—3　2012—2016 年 UNDP 萨摩亚援助项目资金来源情况

	2012	2013	2014	2015	2016
资金来源	GEFT、澳大利亚、UNDP、新西兰、UNV、WTO、SAR 等	GEFT、澳大利亚、AF、UNDP、德国、新西兰等	澳大利亚、GEFT、AF、德国、UNDP、新西兰等	GEFT、AF、澳大利亚、德国、UNDP、新西兰等	GEFT、AF、德国、UNDP、MSDF、澳大利亚、EC、EEC

注：根据 UNDP 项目数据库官网数据整理制作详见网站：http：//open. undp. org。

第三，从项目在具体领域的资金分配来看，UNDP 在萨摩亚的多边援助在重点援助领域的选择上有比较大的倾向性。以图 7—3 为例，在 21 世纪第四个框架阶段的 4 年中，UNDP 的援助资金大多向“包容性和可持续性增长”领域倾斜，2012 年和 2013 年该领域的项目资金支出甚至达到 90% 以上。另外，在南南合作、民主政治、气候变化、危机处理以及性别平等领域也有少量的项目资金支出。

根据 UNDP 给萨摩亚制定的援助框架，综合萨摩亚的国情现状，分析 UNDP 在萨摩亚的援助政策向“包容性和可持续性增长”倾斜的原因，主要是在太平洋岛国当中，萨摩亚是政治最为稳定的国家之一，却也是经济社会情况最差的国家之一，直到 2010 年才走出最不发达国家行列。相比于斐济、巴新等其他重点援助国以民主政治领域占比较大的情况不同，UN-

DP 更为关注萨摩亚在经济、社会方面的包容性增长。

在萨摩亚的社会发展过程中，自然灾害、气候变化等不稳定因素是造成其难以走向可持续发展的主要原因。在该援助领域，UNDP 设置的援助项目将环境管理、绿色经济、灾害应对等涵盖在内，为萨摩亚解决这些问题提供智力和资金支持。萨摩亚政府已经将可持续发展纳入国家优先发展战略当中，UNDP 的援助政策向这个领域倾斜有利于调动萨摩亚的积极性，使援助能真正关注受援国的需要。

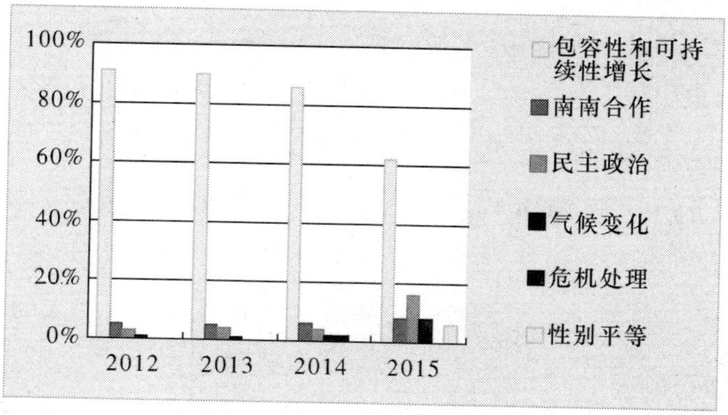

图 7—3　2012—2015 年 UNDP 萨摩亚援助项目资金在不同领域的分配情况

注：根据 UNDP 项目数据库官网数据整理制作，详见网站：http：//open. undp. org。

UNDP 对萨摩亚等国的援助产生了一定的效果。例如，旅游业每年对萨摩亚 GDP 的贡献超过 20%，成为支柱产业。萨摩亚标志性的海滩成为很多游客的首选，其中小型旅游业运营的最常见形式之一是海边度假小屋，这些中小产业由连接萨瓦伊岛和乌波卢岛之间的村落经营。萨摩亚旅游业最基本的资源就是原始的海岸、沙滩、珊瑚礁、环礁湖等，小型旅游产业的运营依靠与之相关的农业、渔业、服务业、建筑业、交通以及传统文化，而经营这些小型旅游产业的村落则依靠旅游业获得收入，提供基本的生活保障。同时，依靠运输网络，旅游业也带动了商业、社区手工业等其他产业的发展。旅游业关乎萨摩亚未来的经济增长是否稳定，在经济发展过程中极为重要。萨摩亚几乎有70%的人口生活在距离海岸线100米以内的地方，并且海边度假小屋也大多集中在这里。然而，小岛国的旅游业是一个高风险的行业，很多经营小型旅游业的村民和社区面临气候变化引发的极端事件和长期增量（海平面上升）的影响。气候变化加强了萨摩亚面对自然灾害的脆弱性，这些可见的和潜在的威胁都直接或间接地威胁着这些小型旅游业的发展。为此，在“包容性和可持续性增长”领域，UNDP特别设置了一些针对萨摩亚海岸旅游业的援助项目。

加强旅游业依赖型社区应对气候变化风险的适应力项目。该项目从2013年开始实施，预计2017年完成，预算额为190万美元，大部分资金来自LDCF（最不发达国家基金）、UNDP以及萨摩亚政府，具体的援助则由萨摩亚旅游局负责执行。该项目的目标是通过将应对气候变化纳入国家发展政策，以调动更多资源为该项目提供财务支持，建立早期的风险预警机制和风险转移机制，对沿海的基础设施、水资源、娱乐活动等进行管理。目前是该项目实行的第四年，萨摩亚旅游局设有专门的团队在各大海滩负责监督赠款的发放、设施的筹建以及进度的反馈。就目前项目的实施情况来看，该项目在萨摩亚海滩度假小屋的经营者中反响较好，援助效果明显。

三、UNDP驻巴布亚新几内亚代表处

与UNDP前面驻太平洋岛国的两个多国代表处不同，其驻巴布亚新几内亚办事处只承办巴新一国的援助项目。在巴布亚新几内亚，UNDP的援助宗旨是提高国家为人民提供公共服务的能力；促进千年发展目标的实现；提高人民生活水平及保护人权。自1981年设立办事处以来，UNDP在巴布亚新几内亚的援助已经超过30年。现今UNDP在该国的援助政策向三个关键领域倾斜：（1）民主政治、千年发展目标的实现以及社会的安全与和平建设；（2）性别平等、赋予女性权利以及HIV的防治；（3）应对环境、气候变化以及灾害风险管理。

巴布亚新几内亚在岛国当中是复杂性与矛盾性最为突出的国家。作为太平洋岛国中面积最大、人口最多、GDP 增长速度最快、最具有发展潜力的国家，巴新面临的却是社会治安最为混乱、政治极不稳定等一系列问题。

2000—2014 年间，UNDP 对巴布亚新几内亚的发展援助总额占到整个太平洋区域总额的约 44%，其是获得资金最多的岛国。

从项目资金来看，UNDP 在巴布亚新几内亚投入的援助资金被分配到不同主题领域的援助项目当中。例如 2003—2010 年，具体援助资源被分配到环境、能源、可持续生计、民主政治、艾滋病防治、危机处理、性别平等、千年发展目标、援助合作、布干维尔岛、人权等九大领域（参见表 7—4）。

表 7—4　2004—2010 年 UNDP 巴新援助领域资源分配表（单位：千美元）

	环境、能源、可持续生计	民主政治	艾滋病及艾滋病病毒	危机处理	性别平等	千年发展目标	援助合作	布干维尔岛	人权
核心资源	2856	6038	1336	2512	1280	1229	977	4193	573
非核心资源	4519	6189	1505	926	820	74	922	3485	158
合计	7375	12227	2841	3438	2100	1303	1899	7678	731

资料来源：Assessment of development results：Evaluation of UNDP Contribution to Papua New Guinea：http：//web. undp. org/evaluation/evaluations/adr/papua_ new_ guinea. shtml.

2004—2010 年间，UNDP 共在 9 个援助要点的 39 个项目中进行了资源分配。按获得的资源份额来看，排在前三的援助领域是："民主政治"（47. 3%）、"布干维尔岛及相关危机处理"（25. 7%）以及"环境、能源（10. 2%）"，这三个重点领域获得的援助远大于其他。

究其原因，首先，这与 UNDP 自身的援助理念和模式有很大的关系。UNDP 的成员国中，认缴份额最多的都是西方发达国家，这些国家通过向 UNDP 认缴份额，支持其多边援助活动来不同程度地满足自身的诉求。

进入21世纪，UNDP受国际发展援助思潮的影响，在发展援助中对“良治”较为关注，因而侧重于“民主政治”方面。而UNDP在项目实施的过程当中，往往会与除联合国发展系统组织、巴新当地政府之外的第三方、第四方合作，甚至一些项目的资金也来自于这些合作方。例如自1995年开始运行的“省级政府能力建设”计划（PCAB），其运营资金中就有来自澳大利亚国际开发署的资金。澳大利亚国际开发署对UNDP多边援助项目的支持显然具有选择性，对符合其外援条件的“良治”项目通常给予额外的资金帮助。其次，对“民主政治”方面的侧重也有巴布亚新几内亚自身的原因。自从获得独立之后，巴布亚新几内亚一直实行“民主制度”，但这种民主并不足以促进社会的公平发展。腐败、信息的不透明与缺少对政府的问责和公民政治意识的缺失，使得巴新的民主政治处在一个较低的水平。另外，因为技术和管理能力不足、公务员缺乏工作积极性、无效的协调和沟通等原因，公共部门的效率十分低下，虽然言论和媒体受到宪法的保护，但是面对一个拥有800种地方语言、85%的农村人口和37%成人文盲率的国家，推进公民社会的建设无疑需要有经验的援助者的帮助。“布干维尔岛”作为资源配额第二的援助要点，在项目实施中主要被归入“危机处理”领域进行项目设计。在2003—2010年两个援助阶段中，“危机处理”领域援助项目共有7项，实际支出902.8万美元，占所有项目总支出额的25.7%（参见图7—4），比例仅次于“民主政治”领域。在“危机处理”领域的7个援助项目中，直接针对布干维尔岛的3个援助项目实际支出703.8万美元，占整个“危机处理”领域总支出的约80%。20世纪80年代末到90年代，布干维尔岛内战导致大约2万人丧生。经过漫长的谈判，巴布亚新几内亚政府终于与布干维尔岛达成了协议，2001年之后后者将成为一个自治区。内战结束之后，布干维尔岛的和平重建是巴布亚新几内亚的重要工作，也成为国际社会对巴新援助的重点之一。“环境、能源与可持续发展”是继“民主政治”、“布干维尔岛”之后排在第三的援助要点，其资源分配略少于“布干维尔岛”。在具体的项目实施中，与其相关的援助项目有15项，实际支出3.56百万美元，占所有项目支出总额的 10.2%。

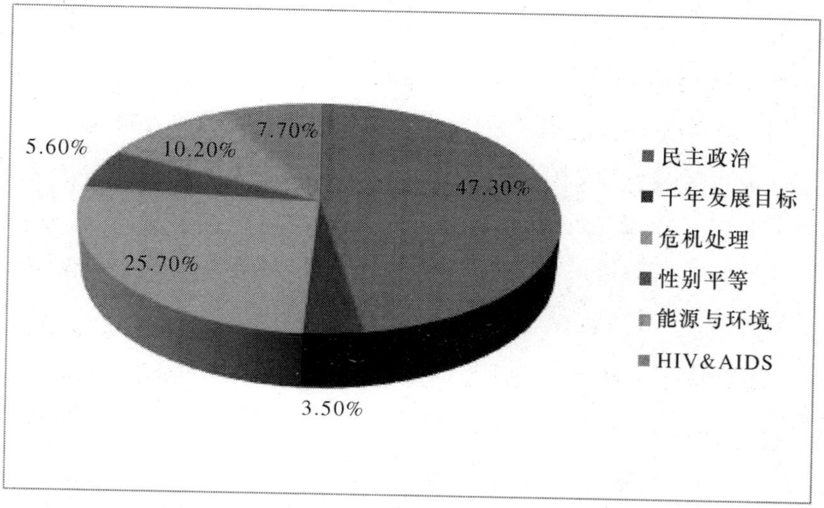

图 7—4　2004—2010 年 UNDP 巴布亚新几内亚各领域援助项目支出比例

资料来源：Assessment of development results：Evaluation of UNDP Contribution to Papua New Guinea：http：//web. undp. org/evaluation/evaluations/adr/papua_ new_ guinea. shtml.

第四节　联合国开发计划署对太平洋岛国援助的特点及效果

分析斐济多国办事处、萨摩亚多国办事处以及巴布亚新几内亚办事处的援助概况，我们基本可以总结出 UNDP 在南太平洋岛国多边援助活动的几个特点：

首先，UNDP 在太平洋各岛国的多边发展援助基本遵循联合国发展援助框架和 UNDP 援助方案两个机制，并根据联合国对太平洋岛国地区援助的指导意见制定详细的援助规划。

其次，UNDP 在太平洋各岛国的多边发展援助中关注领域相似，援助重点不同。关注相似的领域可以强化 UNDP 各代表处之间的联系，整合资源，发挥优势，让UNDP的多边援助更加具有系统性；援助重点不同则是岛国国情所需，UNDP的多边援助政策随国家实际需要而进行灵活调整，以满足受援国的真正需要。

再次，UNDP在太平洋岛国的多边援助坚持其“国家实施”的一贯原则，其国别方案基本与岛国国家发展计划相结合，援助的具体项目更是岛国的优先发展领域。“国家实施”原则一定程度上确保了对南太平洋岛国援助的有效性，使得UNDP的多边援助更具可操作性。

最后，从UNDP在太平洋岛国地区的3个代表处的援助情况来看，援助政策与援助重点向巴布亚新几内亚、萨摩亚、斐济、所罗门4个岛国倾斜；从国际社会对这4个岛国援助的情况来看，UNDP所提供的援助资金仅属于中等数额，从绝对数上不算援助力度最大的援助方，但从受援岛国对援助项目的反馈来看，UNDP的多边援助产生了有益的援助效果。从关注领域来看，UNDP对性别平等、女性权利、包容性增长投入了大量的援助精力和资源，而这些领域通常为提供双边援助的大国所忽略。

基于UNDP在太平洋岛国多边援助活动的种种特点，在数量上很难给UNDP的援助绩效设立参数，相比于世界其他地区，UNDP在太平洋岛国的投入并不算多。但21世纪以来，国际多边援助在国际援助中扮演着越来越重要的角色，UNDP作为联合国在太平洋地区多边援助活动的典型代表，我们仍可以从几个方面尝试评价UNDP在太平洋岛国地区的多边援助行为。

UNDP在太平洋岛国的多边援助活动的成效和贡献主要表现为以下几点：

第一，UNDP在太平洋岛国的多边援助活动推动了太平洋岛国的自我发展能力建设。UNDP在对各国的援助框架中明确指出，UNDP的援助项目必须由当地的政府部门、组织机构与UNDP共同执行。UNDP始终认为援助只是来自域外的支持，旨在帮助岛国启动发展的进程，开发地区潜力并提供一定的智力支持和技术保障，要实现本国的发展，最终还是要靠自我发展能力。与文中提及的瑙鲁创业计划、萨摩亚旅游业依赖型社区应对气候变化计划相类似的UNDP多边援助项目，都产生了较为良性的援助效应，提高了经济社会的自我发展能力，这对于太平洋岛国最终摆脱援助依赖，做到使援助“为我所用”提供了示范。

第二，UNDP在太平洋岛国的多边援助活动加强了太平洋岛国地区之间的伙伴关系，一定程度上推动了太平洋次区域的合作和一体化进程。UNDP援助框架强调地区层面、国家层面以及国家间政府部门、国际组织、学术机构、民间团体的联系和交往。太平洋岛国地区的多边援助来自多个国际多边援助机构，除联合国发展系统外，UNDP还与全球环境基金、亚洲开发银行、京都适应基金、最不发达国家基金等多个国际组织保持合作关系。UNDP的援助项目重视受援国职能部门的参与，在制定区域援助框架的过程中，各国政府官员多次洽谈磋商，互相妥协和让步，最终促进了各国政府之间的交往。UNDP在项目执行过程中，往往通过赠款、召开研讨会等形式促进当地学术机构和民间团体参与地区的开发，如2015年2月在UNDP支持下首届太平洋青年论坛在苏瓦召开，来自15个国家和地区的40位青年畅谈反腐问题，会议旨在开发各国青年在反腐工作中的领导力，利用更多创新的形式对抗腐败问题。UNDP在太平洋岛国的多边援助活动一定程度上减轻了双边援助带来的负面影响，为援助国在该地区的合作提供了平台。UNDP在太平洋岛国地区的援助项目筹集了来自美国、日本、澳大利亚、新西兰、欧盟国家等的赠款，综合了多方力量共同进行援助活动。虽然不同国家在项目的选择上会有利益的考量和偏好的选择，但通过多边援助这种更为“隐蔽”的方式，各国在该地区的利益达到平衡。

尽管UNDP在太平洋岛国地区的援助取得了一些成就，但该地区仍然存在一些短期内不能解决的问题，制约着UNDP多边发展援助的推进。基于历史原因，这些岛国曾被不同的西方大国殖民，属于不同的“势力范围”。基于现实原因，这些岛国海洋资源丰富，战略地位重要，被视为军事要地。澳大利亚、新西兰试图在太平洋岛国维持传统的优势，美国、日本、中国的力量在该地区互相牵制，“台独”势力试图利用在该地区所谓的“邦交国”谋取国际地位。这些复杂的政治形势不仅影响了岛国之间的政治互信，导致利益的平衡困难加剧，也制约了UNDP多边援助活动的推进。太平洋岛国虽然在地理上相互接近，但在政治、经济发展程度及文化传统等方面存在差异，这些差异又导致各国对 UNDP 多边发展援助的接受程度不同、管理水平不一。在国际多边发展援助中，国家对援助的管理水平直接影响援助的最终效果。有些太平洋岛国政府治理落后，在执行援助项目或者配合外来援助工作的过程中难以给予有力的政策支持。新西兰国际广播电台在 2015 年 5 月 19 日播报了一则名为《联合国号召瓦努阿图政府实施灵活的救灾政策》的新闻，文中直接指出，UNDP 希望瓦努阿图政府在配合国际援助者重建受灾地区的过程当中，实施“注重实效”的方法，而不是控制一切。[①] 正如上文 UNDP 在瓦努阿图实施的“帕姆飓风灾后重建与废弃物管理项目”所示，虽然该援助项目在灾民中的反响甚好，新的灾后应急机制得以创立，但是由于瓦努阿图政府没有提供足够的后勤保障，该项目难以在除了坦拿地区之外的受灾地区推进，错过了援助其他受灾地区的最佳时间。太平洋岛国人力建设相对滞后，政府官员在援助项目的落实过程中不愿全力配合，导致援助效率降低。民主政治建设是 UNDP 在太平洋岛国多边发展援助的重要领域，在制定及完善各援助项目的时候，UNDP 通常会召开研讨会，邀请相关部门的官员参与议题的探讨或项目的投票。马里亚纳《新闻时报》2014 年 6 月的一则报道披露，在 UNDP 协助马绍尔群岛在马朱罗召开的为期 2 天的关于财政监管和反腐的研讨会中，33 个议员中仅有不到 1/3 在第一天参会，第二天的会议则仅有 6 名议员参会。公共账户会长肯尼斯表示，会前曾对每个议员发出不少于两次的邀请，并通过电话和短信跟进，这样的结果让整个项目的工作人员都很失望。[②] 实际上，仅过去的 2 个月时间，马朱罗就发生过两起政府部门贪污腐败的丑闻。对财政监管的援助项目虽然在部分议员之间展开了探讨，但因参会的议员过少，具体的细节没能有效产出，整个援助项目不得不延

① “UN calls on Vanuatu government to be more flexible”, http: //www. radionz. co. nz/international/pacific-news/273995/un-calls-on-vanuatu-government-to-be-more-flexible.

② Giff Johnson, “Few RMI Lawmakers Attend UNDP Accountability Workshop”, http: //pidp. org/pireport/2014/June/06 - 25 - 12. htm.

期。传统安全和非传统安全都不同程度影响着 UNDP 多边援助的进一步深化。从传统安全角度来看，一些国家不稳定的政治局势容易导致政府垮台、军事冲突等事件，影响着 UNDP 援助项目的连贯性。从非传统安全角度来看，气候变化带来的极端恶劣天气、恐怖主义、社会犯罪等都是太平洋岛国亟需解决的现实挑战，这些潜在的隐患让援助工作的难度加大。飓风一直是困扰太平洋岛国的气象灾害，2013 年飓风 Evan 突袭萨摩亚，首都阿皮亚地区的韦西加诺河突然决堤，淹没了附近的村庄。联合国驻萨摩亚的各办事机构也受飓风和洪水的影响，部分建筑物被损坏。UNDP 办事处所在的大楼一层被洪水淹没，二层受影响程度较小，因此 UNDP 终止办公，将办公室作为四处涌入的难民的临时避难所。飓风过后 UNDP 临时增加了为期 6 个月的 Evan 飓风灾后重建援助项目，以帮助灾民重建家园。

第八章 世界银行对太平洋岛国的援助

世界银行集团（The World Bank Group）成立于1944年，是联合国系统下的多边开发机构，也是世界上最大的发展援助机构。世界银行的援助基本以项目贷款的形式进行，且援助对象必须是成员国的政府，而无偿援助较少。

第一节 世界银行对太平洋岛国援助的政策目标

1971年5月28日，太平洋岛国斐济成为世界银行成员国，此后其他太平洋岛国也先后加入世界银行。截至2015年6月30日（世界银行2015年年度报告统计的截止时间），斐济、基里巴斯、马绍尔、密克罗、帕劳、巴新、萨摩亚、所罗门群岛、汤加、图瓦卢、瓦努阿图11个太平洋国家成为世界银行成员国，即拥有向世界银行申请贷款的资格。从20世纪70年代开始至今，世界银行一直在向太平洋地区的成员国提供贷款。2000年5月，世界银行发布了《太平洋地区战略》，[①] 不仅对太平洋地区的成员国国内状况进行了详尽分析，而且指出了世界银行在过去几十年里对太平洋岛

① Pacific Regional Strategy, World Bank Group, 2000. 05.

国援助存在的不足和教训，并且指明今后的援助目标、方向和框架。本章试图分析 21 世纪头 15 年世界银行对太平洋岛国的援助情况，主要包括援助目标分析、援助资金流向梳理及政策评价三个方面。

世界银行的两大核心目标是结束极端贫困和促进共享繁荣，完成既定的千年发展目标。围绕这两大目标并考虑到太平洋岛国的具体情况，世界银行的具体援助目标为以下几个方面。

一、促进地区一体化

太平洋岛国散落在广袤的西南太平洋，且每个国家内部也是由众多分散的岛屿组成。世界银行认为，首先要完成该地区的一体化建设，从而提高其应对自然灾害和外部经济冲击的能力。为此，世界银行批准实施了“太平洋复兴计划”（Pacific Resilience Program）、“太平洋区域海洋项目”（Pacific Islands Regional Ocean-scape Program）、“太平洋区域联通项目”（Pacific Regional Connectivity Program）及“太平洋地区信息和通讯技术监管项目”（Pacific Regional ICT Regulatory Development Project）等。

“太平洋复兴计划”把该地区作为一个整体，旨在加强对自然灾害和金融危险的早期预警，弹性投资以减少风险并且加强对参与国的金融保护。“太平洋区域海洋项目”旨在加强对岛国所在的海洋和近海渔业以及其栖息地的共同管理。“太平洋区域联通项目”和“太平洋地区信息和通讯技术监管项目”都是为了提供支持岛国经济和社会发展的信息和通讯服务，使得岛国内部及岛国之间都可以实现网络覆盖，无障碍沟通。

二、提高应对气候变化和自然灾害的能力

太平洋岛国大多地势较低，四面环海，生态环境脆弱，对周围的环境和气候变化十分敏感，尤其是近年来全球气候变暖、海平面上升等情况已

经切实影响到岛国的生存和发展。此外，当地还极易遭受飓风等自然灾害。例如，2015 年 3 月强热带气旋“帕姆”重创南太平洋地区，使得瓦努阿图和图瓦努损失惨重，据说瓦努阿图损失了约 4.47 亿美元，相当于其国内生产总值的 64%。所以，提高应对气候变化和自然灾害的能力，是实现结束极端贫困和共享繁荣终极目标所不可缺少的。从 2001—2015 的这 15 年间，世界银行共批准执行了 16 个有关应对气候变化的项目，总项目承诺额 1.1 亿美元。另外，世界银行也批准实施了一系列预防和应对自然灾害的项目，这其中包括了为应对突然发生的自然灾害而批准的紧急救灾援助。例如，2009 年 9 月萨摩亚附近海域发生 8 级地震并引发海啸，造成 110 人伤亡，沿海村庄被毁。世界银行经过评估后为萨摩亚提供了总额 1179 万美元的贷款用于海啸后重建，以及 2000 万美元用于灾后经济恢复。

三、实现经济可持续发展

太平洋岛国大多经济较为脆弱，依赖外部市场，所以一旦外部经济有波动，岛国经济就会遭受严重影响。因此，帮助岛国实现经济的可持续发展是世界银行援助的重要目标之一。为了实现这一目标，世界银行给岛国的援助资金大部分用于基础设施建设和公共服务，为实现岛国经济可持续发展目标打好基础。

第二节　世界银行对太平洋岛国援助的资金流向

服务于减少极端贫困和促进共享繁荣的目标，世界银行为太平洋岛国提供了项目贷款，但是这些资金在借款国之间及援助部门方面都存在各自的特点。

一、国别流向

世界银行对太平洋岛国的援助主要以项目贷款的方式进行，辅以技术援助、咨询服务等。但是岛国各自接收到的项目贷款额并不相同。14 个太平洋岛国中，库克群岛、瑙鲁①、纽埃并不是世界银行成员国，世界银行自然也就没有为它们提供援助。而在 11 个有资格向世界银行申请贷款的国家中，帕劳因为经济相对较好，并没有被批准的贷款项目，所以世界银行提供给太平洋岛国的贷款援助只集中在巴新等 10 个岛屿国家。

由表 8—1 可以看出，21 世纪头 15 年，受世界银行援助最多的是巴新，项目贷款额达 4.287 亿美元；其次是萨摩亚，为 1.899 亿美元；其余各受援国所获项目贷款额依次是：汤加（1.261 亿美元）、密克罗（6740 万美元）、瓦努阿图（6480 万美元）、所罗门（6190 万美元）、基里巴斯（5810 万美元）、斐济（5000 万美元）、图瓦卢（3870 万美元）、马绍尔（1130 万美元）。可见，世界银行对太平洋岛国的援助额存在巨大的国别差异。巴新接收到的援助额是排在第二位的萨摩亚的 2 倍、汤加的 3 倍、马绍尔的 38 倍。而且，每个国家内部也有差异。只有萨摩亚和汤加接收项目贷款比较频繁，几乎每一财年都有项目被批准。其次是巴新，其 2007 年之后被批准的项目增多。而其他国家被批准的项目很少，批准的项目承诺额也十分有限。斐济这 15 年来只有 2015 财年被世界银行批准了一个交通基础设施建设的项目。瓦努阿图在 2001 财年获得一个教育项目后就没有项目再获批准，直到 2015 财年被批准“太平洋复兴计划”和瓦努阿图航空投资项目。后者还是考虑到瓦努阿图刚遭受强热带气旋“帕姆”重创，急需机场重建恢复而批准实施的。

---

① 瑙鲁于 2016 年 4 月 12 日加入世界银行，本章统计的时间节点在 2015 年 6 月 30 日，此时其并不具有向世界银行申请贷款的资格。

表 8—1　2001—2015 年世界银行为太平洋岛国提供的项目贷款额（单位：百万美元）①

	巴新	斐济	基里巴斯	密克罗	所罗门	萨摩亚	汤加	马绍尔	图瓦卢	瓦努阿图
2001	0	0	0	0	0	5.0	0	0	0	3.5
2002	57.4	0	0	0	0	0	5.9	0	0	0
2003	0	0	0	0	0	4.5	0	0	0	0
2004	0	0	0	0	0	17.3	10.9	0	0	0
2005	0	0	0	0	0	0	1.0	0	0	0
2006	0	0	0	0	0	0	0	0	0	0
2007	37.3	0	0	0	0	8.3	0	0	0	0
2008	44.5	0	0	0	4.7	3.0	0	0	0	0
2009	0	0	0	0	4.0	0	5.4	0	0	0
2010	25	0	0	0	6.5	23.0	0	0	0	0
2011	100.7	0	20.0	0	3.0	11.8	10.0	0	0	0
2012	0	0	22.9	0	2.0	13.0	55.2	0	12.0	0
2013	7.3	0	1.0	0	0	0	1.8	3.0	0	0
2014	156.5	0	5.2	14.4	18.0	65.3	18.8	0	9.1	0
2015	0	50.0	9.0	53.0	23.8	38.8	17.0	8.3	17.6	61.3
总计	428.7	50.0	58.1	67.4	61.9	189.9	126.1	11.3	38.7	64.8

资料来源：http：//www. shihang. org/projects/country？ lang = zh&&page = .

二、部门和领域分布

世界银行对太平洋岛国的援助除了存在国家间差异外，在援助部门间也有不同分布。但是，不管援助资金在具体领域和部门有何差异，其最终

① 每一财年项目贷款额以该财年世界银行批准的项目为准，若某一财年没有批准项目，则项目贷款额为零。考虑到有些项目还在执行当中，所以统一采用世界银行批准的承诺额而非实际支付额。

目的都是为了减少太平洋岛国的极端贫困状况和促进共享繁荣，实现千年发展目标。

由表 8—2 可以看出，世界银行对太平洋岛国的贷款援助累计 10. 969 亿美元，集中在教育、农业、金融服务、灾害治理、交通等 11 个部门。其中，如表 8—2 所示，用于交通建设的资金高达 533. 6 百万美元，占援助总额的近一半。其次是金融服务、农业和通讯部门，援助额分别为 125. 2 百万美元、121. 5 百万美元和 105 百万美元。相对而言，投在教育、就业和卫生等部门的资金较少。同时，这 11 个部门主要涵盖经济发展、基础设施建设、公共服务、气候变化与灾害治理四大领域。如表 8—2 所示，基础设施领域的投入最多，占总援助的 58%；其次是直接用于经济发展方面的投入，占总援助额的 24%；再其次是公共服务领域，占 10%；气候变化与灾害治理领域所获援助资金最少，占比 8%。

表 8—2　2001—2015 财年世界银行对太平洋岛国的援助情况
（按部门统计）（单位：百万美元）

部门	巴新	斐济	基里巴斯	密克罗	所罗门	萨摩亚	汤加	马绍尔	图瓦卢	瓦努阿图	总计
教育	5. 0						1. 0			3. 5	9. 5
农业	99. 9				8. 6	13. 0					121. 5
金融服务	21. 9		8. 2		9. 0	45. 8	32. 8	1. 5	4. 5	1. 5	125. 2
灾害治理						36. 3	10. 9				47. 2
交通	246. 8	50. 0	48. 9		9. 6	66. 4	34. 0		18. 1	59. 8	533. 6
通讯	15. 0		1. 0	47. 5	3. 3	17. 5	17. 7	3. 0			105. 0
就业	15. 8				3. 2						19. 0
矿业	17. 0										17. 0
能源	7. 3			14. 4	17. 0		5. 0		9. 1		52. 8
环境与气候				5. 5	9. 8		13. 8	6. 8	7. 0		42. 9
卫生					1. 5	11. 0	10. 9				23. 4
总计	428. 7	50. 0	58. 1	67. 4	61. 9	189. 9	126. 1	11. 3	38. 7	64. 8	1096. 9

资料来源：http：//www. shihang. org/projects/country？lang = zh&&page =.

从资金的部门流向看，世界银行把援助重点放在了交通和通讯等基础设施建设上。这是考虑到完善的交通和通讯设施是发展经济的第一步，也是因为岛国地形复杂，四面环海，又经常遭受自然灾害侵袭，所以交通和通讯设施极难建立和维护。而在其他领域，比如公共服务，贷款援助虽然少，但以技术援助和咨询服务等形式进行。如世界银行集团发布的《巴新2013—2016年度国家合作战略》①，就涵盖了教育、艾滋病防治等21个技术援助和咨询服务项目。

第三节　世界银行对太平洋岛国援助的效果评价

作为联合国系统下的多边开发机构和世界最大的发展援助机构，世界银行对太平洋岛国的援助体系十分完善，而且取得了一定效果。

首先，世界银行对太平洋岛国有一套完善的援助体系。世界银行的援助基本以项目贷款的形式进行，而且必须用于特定项目而不是由贷款国政府自由安排和使用。贷款项目要经历项目鉴别（立项）、准备、评估、谈判、实施和后续评价6个阶段。从立项到项目谈判大约2年时间，这期间世界银行会派出工作团队详细调研、考察，以决定该项目是否有可行性。项目实施一般4—5年，经银行批准也可适当延长。在项目执行期间，借款国需提交项目进度报告，以便世界银行了解项目进展。同时，世界银行也会派遣专家赴借款国考察和监督。在项目贷款全部发放后的一年前后，世界银行的业务评议局会对项目成果做评价总结并审核。完善的援助体系和项目监督机制能够增强援助的实际效果，避免援助资金被挪用或贪污。

其次，世界银行的援助使得太平洋岛国在减少贫困、改善基础设施和

① Country Partnership Strategy For The Independent State Of Papua New Guinea For The Period FY2013－2016，World Bank Group，2012. 11. 08.

公共服务以及促进经济发展方面取得了一定效果。以萨摩亚为例，世界银行发布的《萨摩亚 2012—2016 年度国家合作战略》①，表明萨摩亚在经济复甦和鼓励包容性增长、克服地理障碍融入全球化的目标方面取得了效果。在完成千年发展目标方面，5 岁以下儿童死亡率从 1990 年的 50% 降低到 2009 年的 26%；结核病发病率由 1990 年的 99% 降低到 2009 年的 90%；移动电话用户从 1990 年的 0 人增加到 2009 年的 84%。世界银行对萨摩亚援助战略的实施结果总体来看是满意的。

但是，我们注意到世界银行对太平洋岛国的援助存在援助金额少和援助效率低的问题。

在援助金额上，世界银行对太平洋岛国的援助明显低于对东亚和太平洋地区其他国家的援助，而且低于其他双边和多边援助者。以 2015 财年为例，太平洋岛国的援助承诺额为 278.8 百万美元，只占整个世界援助额的 0.7%，占东亚和太平洋地区的 4.4%。

在援助效率上，为了最大程度保证援助资金不被滥用，世界银行有一套严谨的项目管理和监督程序，但这在一定程度上导致援助效率低下。以巴新为例，世界银行于 2002 年 6 月批准了其道路维护与重建项目，但是该项目从立项到最后完成却用了 12 年的时间。2001 年 4 月开始项目鉴别；2002 年 5 月完成项目评估，6 月董事会批准，8 月达成贷款协议；2007 年和 2008 年分别签署融资协议和采购计划；2012 年 6 月项目完成。对于经济落后又经常遭受自然灾害的太平洋岛国而言，繁杂的项目申请和执行程序并不适合，因此太平洋岛国更倾向于选择资金能够迅速到位的双边援助，比如中国。

总之，世界银行从 20 世纪 70 年代开始为太平洋岛国提供援助，进入 21 世纪后，在《太平洋地区战略》的指导下，援助继续深化。世界银行的根本目标是结束极端贫困和促进共享繁荣，具体到对太平洋岛国的援助上，主要目标是促进地区一体化、提高其应对气候变化和自然灾害的能力

---

① Country Partnership Strategy For THE Independent State Of Samoa For The Period FY2012 - 2016, World Bank Group, 2012.05.05.

以及实现经济可持续发展。围绕这三大目标，世界银行展开对太平洋岛国的援助，而且多是贷款援助，辅以技术援助和咨询服务等。贷款援助以批准项目贷款的形式进行，在资金流向上具有鲜明的国别倾向和部门差异。首先，世界银行只为10个太平洋岛国提供了项目贷款，其中又主要集中在巴新、萨摩亚和汤加三国；其次，世界银行提供的项目贷款集中在交通、通讯、金融服务部门，侧重于基础设施建设和经济发展领域，另外也涵盖了公共服务和气候变化与灾害治理领域，这与其减少极端贫困、促进共享繁荣的目标相一致。

纵观进入21世纪后世界银行对太平洋岛国的援助可以看出，世界银行的援助体系十分完善。一个项目从立项到执行，再到完成，严格遵循程序并全程监督，以尽可能避免资金被挪用或贪污。而且，世界银行的援助对促进借款国的经济发展和社会进步都具有一定成效，有利于实现联合国千年发展目标。但是，不可否认，世界银行的援助也存在一定问题。一方面，对太平洋岛国的援助资金十分有限，远少于对非洲等其他地区的援助，这表明太平洋岛国并不是世界银行的援助重点；另一方面，严格的项目管理和监督程序带来的是世界银行援助效率的相对低下，这使得经济脆弱又经常遭受自然灾害侵袭的太平洋岛国更偏爱和依赖个别国家等提供的双边援助。

虽然世界银行对太平洋岛国的援助存在一定问题，但是其也在不断总结经验教训，并继续深化对该地区的援助，相信未来世界银行的援助将对太平洋岛国发挥越来越重要的作用。

第九章

亚洲开发银行对太平洋岛国的援助

亚洲开发银行成立于1966年，总部设在菲律宾首都马尼拉，在全球共设有26个代表处。目前亚洲开发银行成员国有67个，其中绝大部分成员国是亚洲地区的国家。亚洲开发银行工作的宗旨和目标在于通过对亚太地区的发展中成员提供援助，消除贫困，促进亚太地区的经济和社会发展。而太平洋岛国处于亚太地区的南面，主要分布在太平洋赤道以南地区，在地理位置上多属于大洋洲，国际社会一般称其为南太平洋岛国。从总体经济发展水平分析，这些岛国多属于发展中国家，国家经济发展水平滞后，国内经济产业较为单一，其中个别国家属于最不发达国家，是亚洲开发银行主要的发展援助对象。

第一节　亚洲开发银行对太平洋岛国援助的概况

亚洲开发银行与太平洋岛国有着十分密切的历史渊源和联系。亚洲开发银行自1966年成立以来，就开始对太平洋岛国进行发展援助。截至2014年，亚洲开发银行对太平洋岛国的援助总金额已经超过40亿美元，主要用于太平洋岛国地区的基础设施、能源开发、水资源、信息科学技术、卫生健康等设施建设。2004 年 6 月 18 日，亚洲开发银行在斐济首都苏瓦设立“南太平洋次区域办事处”（the Pacific Sub-regional Office），主要负责协调亚洲开发银行与太平洋岛国政府机构、社会组织之间的沟通与联系。亚洲开发银行南太平洋次区域办事处还负责处理库克群岛、斐济、基里巴斯、萨摩亚、汤加等太平洋岛国的经济社会数据收集、经济援助和合作项目事宜。

首先从国别来看，亚洲开发银行对除纽埃①以外的所有太平洋岛国进行了普遍的发展援助。据其公布的数据显示，2006—2014 年，亚洲开发银行共向巴布亚新几内亚等 14 个太平洋岛国提供了总额高达 3694. 36 百万美元的经济援助。按照援助金额从高到低排列，依次是：（1）巴布亚新几内亚，23. 0219 亿美元；（2）东帝汶，2. 7926 亿美元；（3）斐济，2. 6057 亿美元；（4）所罗门群岛，2. 4246 亿美元；（5）萨摩亚，1. 7801 亿美元；（6）汤加，1. 0681 亿美元；（7）库克群岛，0. 842 亿美元；（8）基里巴斯，0. 7398 亿美元；（9）瓦努阿图，0. 6685 亿美元；（10）帕劳，0. 483 亿美元；（11）马绍尔群岛，0. 1973 亿美元；（12）密克罗尼西亚群岛，0. 138 亿美元；（13）瑙鲁，0. 101 亿美元；（14）图瓦卢，0. 081 亿美元（参见表 9—1）。

表 9—1　亚洲开发银行对南太平洋岛国的援助（2006—2014 年）

（单位：百万美元）

国家/年份	2006	2007	2008	2009	2010	2011	2012	2013	2014	合计
巴新	79. 24	110. 12	603	775. 53	77. 5	300. 5	49. 5	306. 7	0. 1	2302. 19
马绍尔	0. 4			0. 23	11. 9	0. 3	6. 2	0. 3	0. 4	19. 73
密克	0. 6	0. 4	0. 9			0. 7	1. 3	9. 3	0. 6	13. 8
斐济	1. 5	0. 25	0. 1	153. 32			2. 5	2	100. 9	260. 57

① 注：纽埃不是亚洲开发银行的成员国家，且其人均国民生产总值超过 1 万美元，系该地区的高收入国家。

续表

国家/年份	2006	2007	2008	2009	2010	2011	2012	2013	2014	合计
帕劳		1.7	0.4	1.2	16			29	0	48.3
瓦努	0.8	0.6		1.85	0.5	61.4	1.1	0.2	0.4	66.85
汤加	0.91		12	11	0.5	39.9	1.4	31.6	9.5	106.81
萨摩亚	0.75	96.36	9	2.6	16	10.8	3.9	33.6	5	178.01
所罗门群岛	24.7	11.75	21.3	29.61	78.6	10.3	30.2	5.9	30.1	242.46
基里巴斯	0.63		0.8	0.85	32.8	23.9	1.1	1	12.9	73.98
库克群岛		0.7	31.4	20.6	0.3	6	6	0.7	18.5	84.2
东帝汶	1	21	1.3	49.56	1.8	24.4	110.9	51.3	18	279.26
瑙鲁			0.2			0.2	4	0.5	5.2	10.1
图瓦卢	0.3		4.3				2.8	0.1	0.6	8.1
合计	110.83	242.88	684.7	1046.35	235.9	478.4	220.9	472.2	202.2	3694.36

注：预计开支系亚洲开发银行对太平洋岛国援助已批准的项目资金与正在进行的项目资金之和，主要有贷款、联合融资、赠款、技术援助等类型。

资料来源：statement-Asian development bank-operations 2006 –2014，http：//www.adb.org/documents/statement-asian-development-bank-operations –2006 –2014.

从援助资金的结构情况看，亚洲开发银行对太平洋岛国的援助资金主要分为三个部分，依次是贷款、赠款和联合融资①、技术援助②。在上述三部分资金中，亚洲开发银行对太平洋岛国的援助以贷款业务资金的比重最大。据图9—1的数据显示，在亚洲开发银行援助太平洋岛国的资金构成中，贷款业务方面的资金始终处于最高的比例，赠款和联合融资业务的比例仅次于贷款业务的资金，最后的是技术援助业务的资金。2006—2014年期间，亚

① 联合融资（co-financing）：由国际金融机构和国家共同为一国提供融资和担保向第三方贷款机构借贷资金，包括平行融资、共同融资、窗口融资、参与性融资。国际机构的参与可增强贷款机构的信心。

② 技术援助（technical assistance）：援助方无偿地或按优惠贷款条件向受援方提供以传授技术、管理知识和培养人才为主要内容的援助，包括项目准备技术援助、项目执行技术援助、咨询性技术援助和区域技术援助。

洲开发银行对太平洋岛国的贷款业务、赠款及联合融资方面的资金占三项主要援助资金的比例依次是65.46%、29.97%和4.57%。与此同时，亚洲开发银行对太平洋岛国的技术援助资金不到援助总资金的5%，处于最低的位置。亚洲开发银行向发展中成员国提供的贷款也是援助中最具实质性的内容，近似于商业贷款，借款成员国需要还本付息。亚洲开发银行的贷款一般直接贷给发展中成员政府或由发展中成员政府担保借给该政府的相关机构。亚洲开发银行的贷款有时也向发展中成员的私营部门提供，但是这种贷款的风险大，不具有政府担保贷款的利率优惠条件。与此同时，亚洲开发银行也通过实施联合融资和赠款、技术援助方面的项目来完善自身的对外援助体系。

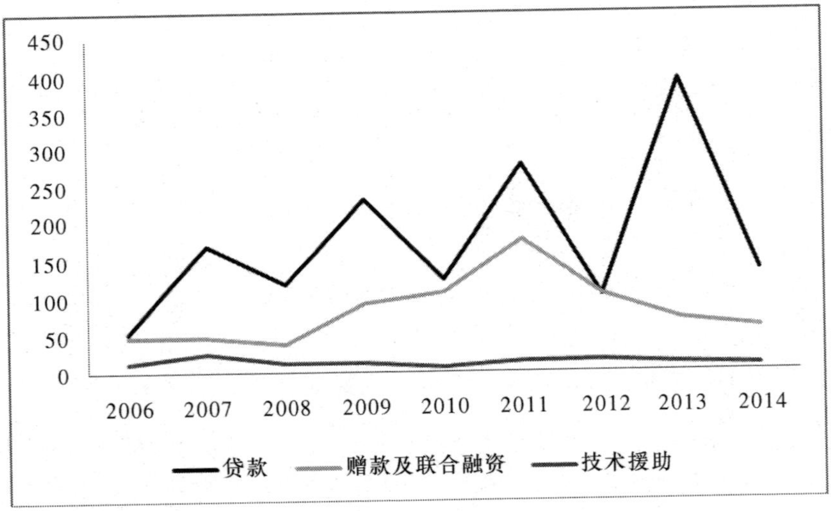

图9—1　亚洲开发银行主要援助太平洋岛国资金构成图（预计支付）

资料来源：statement-Asian development bank-operations 2006 – 2014，http：//www. adb. org/documents/statement-asian-development-bank-operations – 2006 – 2014.

在亚洲开发银行对外援助的过程中，形成了一套完整而系统的援助考察和评价体系。亚洲开发银行在审批贷款之前，先将申请项目根据国别划分，然后再将项目按贷款、技术援助等类别划分。根据其援助立项机制，每一个援助项目大致可分为三个步骤：项目前期评估和审查阶段、项目中期谈判与落实阶段、项目后期结束与评价阶段（参见图 9—2）。

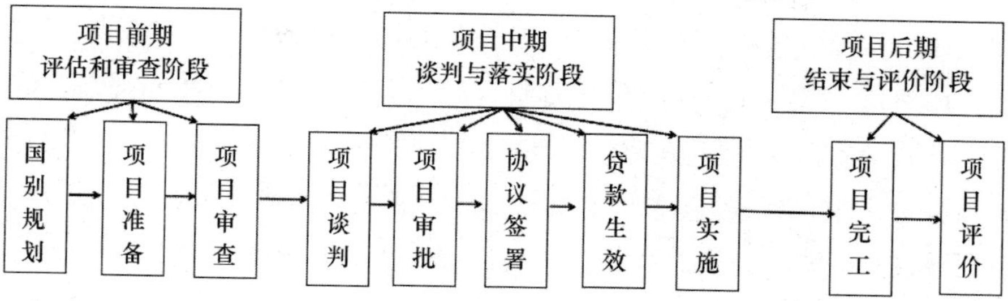

图 9—2　亚洲开发银行对外援助贷款流程示意图

在援助项目前期的评估和审查阶段，亚洲开发银行将根据援助项目所在地的实际情况，并考虑当地的环境和社会因素，具体考察三项指标因素，依次是当地环境因素、外来移民因素、当地居民因素，最终将评估的项目环境分为三类，由高到低依次划分为 A、B、C 类。A 类项目要求当地有良好的自然资源、社会支持，B 类项目的要求次之，C 类项目要求最低。简而言之，亚洲开发银行在进行资金援助前会对援助地进行详细的考察和评估，并做出合理的判断，为决策者提供决策的依据。项目通过前期的评估和审查后，贷款协议草案和项目建议书草案将提交给包括政府在内的所有相关各方进行审阅，各方做出反馈意见，然后由政府与亚洲开发银行进行谈判，董事会审批。董事会批准后，项目文件送给借款国政府核准，核准后亚洲开发银行代表和借款国政府代表分别在贷款协议上签字生效。项目由执行机构根据既定的日程安排和程序实施。项目完工并投入运行后，亚洲开发银行将在完工后 12—24 个月内准备一份《项目完工报告》，总结项目实施的经验和教训。亚洲开发银行业务评估局将有选择地对项目的准备与实施情况进行评估，并准备一份项目绩效审查报告，报告包括实施情况的经济、财务、社会效益、环境影响。整个审查报告通常在项目实施完毕后 3 年左右完成。

以 2006 年巴布亚新几内亚莱城港口建设项目为例（项目编号 40037 - 012），在巴布亚新几内亚申请该项目贷款后，亚洲开发银行实地考察了援助项目所在地的情况，认定巴布亚新几内亚莱城港口项目的当地环境因素指标和外来移民因素指标均是 A 等级、当地居民因素指标是 C 等级。随后在 2006 年 5 月，亚洲开发银行与巴布亚新几内亚政府代表签署项目合作文件。在项目文件生效后由项目执行机构根据既定的日程安排和程序实施，并选聘项目咨询专家协助政府实施项目。2008 年 6 月项目完成后，亚洲开发银行业务评估局对该项目的实施情况进行了评估，并向亚洲开发银行董事会报告实施情况经济、财务、社会效益、环境影响和评估结果。总之，亚洲开发银行在对外援助的过程中，根据自身运作的实际情况，发展出一套比较成熟和完整的援助体系。

第二节　亚洲开发银行对太平洋岛国援助的重点

从国别来看，亚洲开发银行尽管对除纽埃外的所有太平洋岛国都进行了援助，但是其对各个国家援助的资金总量极不平衡。根据亚洲开发银行公布的数据来看，其对太平岛国援助资金主要流向了巴布亚新几内亚、东帝汶、斐济、所罗门群岛四国。这 4 个国家都是领土面积较大、人口较多，且人均国内生产总值较低的国家，这些国家在城市化和工业化发展的过程中，对经济基础设施建设有迫切的需求。截至 2014 年，亚洲开发银行共向上述四国援助资金约 30.84 亿美元，占对太平洋岛国援助总资金的 83.48%左右。其中对巴布亚新几内亚的援助金额最高，达到 23.0219 亿美元，约占总额的 62.31%。与此同时，图瓦卢、瑙鲁、帕劳和基里巴斯是得到援助资金最少的国家，仅仅得到亚洲开发银行约 1.6 亿美元，约占援助总资金的 3.7%（参见图 9—2）。

此外，受援助国在接受亚洲开发银行援助的同时，还需要接受政治附加条件。在亚洲开发银行的股份额中，日本与美国并列第一，是该组织的第一大出资大国，拥有一票否决权。亚洲开发银行成员国想要从美国和日

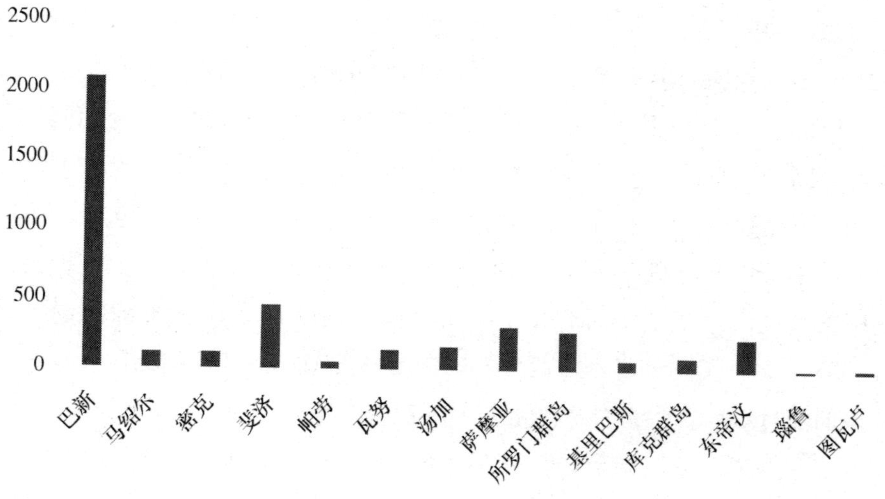

图 9—2　截至 2014 年亚洲开发银行对太平洋岛国援助
（实际支付）（单位：百万美元）

资料来源：A series of the fact sheets，for example：Asian development bank and Papua New Guinea：fact sheet，Asian development bank and Cook Islands：fact sheet，http：//www. adb. org/ publications/.

本共同主导的亚洲开发银行获得贷款，需要在政府透明度、意识形态等方面通过考核，还有环保、雇佣、招投标等方面的多种要求。与此同时，日本与美国作为西方发达资本主义国家的代表，根据自身的外交战略需要，通过将其控制的亚洲开发银行对外援助与受援助国的政治改革和民主化挂钩，在提供援助的过程中经常会附加一系列政治条件。而大多数太平洋岛国由于民主政治发展相对落后，与西方发达资本主义国家确立的民主、人权和善治的目标还有比较大的差距。巴布亚新几内亚作为太平洋岛国中最大的发展中国家，尽管其已经建立了民主制度，但是还有很多地方不够完善。2012 年 6 月大选之后，以彼得·奥尼尔为首的新一代国家领导人执掌了国家政权。但是，议会和政党制度等基本民主制度还不够健全，问题不断凸显，导致民众对政府的不信任情绪日益加重。因此，亚洲开发银行要帮助巴布亚新几内亚进行民主制度建设，特别是建立和完善各种社会需求的机制、完善选区建设计划、致力于提高竞选资金的透明度等等，以此来提高该国的民主化程度。在斐济，新宪法的制定和实施是恢复民主和政治稳定的重要步骤。亚洲开发银行希望通过经济援助的方式向斐济提供帮助，以此帮助其回归民主化轨道。2014 年为配合斐济重建民主政治制度，支持该国进行自由、诚实和可靠的选举，亚洲开发银行向斐济提供了 1 亿美元的资金援助。该年的援助资金约是 2013 年的援助资金的 50 倍。美国政界和学术界主流观点认为："推进世界各国的民主化，有利于维护美国的国家利益，尤其是美国的和平与安全，从而有利于维护美国的经济利益。"① 总之，美国和日本等西方发达资本主义国家在其控制的国际组织对外援助的过程中，常常考虑民主、人权和善治等方面的因素。

从亚洲开发银行实际支付的援助资金流向的领域来看，主要分布在太平洋 14 个岛国的 11 个领域，援助资金共计 41. 2251 亿美元。其中资金流入领域最多的是交通物流（18. 4929 亿美元），最少的领域是信息与科技领域（0. 336 亿美元）（参见表 9—3）。

表 9—3　亚洲开发银行对太平岛国的援助领域

（截至 2014 年，实际支付）（单位：百万美元）

领域/国家	库克	斐济	密克	基里巴斯	瑙鲁	帕劳	巴新	马绍尔	萨摩亚	所罗门	东帝汶	汤加	图瓦卢	瓦努
农业	2. 35	60. 09	10. 3	2. 09			200. 25	9. 63	41. 21	24. 49	0. 25	8. 46	0. 1	1. 95
教育	3. 35		0. 75	0. 15			63. 69	15. 55	34. 79	0. 75	12. 5		4. 52	0. 58
能源	19. 2	39. 08	10. 21	1. 7	6. 03		179. 65	2. 16	97. 07	24. 72	0. 63	29. 18		0. 9
金融服务	6. 54	21. 36	0. 69	1. 4	5. 93		53. 74	1. 18	26. 12	5. 29	1. 8	7. 93	0. 1	10. 03
工业与贸易	0. 28	0. 38	0. 23	0. 58			38. 96	0. 85	4. 4	0. 12		2. 39		0. 18
政府与公民社会	15. 79	6. 23	47. 74	13. 51	4. 64		107. 21	49. 1	24. 45	43. 51	7. 96	24. 73	14. 69	27. 15
交通物流	26. 7	247. 23	1. 25	15. 34		1. 5	1161. 8	8. 77	13. 47	118. 79	168. 66	12. 42	0. 65	72. 71

① 刘桂国、郭拥军等著：《国家利益之间：战后美国对发展中国家发展援助探析》，浙江大学出版社 2011 年版，第 340 页。

续表

领域/国家	库克	斐济	密克	基里巴斯	瑙鲁	帕劳	巴新	马绍尔	萨摩亚	所罗门	东帝汶	汤加	图瓦卢	瓦努
水源和城市建设	3. 49	74. 92	31. 82	35. 93	0. 2	46. 2	50. 04	10. 55	17. 77	1. 82	22. 24	25. 65	0. 46	13. 71
基本健康						0. 6	209. 48	16. 36		0. 55				0. 05
信息与科技									5. 9	18		9. 7		
其他援助	19. 39	0. 7	9. 42	0. 22			16	2. 02	41. 86	36. 99	17. 8	41. 99		5. 87

注：实际支付系亚洲开发银行已拨付太平洋岛国的援助资金，主要有贷款、赠款、技术援助等资金。

资料来源：A series of the fact sheets，for example：Asian development bank and Papua New Guinea：fact sheet、Asian development bank and Cook Islands：fact sheet，http：//www. adb. org/ publications/.

在亚洲开发银行的运作中，这 11 个领域又可以被划分为三大类，即经济基础设施、社会基础设施、公共服务与其他领域。截至 2014 年，据亚洲开发银行公布的数据显示，其对太平洋岛国重点援助的领域是交通运输等经济基础设施领域，援助占比超过 70%，占亚洲开发银行对外援助国家的首位。同期亚洲开发银行对教育等社会基础实施和公共服务等其他领域的援助比例分别是 13% 和 14%（参见图 9—3）。总之，亚洲开发银行重点援助亚洲太平洋岛国的经济基础设施建设符合亚洲开发银行的目标与宗旨。

对比亚洲开发银行与世界银行在太平洋岛国地区援助的重点领域可发现，世界银行的援助资金多流入基础设施领域，与亚洲开发银行的情况相似。目前，世界银行在太平洋岛国地区正在运作的项目共有 59 个，其中有 31 个属于交通运输等方面的项目。截至 2014 年，世界银行共向该地区贷款约 150 亿美元，其中大部分也流入了交通运输等经类基础设施建设领域。

在经济基础设施方面，亚洲开发银行的援助资金主要流入了该地区的交通物流方面，约占总开支的 61%，工业与贸易方面的开支占比最少，约

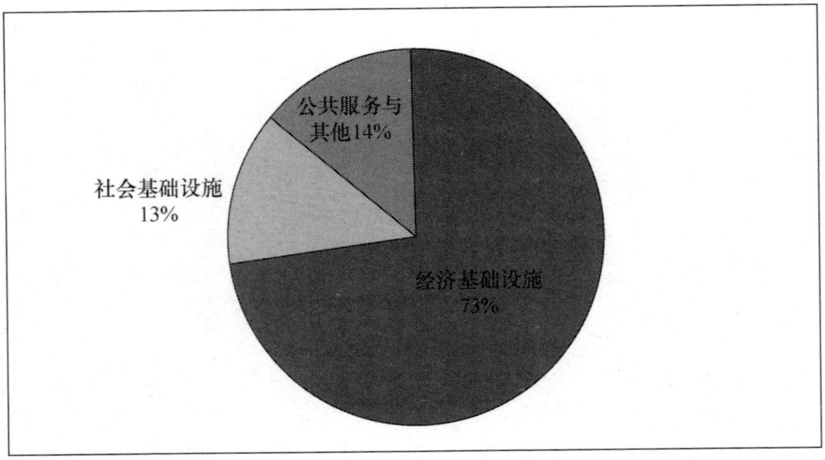

图 9—3　截至 2014 年亚洲开发银行对太平洋岛国支出分布（实际支付）

资料来源：A series of the fact sheets, for example: Asian development bank and Papua New Guinea: fact sheet, Asian development bank and Cook Islands: fact sheet, http://www.adb.org/publications/.

占总开支的 2%（参见图 9—4）。在太平洋岛国地区，绝大多数国家的经济发展比较落后，经济基础设施建设不完善，交通运输、城市建设等为社会生产和居民生活提供公共服务的物质工程设施与西方发达国家相比还有较大差距。因此，根据太平洋岛国地区的实际情况，亚洲开发银行在确立援助领域和资金分配上，优先援助该地区在经济基础设施方面需求较大的国家。以巴布亚新几内亚为例，截至 2014 年，亚洲开发银行共援助巴布亚新几内亚约 21 亿美元，其中在经济基础设施建设方面的援助资金超过总援助资金的 65%。① 据亚洲开发银行公布的资料显示，2014 年亚洲开发银行援助巴布亚新几内亚的三个重大基础设施项目取得重大进展。一是巴布亚新几内亚内陆的高地地区（High Land Region）公路建设。该项目预计投资约 4 亿美元，其中亚洲开发银行在该项目中累计投入援助资金约 1.09 亿美元，在其中发挥了巨大作用。该公路建成后将有利于缓解巴布亚新几内亚

① Asian development bank and Papua New Guinea: fact sheet, http://www.adb.org/publications/, Papua-ne w-guinea-fact-sheet.

境内的陆路交通压力。二是亚洲开发银行拟投入 1.3 亿美元的援助资金为巴布亚新几内亚境内的多个飞机场进行升级和改造，用于缓解该国境内的空中运输紧张状况。三是亚洲开发银行将投入部分援助资金帮助巴布亚新几内亚维修和完善海运港口设施，特别是位于该国东南面的莱城港潮汐码头（Lae Port Tidal Basin）。[①] 此外，斐济作为仅次于巴布亚新几内亚和东帝汶的第三大受援国，亚洲开发银行对其基础设施建设方面的援助仅次于巴布亚新几内亚。亚洲开发银行的援助帮助斐济极大地改善了经济和投资环境，有利于该地区经济的发展、就业率的提升和公共服务的改善。如 2005 年，亚洲开发银行通过援助斐济首都苏瓦的城市基础设施建设，成功解决了该地区约 15 万人的饮水问题。

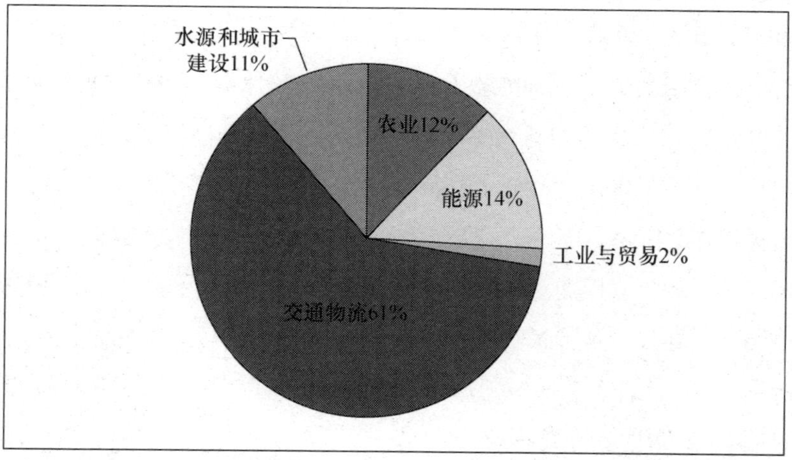

图 9—4　截至 2014 年亚洲开发银行对太平洋岛国援助实际支出中经济基础设施各项目占比（实际支付）

资料来源：A series of the fact sheets，for example：Asian development bank and Papua New Guinea：fact sheet，Asian development bank and Cook Islands：fact sheet，http：//www. adb. org/ publications/，last accessed 24 march 2016.

① Asian development bank and Papua New Guinea：fact sheet，http：//www. adb. org/，publications/Papua-ne w-guinea-fact-sheet.

在社会基础设施和公共服务等援助方面，亚洲开发银行也发挥着重要的作用。在基本健康方面，亚洲开发银行一方面向太平洋岛国的政府、公民社会和医疗机构提供资金支持，帮助该地区国家改善医疗条件和卫生健康状况；另一方面还通过技术援助的方式帮助太平洋岛国培训医护人员，帮助当地居民学习健康和疾病预防的知识，呼吁当地人们对健康问题引起关注。2005—2006 年期间，亚洲开发银行批准了巴布亚新几内亚的 4 个医疗健康类的项目资金申请。① 截至 2014 年，亚洲开发银行共向巴布亚新几内亚贷款 2.09 亿美元，一定程度上帮助当地政府和人民改善了健康卫生状况。在应对气候变化和人道主义援助方面，太平洋岛国领土面积狭小，自然生态环境脆弱，国内生产总值相对较少，预防和抵御自然灾害的能力差。亚洲开发银行预计，在 2005—2030 年，该地区的电力需求年均增长达 7%，化石燃料作为电力生产的主体在 2030 年前很难得到改变，但亚洲开发银行将致力于帮助这些国家建立更加安全和可持续的能源体系。2011—2014 年期间，亚洲开发银行在库克群岛、瑙鲁、萨摩亚和所罗门群岛建设了 4 个能源项目，包括贷款、无偿援助和技术支持在内，总金额达 2.97 亿美元。亚洲开发银行还拟将在 2015—2017 年内投入 2.28 亿美元，用于库克群岛、斐济、密克罗尼西亚、瑙鲁、巴布亚新几内亚、萨摩亚、所罗门群岛、汤加和瓦努阿图的能源项目建设，从而减少该地区对化石燃料的依赖，实现可持续与更加环保的发展。② 此外，在人道主义援助方面，亚洲开发银行常通过紧急贷款等方式，帮助受灾的太平洋岛国做好灾民安置、经济重建等工作。例如，2016 年 2 月斐济遭受太平洋飓风“温斯顿”袭击，遭受巨大损失。为此，亚洲开发银行立即通过紧急决议，向斐济提供 200 万美元的紧急贷款，以帮助斐济做好本国的救灾和灾后重建工作。总之，亚洲开发银行较为全

---

① Asian Development Bank: assistance to Papua New Guinea: Project1: Demographic and Health Survey in Papua New Guinea; project2: Health Sector Support; Project3: HIV_ AIDS Prevention and Control in Rural Development Enclaves; Project4: HIV_ AIDS Prevention and Control in Rural Development Enclaves (ADF Grant), http: //www. adb. org/countries/Papua-new-guinea/results/data.

② The Millennium Development Goals in pacific islands countries, http: //www. adb. org/publications/workshop-report-millennium-development-goals-pacific-island-countries-taking-stock.

面地对太平洋岛国地区的诸多领域进行了资金援助（参见表9—3）。

表9—3　亚洲开发银行对太平洋岛国各领域援助资金情况（实际支付）

项目	领域	援助资金（百万美元）	百分比
经济基础设施	农业	361.17	8.76%
	能源	410.53	9.95%
	工业与贸易	48.37	1.17%
	交通物流	1849.29	44.80%
	水源和城市建设	334.8	8.12%
社会基础设施	教育	136.63	3.31%
	基本健康	227.04	5.50%
	信息与科技	33.6	0.80%
	金融服务	142.11	3.44%
公共服务与其他	公共部门管理	386.71	9.38%
	其他援助	192.26	4.66%
合计		4122.51	8.76%

资料来源：A series of the fact sheets，for example：Asian development bank and Papua New Guinea：fact sheet，Asian development bank and Cook Islands：fact sheet，http：//www. adb. org/ publications/.

第三节　亚洲开发银行对太平洋岛国援助的效果分析

首先，亚洲开发银行作为援助者，一方面为了促进太平洋岛国地区的经济发展，改善该地区的贫困状况，重点援助了该地区的经济基础设施领域，并重点援助了巴布亚新几内亚和斐济等对经济类基础设施需求较大的国家；另一方面为了满足降低援助成本和实现自身盈利的需要，亚洲开发银行采取了以贷款援助为主的援助方式。其次，太平洋岛国作为受援者，在地理环境方面主要是分散在浩瀚的太平洋上的岛国，面对气候变化、海平面上升和飓风灾害等问题，其自然环境极具脆弱性。在经济发展方面，大多数太平洋岛国经济基础薄弱，经济产业结构单一，国家和人民收入水平不高，国内的资源难以满足国家经济发展、社会福利等方面的要求，因而渴望得到来自国际方面的援助。因此，为了获取亚洲开发银行的援助资金，太平洋岛国不得不接受其政治和经济方面的各种要求。

与此同时，从横向比较来看，亚洲开发银行（营利性组织）与联合国开发计划署（非营利性组织）都是对太平洋岛国援助的重要国际非政府组织，两者在援助的目标、重点领域和援助的机制方面存在什么异同呢？首先，在相似性方面，联合国开发计划署与亚洲开发银行对太平洋岛国的援助都是围绕组织自身的目标进行的，将对外援助行为与自身战略目标紧密结合。其次，在差异性方面，联合国开发计划署与亚洲开发银行对太平洋岛国的援助存在以下不同：第一，在援助目标方面，联合国开发计划署的援助目标是提高国家和政府为人民提供公共服务的能力，促进联合国千年发展目标的实现，提高人民的生活水平及保护人权。因此，联合国开发计划署优先考虑通过完善太平洋岛国的国家民主政治机制，来帮助这些国家实现长期的经济和社会可持续发展。21 世纪初，随着联合国千年发展计划的提出，联合国开发计划署在太平洋岛国地区确立的重点援助领域是良治与人权、公平的社会保障以及公平的经济增长与减贫。与此同时，亚洲开发银行的目标是通过援助亚太地区发展中成员消除贫困，促进亚太地区的经济和社会发展。亚洲开发银行更多地是直接通过资金和技术来援助该地区的交通等基础设施建设，以此来促进该地区国家经济和社会的发展。第二，在援助的重点领域方面，联合国开发计划署的援助资金主要流向了民主政治、人权和可持续发展等公共服务领域，而亚洲开发银行的援助资金主要流向了交通运输等基础设施建设领域。以联合国发展计划署的最大援助国——巴布亚新几内亚为例，2004—2010 年，联合国开发计划署共向巴布亚新几内亚提供援助资金约 2600 万美元，其中民主政治和民主选举方面的援助资金高达 1227 万美元，占总支出额的 47.3%。[①] 进入 21 世纪以来，

---

① 资料来源：UN Development Assistance Framework（UNDAF）for 2013 - 2017，http：//www. fj. undp. org/。

联合国发展计划署的发展援助框架和工作计划受国际发展援助思潮的影响，在发展援助中对民主政治、人权等方面尤其关注。与此同时，截至2014年，亚洲开发银行对巴布亚新几内亚民主政治和民主选举方面的援助资金仅为107.21万美元，约占总支出额的5%，而交通物流方面的援助资金为1161.8万美元，约占总支出额的56%。① 第三，在援助的机制方面，联合国开发计划署针对太平洋岛国的实际情况设立了三个代表处实行分区管理，三个代表处依次为巴布亚新几内亚代表处、萨摩亚多国代表处和斐济多国代表处。其中巴布亚新几内亚是联合国开发计划署援助资金分配最多的重点援助国，因此单独设立了一个代表处管理援助事务。萨摩亚多国代表处负责萨摩亚、纽埃、库克群岛和托克劳四国的援助事务。斐济多国代表处负责斐济、所罗门群岛等其余国家的援助事务。联合国开发计划署的各代表处需要参照联合国国别援助框架，按照援助国的情况确定援助方案，国别援助方案通常包含受援国家的国情分析、重点领域计划、项目资金分配、援助产出评估等内容。与此同时，亚洲开发银行通过南太平洋次区域办事处来独立处理援助太平洋岛国的相关事务。总之，亚洲开发银行作为援助太平洋岛国的重要非政府组织，在援助的目标理念、重点领域和援助机制方面均存在显著的特点。

总之，亚洲开发银行对太平洋岛国的援助，一方面与亚洲开发银行本身的任务和宗旨密切相关，另一方面也与其最大持股国家（美国和日本）的整体外交政策理念和地区战略高度契合。尽管亚洲开发银行对太平洋岛国的援助可能存在一定的问题，但是其将来仍然是援助太平洋岛国主要的非国家行为体，对于太平洋岛国的政治、经济、教育卫生和社会发展有重要的作用，特别是在经济基础设施建设领域，影响十分巨大。总而言之，亚洲开发银行基于历史和现实因素的考虑，还将继续对太平洋岛国提供经济援助。目前，亚洲开发银行对太平洋岛国的援助主要呈现如下特点：一

---

① 资料来源：A series of the fact sheets，for example：Asian development bank and Papua New Guinea：fact sheet，Asian development bank and Cook Islands：fact sheet，http：//www.adb.org/publications/。

是援助以贷款为主，援助总量少；二是援助国家多，援助领域广，但其援助资金主要集中在经济基础设施建设领域，同时兼顾社会基础设施领域；三是援助的重点国家是巴布亚新几内亚、东帝汶和斐济等一些对基础设施建设需求较大的国家，并会在援助过程中附加政治条件；四是在长期的对外援助中发展出一套完整和成熟的援助体系。亚洲开发银行对外援助一定程度上符合日美等西方发达资本主义国家的对外战略和利益，并在一些领域发挥着其他国家行为体所不能产生的作用。

第十章

国际社会对太平洋岛国援助的比较

国际对外援助行为体既包括了主权国家，也涵盖了大量的国际组织和机构。在当今相互依赖为特色的国际大家庭中，对外援助既是主权国家重要的外交战略组成部分，也是发达先进国家对发展中国家应尽的责任和义务。综上所述，在对太平洋岛国开展援助的过程中，澳大利亚、新西兰、美国、日本、欧盟国家、中国以及联合国开发计划署、世界银行和亚洲开发银行均采取了有力的行动，在一定程度上产生了积极的效果。

第一节　国际社会对太平洋岛国援助的总体分析

自20世纪60年代以来，太平洋岛国先后摆脱西方殖民统治，独立建国，但受制于自然条件、社会历史等复杂因素的影响，政治和经济发展相对比较落后。包括发达国家、国际组织和机构、国际非政府组织等在内的国际社会，对太平洋岛国纷纷伸出援手，向这些国家提供了各种形式的发展援助，极大地帮助了这些国家的重建与振兴。

进入21世纪以后，随着国际社会对外援助理念的变化，援助的方式和重点领域也发生了一些变化，加上一些新的外来援助力量的加入，太平洋岛国的援助呈现出一些新的现象，值得总结。

据经济合作与发展组织（OECD）发布的统计资料显示，从 2010 年至 2014 年的 5 年间，向太平洋岛国提供援助合计最多的 5 个国家分别是澳大利亚（52.24 亿美元）、新西兰（10.93 亿美元）、美国（9.53 亿美元）、日本（6.95 亿美元）、法国（6.72 亿美元）。

表 10—1　21 世纪初太平洋岛国最主要的外来援助提供国（单位：百万美元）

	2010	2011	2012	2013	2014	合计
澳大利亚	976.9	1208.7	1147.0	1041.1	850.4	5224.1
新西兰	171.1	205.4	228.1	222.4	266.0	1093
美国	117.3	233.4	205.4	216.3	181.5	953.9
日本	176.3	160.4	128.1	121.6	108.9	695.3
法国	146.5	142.7	135.7	124.5	122.6	672

资料来源：Geographic Distribution of Financial Flow to Developing Countries OECD 2016.

中国作为最大的发展中国家，在接受外来援助的同时，也在力所能及的条件下开展对外援助。进入 21 世纪以后，中国对太平洋岛国的援助呈不断增加的趋势。根据中国官方资料，截至 2012 年 9 月，中国已累计向太平洋岛国提供 94 亿元人民币的各类援助，援建 90 多个成套项目。[①] 据外国学者分析，目前中国已经超越日本和美国，成为仅次于澳大利亚和新西兰的第三大太平洋岛国的外来援助方。

从援助总金额的分布来看，2010—2014 年，国际社会（含国家、国际多边机构和非政府组织）对太平洋岛国提供了总金额高达 451.67 亿美元的各类援助。在 14 个太平洋岛国中，接受援助份额最多的 5 个国家依次是巴布亚新几内亚（237.41 亿美元）、马绍尔群岛（102.13 亿美元）、密克罗尼西亚联邦（32.37 亿美元）、所罗门群岛（21.93 亿美元）、斐济

---

① 《汪洋在第二届中国—太平洋岛国经济发展合作论坛暨 2013 中国国际绿色创新技术产品展开幕式上的演讲（全文）》，2013 年 11 月 9 日，http：//www.fmprc.gov.cn/mfa_chn/zyxw_602251/t1097478.shtml。

（16.73 亿美元）。

表 10—2　21 世纪初国际社会向太平洋岛国提供援助情况（单位：百万美元）

	2010	2011	2012	2013	2014	合计
库克群岛	35.5	69.9	45.3	40.8	45.2	236.7
斐济	152.4	274	550.1	301.9	395.5	1673.9
基里巴斯	45.3	131.1	127.8	115.6	135.7	555.5
马绍尔群岛	1978.4	6101.8	4413.4	-1956.5	-323.9	10213.2
密克	134.8	1464.3	299.1	468.3	870.8	3237.3
瑙鲁	55.3	75.1	64.2	56.3	40.4	291.3
纽埃	29.3	40.7	39.6	35.9	26.4	171.9
帕劳	62.1	70.8	74.8	81.2	36.7	325.6
巴新	10661.6	4045.6	8978.3	4911.1	-4855.1	23741.5
萨摩亚	280.4	179.7	223.5	122.1	229.2	1034.9
所罗门群岛	727.2	678.7	-317.4	628	477	2193.5
汤加	110	156.5	143.9	135	139.7	685.1
图瓦卢	26.2	68.6	47.9	43.5	57.8	244
瓦努阿图	281.2	137.1	377	267	228	1290.3
合计	13852.5	13493.9	15067.5	5250.2	-2496.6	45167.5

资料来源：Geographic Distribution of Financial Flow to Developing Countries OECD 2016.

援助的领域范围非常广泛，涵盖基础设施建设、资源开发、教育培训、医疗卫生、公共管理、环境保护等。不同的援助提供者对受援国，在不同的历史时期援助的重点领域各不相同。对援助提供方来说，向什么领域提供援助，在一定程度上受到各自战略考量的影响。

第二节 国际社会对太平洋岛国援助的模式比较

根据国际援助理论，国际社会在向发展中国家和地区提供援助的时候，均遵循一定的规律和标准。随着对外援助理论的演进，对外援助的模式也在发生日新月异的变化。尽管从整个国际大格局上看，太平洋岛国所处的地区属于相对的边缘地带，但是由于其自身拥有大量尚待开发的海洋资源，14 个独立的太平洋岛国中有 12 个属于联合国成员，其可持续发展问题引起国际社会的极大关注，事关人类社会的共同繁荣与发展，太平洋发展模式仍然是值得研究的。

通过本书前面各章节的分析，我们发现国际社会对太平洋岛国的援助可以分为三大类型：战略援助型，以美国、澳大利亚和新西兰为代表；发展援助型，以欧洲和国际机构为代表；实用援助型，以日本和中国为代表。

一、战略援助型

基于地缘政治和历史传统的考虑，国家在设定援助目标的时候，战略因素会占据重要地位。美国、新西兰对太平洋自由联系国的援助和澳大利亚对太平洋岛国的援助，明显地承载着这些国家的对外战略的需求。一般而言，一个国家同地缘比较接近的国家和地区具有密切的安全战略关系，反过来，和地缘较远的国家和地区的安全战略关系则相对疏远。对外援助也受制于此，和地缘战略关系有着相同的密切和疏远的特征。

在对重点援助国家的认定上，美国重点援助的太平洋岛国是它的 3 个自由联系国——马绍尔群岛、帕劳和密克罗尼西亚联邦。2002—2013 年间，美国共向 12 个太平洋岛国（包括密克罗尼西亚联邦、马绍尔群岛、帕劳、瓦努阿图、巴布亚新几内亚、基里巴斯、斐济、萨摩亚、汤加、所罗门群岛、库克群岛以及图瓦卢）实际支付官方发展援助总净值为 23.1 亿美元。其中，对太平洋岛国的援助对象主要是密克罗尼西亚联邦、马绍尔群岛以及帕劳，三国所获美国的援助金额共 20.24 亿美元，占总金额的 87.6%。新西兰对太平洋岛国的援助重点也是它的自由联系国——由于历史原因，新西兰将托克劳群岛、库克群岛和纽埃列入特殊援助国项目，这些国家（地区）过去是新西兰的海外领地，现在成了自由联系国（地区），也成为新西兰的传统重点援助对象。在这些国家生活的居民也是新西兰的公民，新西兰有义务对他们负责，新西兰的援助对改善这些岛屿上居民的生活起到了至关重要的作用。澳大利亚将太平洋岛国当成自己的战略后院和势力范围，对太平洋岛国的援助重点国家是美拉尼西亚地区各国，特别是巴布亚新几内亚、瓦努阿图、斐济、所罗门群岛等。其中，巴新作为澳大利亚前殖民地和最大的太平洋岛国，是最大的受援国家，其援助资金几乎占据总额的一半。例如，2015—2016 年度，澳大利亚对巴新的援助资金为 477.3 百万澳元，占当年澳大利亚对整个太平洋岛国地区援助总额 1119 百万澳元的 42.6%。

二、发展援助型

根据国际对外援助理论，特别是哈罗德—多马经济增长模型、两缺口模型、大推进理论、经济起飞理论和新制度主义经济学理论等。“哈罗德—多马经济增长模型”和“两缺口模型”（储蓄缺口与外资缺口），这两个模型都十分强调资本积累和储蓄在经济增长中的作用。但是单独靠受援国自身的力量很难完成早期的基本积累和储蓄增加，所以这一时期援助国采用财政援助和赠款的方式向受援国提供贷款支持，而且这个时期的援助很少附加条件。同时，发展援助学说认为，不发达的国家不仅存在经济落后问题，往往还伴随着基本政治社会制度的缺失和不完善，其国家的大多数权力被少数权力精英所掌握，援助沦为他们腐败的来源和统治人民的资源。这些国家缺乏训练有素的官员，人民在政治和社会活动中的冷漠和低参与度，也令援助的效果大打折扣。本书中的国际机构——欧盟、联合国国际发展署（UNDP）、世界银行和亚洲开发银行对太平洋岛国的援助，充分反映了这种援助理念。

太平洋岛国属于发展中国家，其中有不少是小国甚至是微型国家。同时，这些国家原来属于欧洲列强的殖民地和保护国，独立建国时间相对较短，因此国家政治制度和社会经济建设相对滞后。有些国家资源缺乏，自然条件脆弱，工农业基础甚为薄弱。一些国家主要依靠外来援助作为国家的主要财政收入来源。因此，对太平洋岛国的援助，首先是帮助这些国家进行政府治理、经济基础设施建设以及人民生活的维护和逐步提高。国际机构对太平洋岛国援助的领域主要集中在基础设施建设、气候变化、公共治理、发展经济特别是旅游业、医疗卫生等，即集中反映了这一援助理念。

三、实用援助型

根据国际援助的社会交换理论，国家对外援助是基于权力和利益交换的一种国际关系行为，而不是单方面的受益。接受援助的国家并非完全处于弱势，而是拥有一定的权力资源。大国或者富国在制定对外援助政策的时候，除了出于国际道义和责任外，更多地是从自身的国家利益考虑的。这一点在国际社会对太平洋岛国的援助中表现得十分明显。尽管太平洋岛国地处国际政治经济活动的边缘，但它们在地缘政治、经济资源、全球治理等方面仍然具有突出的价值。

首先，在地缘政治方面，从海上交通运输来看，太平洋岛国地区已经成为太平洋海上和空中航线的中继站，具有重要的经济价值和战略意义。其次，在经济资源方面，太平洋岛国虽然领土分散、人口稀少、总体购买力有限，但是它们分布在太平洋的中部和西南部，海域面积十分辽阔。根据《联合国海洋法公约》的群岛原则，这些国家均程度不同地拥有大片海域作为自己的专属经济区，因而它们的海洋国土大大超过了陆地面积。热带海洋经济是这些国家的最大特色，并与中国等劳动密集型经济结构和大陆型自然禀赋之间存在一定的互补性。第三，在全球治理方面，太平洋岛国代表了联合国会员国的发展中国家和小岛国家，它们在应对气候变化、环境保护和可持续发展方面具有代表性意义，是国际大家庭中的重要成员。14 个太平洋岛国在联合国大会中拥有 12 张会员国票，占据了整个会员国总数的 6%，在政治、经济上发挥一定的影响力。

在国际社会对太平洋岛国援助政策制定过程中，战略考虑因素不可忽视。无论是传统援助国家澳大利亚、新西兰、美国，还是后期的援助大国日本和中国，在向太平洋岛国提供援助的同时，也在追求自己的国家利益目标。例如日本对太平洋岛国的援助具有明显的实用主义色彩。长期以来，为了便于日本参与太平洋岛国专属经济区的渔业开发，日本对其援助的重点就是渔业。作为官方援助的链条之一，日本海外渔业协力财团通过渔业技术、人员培训、资本扶持等环节，对太平洋岛国进行援助。日本通过对密克、所罗门群岛、基里巴斯进行渔业开发培训，同时对南太岛国实施定期的沿海渔业资源开发试验，教会当地的渔民进行养殖业的劳作、销售，在帮助太平洋岛国进行开发的同时，也扩大了日本海外的渔业原材料市场。中国的情况与日本具有相似性。尽管中国宣布对外援助奉行不干涉内政原则，但是只针对建交国提供援助，对非建交国一般不提供官方援助。在经济上，援助成为经济外交的一部分，中国对太平洋岛国的援助大部分是基础设施建设，这与对外工程承包和贸易增长也存在很大的相互促进作用。

第三节　国际社会对太平洋岛国援助的成效与不足

一、取得的效果

自 20 世纪 60 年代开始，国际社会对太平洋岛国提供了大量和持续的援助，为这些国家的经济基础设施建设、政治制度的完善和社会文化教育事业的创办奠定了基础。

在基础设施建设方面，大部分太平洋岛国建国初期普遍面临基础设施严重缺乏的问题，这成为制约这些国家社会经济发展的瓶颈。长期以来，国际社会对太平洋岛国的援助中，基础设施领域的援助占据了主要份额。在太平洋岛国地区，绝大多数的国家经济发展比较落后，经济基础设施建设不完善，交通运输、城市建设等为社会生产和居民生活提供公共服务的物质工程设施与西方发达国家相比还有较大的差距。因此，根据太平洋岛国地区的实际情况，亚洲开发银行在确立援助领域和资金的分配上，优先援助该地区的经济基础设施需求较大的国家。以巴布亚新几内亚为例，截至2014年，亚洲开发银行共援助巴布亚新几内亚约21亿美元，其中在经济类基础设施建设方面的援助资金超过总援助资金的65%。[①] 长期以来，中国对太平洋岛国的援助，也主要集中在基础设施领域。中国帮助这些国家修建了公路、桥梁、水库、城市自来水系统以及大量其他的公共设施，极大地改善了受援国在相关领域资金不足和技术落后的现状，对促进经济发展发挥了积极作用，受到当地政府和国际学术界的高度评价和充分肯定。中国建筑公司具有完工及时、避免项目成本变动、在（其他因素使）项目拖延时灵活处理（使项目如期完工）等优点。[②]

在公共治理方面，欧盟提出的“太平洋区域框架”、为在太平洋地区实现性别平等发布的《太平洋地区领导人性别平等宣言》和《太平洋平台为促进女性发展行动》，均强调通过性别平等规划和提高妇女参与发展的各个领域。以第十一期欧洲发展基金为例，欧盟在对太平洋岛国进行援助时制定了三个优先援助领域，为区域一体化和经济发展提供50百万欧元的经济援助，为维持生物多样性和应对气候变化提供52百万欧元的经济援助，为政府治理和尊重人权方面提供18百万欧元的经济援助。以促进当地

---

① Asian development bank and Papua New Guinea: fact sheet, http://www.adb.org/ publications/, Papua-new-guinea-fact-sheet, last accessed 24 march 2016.

② Graeme Smith, “Beijing's Ohphans? New Chinese Investors in Papua New Guinea”, Pacific Affairs, Vol. 86, No. 2, June 2013.

经济发展为核心，促进区域经济一体化进程为框架，以维护生物多样性和应对气候变化为基本，同时强调以政府有效治理、尊重人权为政治基础。欧盟发展对太平洋岛国的援助时，将自身所关切的环境、地区安全及稳定与地缘政治等方面，与太平洋岛国所面临并急于解决的问题相结合，重点解决核心问题，使欧盟对太平洋岛国的援助更能解决实际问题。根据美国外交战略需要，冷战结束后，美国继续将推进发展中国家民主化作为其提供对外援助的重要条件和优先领域，将对外援助与受援国的政治改革和民主化挂钩。但是绝大多数太平洋岛国经济发展比较落后，民主政治发育滞后，与西方社会确立的民主、人权和善治目标尚有一定差距。美国国际开发总署在确立援助领域和资金分配上，重点资助太平洋岛国特别是巴布亚新几内亚和斐济的民主化进程。

在社会文化教育方面，国际社会对太平洋岛国援助的一个重要领域就是文化、教育、医疗卫生等。受到设施落后、专业人员不足、交通不便等因素的影响，太平洋岛国居民的文化教育、医疗水平长期得不到改善和提高。例如，澳大利亚对巴新的援助集中在 4 个关键领域：健康和艾滋病防治、教育、运输、法律或政府治理。尽管近年来巴布亚新几内亚的经济持续增长，但是百姓的生活质量并没有得到明显提高。在巴新，有 200 万人仍然在贫困之中和面临困难，他们缺少健康、教育、水、卫生设施以及基本的金融服务。2013—2014 年，在教育领域，澳大利亚提供 9600 万美元，用以改善入学率、教师津贴、奖学金、免费入学等问题。2013 年，澳大利亚为此资助了 154 名巴新人赴澳学习，该计划同样提供给 450 名主修护理、助产和社区健康专业的巴新学生奖学金。近年来，在中国对太平洋岛国的援助中，教育合作和医疗卫生援助始终是一个重点。广东作为中国改革开放的前沿省份之一，长期和太平洋岛国保持良好的关系。在当前加快构建广东对外开放新格局的背景下，进一步拓展广东和太平洋岛国的合作关系便是其中重要的一环。资料显示，目前广东已与多个太平洋岛国在经贸、远洋渔业、基础设施建设等领域展开合作，确立了对口援助计划，并打造了“送医上岛”、“送戏下海”等精品栏目，深受岛国人民欢迎。

二、国际社会对太平洋岛国援助存在的问题

按照社会交换理论，对外援助几乎都是出于权力和利益的获取，特别是在战略型援助和实用型援助方面表现得尤为明显。而联合国开发计划署、世界银行和亚洲开发银行对太平洋岛国的援助存在的主要问题是：一方面，援助资金十分有限，远少于对非洲等其他地区的援助，这表明太平洋岛国并不是援助重点；另一方面，严格的项目管理和监督程序带来的是援助效率等相对低下，这使得经济脆弱又经常遭受自然灾害侵袭的太平洋岛国更偏爱和依赖中国等提供的双边援助。一些太平洋岛国政府的管理水平欠佳，也影响了效果的落实和发挥。从传统安全角度来看，一些国家不稳定的政治局势容易导致政府垮台、军事冲突等事件，会影响援助项目的连贯性；从非传统安全角度来看，气候变化带来的极端恶劣天气、恐怖主义、社会犯罪等，都是太平洋岛国亟需解决的现实挑战，这些潜在的隐患会使援助工作的难度加大。

与此同时，外来援助对于缓解太平洋岛国的财政收支发挥了重大的调节作用，但不可否定的是，外来的资金注入，特别是大量商业银行资金和贷款，加剧了部分国家的债务负担，有的国家的外来债务已达到国内生产总值的50%左右。

总之，在吸取了过去半个多世纪以来国际社会对太平洋岛国援助的经验教训后，今后可在以下方面加强和完善：（1）改进援助方式，从直接的资金援助向双方合作的形式发展，从授“鱼”向授“渔”转变，提高援助的效率和透明度；（2）注重培育岛国政府的治理能力和自主发展能力，引导受援国把援助资金用于改善穷人的生活，发动受援国穷人、妇女、人民群众广泛参与援助项目；（3）充分发挥非政府组织和民间力量参与援助执行和监督过程，建立政府与社会力量的伙伴关系；（4）要充分尊重受援国的现实需求，从岛国实际出发，制订长远的援助计划，注重环境保护和岛国的可持续发展。

主要参考文献

一、中文著作

1. 丁韶彬著：《大国对外援助——社会交换论的视角》，社会科学文献出版社 2010 年版。

2. 孙同全、周太东等著：《对外援助规制体系比较研究》，社会科学文献出版社 2015 年版。

3. 魏明海、喻常森编：《大洋洲蓝皮书：大洋洲发展报告（2012—2013）》，社会科学文献出版社 2013 年版。

4. 徐明远：《一任三使风雨疾》，新华出版社 2009 年版。

5. 喻常森编：《大洋洲蓝皮书：大洋洲发展报告》，社会科学文献出版社 2014—2016 年版。

6. 中国商务年鉴编委会编：《中国商务年鉴》，中国商务年鉴出版社 2001—2016 年版。

7. 中国人民共和国外交部政策规划司编：《中国外交》，世界知识出版社 2001—2016 年版。

8. 章昌裕著：《国际发展援助》，对外贸易教育出版社 1993 年版。

9. 周弘：《对外援助与国际关系》，中国社会科学出版社 2002 年版。

10. 左常升主编：《国际发展援助理论与实践》，社会科学文献出版社 2015 年版。

二、中文论文

1. 安飞：《新世纪中美对密克罗尼西亚联邦的战略比较》，华中师范大学硕士学位论文，2013 年。

2. 陈菲：《中国与太平洋岛国合作的现状、挑战及对策》，《社会主义研究》2011 年第 5 期。

3. 陈艳云、张逸帆：《日本对南太平洋岛国 ODA 政策的调整及其特点》，《东北亚学刊》2013 年第 4 期。

4. 陈艳云、张逸帆：《日本对太平洋岛国的政府开发援助》，《世界近现代史研究》第 10 辑，2013 年 9 月。

5. 费晟：《南太平洋岛国华人社会的发展：历史与现实的认知》，《太平洋学报》2014 年 11 月。

6. 郭春梅：《南太平洋的“大国博弈”》，《世界知识》2012 年第 20 期。

7. 郭语：《新世纪以来澳大利亚对斐济的援助》，《国际经济合作》2014 年第 10 期。

8. 何伊：《澳大利亚对太平洋岛国的援助》，《国际经济合作》1991 年第 4 期。

9. 贺林平：《汪洋出席中国—太平洋岛国经济发展合作论坛并发表主旨演讲》，《人民日报》2013 年 11 月 9 日，第 3 版。

10. 胡传明、张帅：《中日两国太平洋岛国战略博弈评析》，《理论观察》2013 年第 1 期。

11. 冀斌超：《日本对太平洋岛国援助研究》，华中师范大学硕士学位论文，2014 年。

12. 孔妃妃：《浅析中国对于太平洋岛国的对外援助》，外交学院硕士学位论文，2010 年。

13. 李德芳：《中国开展南太平洋岛国公共外交的动因及现状评析》，《太平洋学报》2014 年第 11 期。

14. 李景卫：《中国与太平洋岛国论坛举行对话会》，《人民日报》2003 年 8 月 19 日。

15. 赖怡忠：《台湾的南太平洋战略》，《台湾国际研究季刊》，第 3 卷，第 3 期，2007 年秋季号。

16. 王泺、郭语：《对太平洋地区援助的分析与建议》，《国际贸易论坛》2014 年第 4 期。

17. 汪诗明：《论西南太平洋岛屿国家现代化进程及特点——以“边缘化”为视角》，《苏州科技学院学报（社会科学版）》2012 年第 3 期。

18. 温家宝：《加强互利合作 实现共同发展——在“中国—太平洋岛国经济发展合作论坛”首届部长级会议开幕上的讲话》，《人民日报》2006 年 4 月 6 日，第 3 版。

19. 岳小颖：《竞争者还是合作者？——太平洋群岛地缘政治格局中的中国》，《法政探索》2014 年第 2 期。

20. 喻常森：《试析 21 世纪初美国对太平洋岛国的援助》，《亚太经济》2014 年第 5 期。

21. 周太东、毛小菁：《论澳大利亚对外援助透明度制度和实践》，《国际经济合作》2013 年第 9 期。

22. 周太东：《澳大利亚对外援助的规制体系研究》，《国际经济合作》2014 年第 11 期。

三、英文著作

1. Anne-Marie Brady edited, *Looking North, Looking South, China, Taiwan and the South Pacific*, World Scientific publishing Co. 2010.

2. Commission of the European Communities, *EU Relations with the Pacific Islands-A Strategic For Strengthed Patnersip*, Brussels, 29. 5. 2006.

3. Jian Yang, *The Pacific Islands in China's Grand Strategy*, Palgrave Macmillan, New York 2011.

4. Paul D'Arcy, Patrick Matbob, Linda Crowl, *Pacific-Asia Pacific Partnerships in Resource Development*, DWU Press: Madang, 2014.

5. Paul William Bedggood, *The Role of New Zealand Official Development Assistance in the Building of Sustainable Peace*, University of Otago, New Zealand, October 2012.

6. Rom Crocombe, *The South Pacific*, IPS Publications, University of South Pacific 2008.

7. Tess M. Bridgman, *The Efficacy of New Zealand Aid: An Analysis and Critique of New Zealand's Aid Programme*, University of Toronto, 2011.

四. 英文论文

1. Charles Hawksley, "Australia's aid diplomacy and the Pacific Islands: change and continuity, in middle power foreign policy", *Global Change, Peace & Security*, Vol. 21, No. 1, February, 2009.

2. Fergus Hanson, "The Dragon Looks South", *Analysis*, Lowy Institute for International Policy, June 2008.

3. Fergus Hanson, Mary Fifita, "China in the Pacific: The New Banker in Town", *Policy Brief*, Lowy Institute for International Policy, April 2011.

4. Graeme Smith, Are Chinese soft loans always a bad thing? In *The Interpreter*, 29 March 2012.

5. Graeme Smith, Nupela Masta? Local and Expatriate Labor in a Chinese-Run Nickel Mine in Papua New Guinea, *Asian Studies Review*, Vol. 37, Issues 2, 2013.

6. Graeme Smith, "The top four myths about China in the Pacific", *the interpreter*, Lowy Institute for International Policy, November 2014.

7. Jenny Hayward-Jones, "Big Enough for All of Us: Geo-strategic Competition in the Pacific Islands", *Analysis*, Lowy Institute for International Policy, May 2013.

8. Marni Gilbert, Carolyn Rickards-Rees, Nicky Spicer, Barry Coates, "sustainable development in the pacific and the role of the New Zealand private sector", *OXFAM RESEARCH REPORT*, March 2013.

9. Matthew Dornan, Philippa Brant, "Chinese Assistance in the Pacific: Agency, Effectiveness and the Role of Pacific Island Governments", *Asia & the Pacific Policy Studies*, Lowy Institute for International Policy, June 2014.

10. Philippa Brant, "No strings attached? Chinese foreign aid and its impli-

cation for the international aid regime", *PHD Dissertation*, The university of Melbourne, 2012.

11. Philippa Brant, Chinese Aid in the South Pacific: Linked to Resource? *Asian Studies Review*, Vol. 37, Issue 2, 2013.

12. Tamara Renee Shie, "Rising Chinese Influence in the South Pacific: Beijing's 'Island Fever'", *Asian Survey*, Vol. 47, No. 2 (March/April 2007).

13. Terence Wesley-Smith, "China in Oceania, New Force in Pacific Politics", *Pacific Islands Policy 2*, East - West Center, 2007.

五、主要网络资源

1. 澳大利亚外交贸易部（DFAT）官网：http：//dfat. gov. au。

2. 澳大利亚罗伊国际政策研究所（Lowy Institute for International Policy）官网：http：//www. lowyinstitute. org/。

3. 经济合作与发展组织（OECD）官网：http：//www. oecd. org。

4. 联合国发展计划署（UNDP）官网：http：//www. undp. org。

5. 日本外务省官网：http：//www. mofa. go. jp/policy/oda/。

6. 世界银行官网：http：www. worldbank. org/。

7. 太平洋岛国论坛秘书处官网：http：//www. forumsec. org. fj/。

8. 新西兰外交部官网：https：//www. mfat. govt. nz/。

9. 亚洲开发银行官网：www. adb. org/。

10. 中华人民共和国商务部网站：http：//www. mofcom. gov. cn/。

11. 中华人民共和国外交部网站：http：//www. fmprc. gov. cn/。

12. 中华人民共和国驻巴布亚新几内亚大使馆经济商务参赞处网站：http：//pg. mofcom. gov. cn/。

13. 中华人民共和国驻斐济共和国大使馆网站：http：//fj. chineseembassy. org/chn/。

14. 中华人民共和国驻汤加王国大使馆经济商务参赞处网站：http：//to. mofcom. gov. cn/。

后　记

中山大学大洋洲研究中心作为教育部国别和区域研究培育基地，自2012年正式成立以来，致力于大洋洲国家政治、经济、社会、文化等问题的综合研究。

为了加强大洋洲研究的人才培养工作，本人近年来在指导研究生的过程中，有意识地将国际社会对太平洋岛国的经济援助作为选题，撰写了数篇硕士学位论文，再加上本人在国内外杂志和《大洋洲蓝皮书》上公开发表的相关论文，本书稿的基本框架得以成型。参与本书稿的研究生目前绝大部分已经毕业走向工作岗位，也有的升学攻读博士学位，并继续从事大洋洲问题研究。他（她）们包括：郭剑、黄绮琪、向洁、李正举、蔡艺峰、黄冠华、陈一丹、刘洪政、莫金、匡姗（排名不分先后）。

本书稿对太平洋岛国外来援助的研究，偏重于政策和案例分析。其中，以援助提供方为主体视角，既包括主要外来援助提供国（澳大利亚、新西兰、美国、日本和中国），也包括国际组织和机构（欧盟、联合国开发计划署、世界银行、亚洲开发银行）等多边援助。本书稿只是试图向读者提供一种全景式的描述和对比。由于国内学术界对大洋洲（特别是太平洋岛国）现状问题的研究仍然处于起步阶段，相关可以借用的现成资料不多，也缺乏比较成熟的理论指导，因而对于这一庞大而复杂课题的研究，仍然有待于进行更为深入的探索，特别是应从太平洋岛国当地的视角来看待外来援助的效果和存在的问题，以寻求更为行之有效的综合性解决办法。

喻常森

2016 年 12 月于中山大学南校区

图书在版编目（CIP）数据

国际社会对太平洋岛国援助的比较研究/喻常森编著.
—北京：时事出版社，2017.5
ISBN 978-7-5195-0090-0

Ⅰ.①国… Ⅱ.①喻… Ⅲ.①对外援助—国际合作—研究 Ⅳ.①D812

中国版本图书馆 CIP 数据核字（2017）第 039125 号

出版发行：时事出版社
地　　址：北京市海淀区万寿寺甲 2 号
邮　　编：100081
发行热线：（010）88547590　88547591
读者服务部：（010）88547595
传　　真：（010）88547592
电子邮箱：shishichubanshe@sina.com
网　　址：www.shishishe.com
印　　刷：北京市昌平百善印刷厂

开本：787×1092　1/16　印张：14.75　字数：210 千字
2017 年 5 月第 1 版　2017 年 5 月第 1 次印刷
定价：98.00 元